송나라
역대 황제 평전

돈과 타협으로 국방력을 대신했던 나라의 최후

강정만 지음

송나라 역대 황제 평전

지은이 강정만
펴낸이 최병식
펴낸날 2021년 11월 15일
펴낸곳 주류성출판사
서울특별시 서초구 강남대로 435 (서초동 1305-5)
TEL | 02-3481-1024 (대표전화) • FAX | 02-3482-0656
www.juluesung.co.kr | juluesung@daum.net

값 20,000원
잘못된 책은 교환해 드립니다.

ISBN 978-89-6246-457-3   03910

송나라
역대 황제 평전

돈과 타협으로 국방력을 대신했던 나라의 최후

강정만 지음

주류성

| 목차 |

후주의 권력자였던 송태조 조광윤이 건국한 송나라는 오늘날 중국 한족에게 자랑이자 굴욕이다. 이는 송나라에 대한 상반된 평가를 반영한다. 먼저 그들은 왜 송나라 역사를 자랑으로 여기는지 몇 가지로 나누어 생각해 보자.

첫째, 송나라는 '피'를 흘리지 않고 건국한 왕조이기 때문이다. 왕조의 교체기에는 전쟁과 수많은 사람들의 희생이 뒤따르는 법이다. 하지만 송나라는 그렇지 않았다. 조광윤은 후주의 마지막 황제 시종훈을 시해하지 않고 '선양(禪讓)'의 방법으로 개국 황제가 되었다. 후주에서 송나라로 왕조가 바뀌는 과정에서 어떤 전쟁도 일어나지 않았으며, 무고한 신민들이 억울하게 죽는 경우도 거의 없었다. 그래서 송나라는 중국역사에서 '평화적 정권교체'의 본보기 가운데 한 가지라고 단언할 수 있다.

둘째, 송나라는 '인권'이 어느 정도 보장된 왕조였다. 대체적으로 역대 황제들은 백성들을 강압적으로 통치하지 않았다. 특히 4대 황제 송인종 조정은 중국역사에서 가장 자애로운 군주였다. 그가 남긴 많은 미담을 통해서 얼마나 백성들의 인권을 중시했는지 알 수 있다. 이러한 어진 군주가 있었기에, 중국 청백리의 표상이 된 포증(포청천)이 등장하여 관리들의 부정부패를 일소하고 백성들의 억울한 누명을 벗겨주었다. 조세정책도 왕안석의 변법이 우여곡절을 겪었지만 백성들의 안락한 삶을 보장해주기 위해 실시되었다. 송나라 시대에 여느 왕조에 비해 상대적으로 민란이 적었던 까닭은 이런 이유에서 기인한 게 아닌가 한다.

셋째, 송나라는 이른바 '중국식 민주주의'를 꽃피운 시대였다. 황제들은 독단적으로 권력을 행사하지 않았으며 신하들과 함께 국정을 논하고 다스렸다. 상황에 따라서는 황제가 신하의 눈치를 보는 경우도 있었다. 과거시험을 통해 정계에 진출한 관료들은 '붕당(朋黨)'을 조직하여 황제들을 끊임없이 견제하였고 아울러 자기들의 정치적 주장을 펴는 데 거침이 없었다. 설령 중죄를 저지른 신하일지라도 그를 참형으로 다스리기보다는 멀리 귀양을 보내는 일로 사건을 수습했다. 그래서 이 시대에는 극형보다는 유배형이 많았다. 생사여탈권을 가진 황제라도 신하를 멋대로 죽일 수 없다는 공감대가 그들 사이에 형성되어 있었다. 그래서 중국 역사상 신하들의 권력이 가장 강했던 왕조가 송나라였다고 생각한다.

넷째, 송나라는 도시문명이 크게 발전했다. 오늘날의 개봉, 낙양, 항주, 영파, 복주, 광주 등은 국제 무역도시로 크게 번성했다. 비단, 차, 도자기 등 특산물은 육로와 해로를 통해 전 세계로 유통되었다. 이에 따라 대도시를 중심으로 자본이 축적되어 '중국식 자본주의'가 출현했다. 이는 또 도시민을 중심으로 하는 '중국식 시민사회'의 발전을 촉진하기도 했다. 북송 말기에 이르러 인구가 무려 1억 2천여만 명에 이른 것을 보면, 당시 중국이 얼마나 번창했는지 짐작할 수 있다.

다섯째, 송나라는 과학, 의학, 학술, 문학 등 여러 분야에서 뛰어난 업적을 남겼다. 중국이 인류문명에 공헌한 종이, 나침판, 화약, 인쇄술 등 이른바 '4대 발명품'이 송나라 시대에 더욱 발전했다. 특히 화약은 화전(火箭), 화포, 화구(火球) 등 살상력이 강한 다양한 무기로 활용되었다. 의학 분야에서는 세계 최초의 법의학서인 『세원집록(洗冤集錄)』이 출간되어 훗날 서구 여러 나라에서 번역되기도 했다. 학술 분야에서는 성리학(性理學)이 발전하여 훗날 중국뿐만 아니라 조선의 사상계에도 엄청난 영향을 끼쳤다. 또 당송팔대가(唐宋八大家) 가운데 6명이 송나라 문인임을 고려하면, 송나라 문학이 얼마나 번창했는지 짐작할 수 있다. 이상의 내용은 중국 한족의 송나라에 대한 자랑이자 자긍심이다.

이와 반면에 굴욕은 무엇인가. 송나라는 2대 황제 송태종 조광의의 북벌정책이 실패한 후 국가가 망할 때까지 300여 년 동안, 거란(요나라), 서하, 금나라, 몽골(원나라) 등 북방의 여러 왕조에게 끊임없이 침략을 당했다. 송나라는 당시 세계 최고의 문명국가였으며 최첨단 무기인 화포를 보유하고 있었음에도, 물론 백전백패는 아니었으나, 왜 그렇게 싸우기만 하면 대패했을까. 또 송휘종 조길, 송흠종 조환 두 황제가 포로로 잡혀 금나라로 끌려가 말로 표현하기 힘든 온갖 치욕과 고통을 당했을까. 오늘날 중국 한족은 이른바 '정강의 변'을 중국역사에서 가장 수치스럽게 생각하고 있을 정도이다. 몇 가지 중대하고 심각한 이유가 있었다고 생각한다.

첫째, 역대 황제들은 대체적으로 무력을 추구하지 않았다. 이는 그들의 조상인 송태조 조광윤의 성품과 통치술에 관련이 있다고 생각한다. 당나라 멸망 후 오대십국의 분열과 대란의 시대를 거치면서 군권을 장악한 지방의 절도사들이 무력에 의지하여 건국한 왕조가 얼마나 허망하게 망했는지, 조광윤은 누구보다도 잘 알고 있었다. 그는 치국의 도는 '무(武)'에 있지 않고 '문(文)'에 있다고 확신했다. 따라서 전쟁보다는 대화와 타협으로써 모든 난제를 해결하고자 했다. 그는 또 유가의 인의사상에 바탕을 둔 어진 정치를 펴고자 노력했다. 이는 황위를 계승한 황제들에게 애민사상을 가지게 했으나, 가급적이면 전쟁을 회피하게 했으며 국난 극복의 의지를 약하게 했다. 또 그들이 천부적으로 제왕의 자질보다는 예술가, 문인의 자질을 타고난 것도 불행한 일이었다.

둘째, 송나라 황제들은 도성이 함락될 위기에 처할 때마다 결사 항전의 의지를 보이지 않고 '돈'으로 평화를 산 잘못을 저질렀다. 주변 국가들과 체결한 평화조약은 대부분 송나라에게는 불평등조약이었다. 당장 적군을 물러가게 하고 황제 자신의 안위를 보장할 수 있다면, 어떤 굴욕도 마다하지 않고 돈으로 해결했다. 그들의 이러한 태도는 오히려 주변 국가의 침략을 더욱 자극했다. 주변 국가의 왕들은 송나라를 침략하여 황제를 협박하면 얼마든지 엄청난 재물을 갈취할 수 있었다.

셋째, 송나라는 개국 초기부터 무신이 몰락하고 문신이 다스린 왕조였다. 문신들은 지나치게 대의명분에 집착했다. 당파 싸움을 벌이고 탁상공론에 익숙한 자들이었다. 막상 적군이 쳐들어오면 싸울 생각은 하지 않고 협상을 통해 난국을 타개하려고 했다. 물론 송나라에도 이강, 악비, 한세충 등 구국의 명장이 있었으나, 그들의 항전 의지는 언제나 황제의 소극적인 태도와 간신의 모함에 좌절되고 말았다.

넷째, 북송을 멸망시킨 금나라와 남송을 멸망시킨 원나라는 무력이 너무나 강했다. 송나라 황제 18명 가운데 8대 황제 송휘종 조길은 예술에 탐닉하여 국정을 제대로 돌보지 않았으며, 15대 황제 소도종 조기가 황음무도한 생활을 한 것 이외에는, 국가를 망칠만큼 큰 과오를 저지른 군주는 없었다. 그들 대부분은 제왕의 도를 실천하고자 노력했으며 유가 경전의 가르침과 종법 사상에 충실한 군주였다. 그런데 금나라를 세운 여진족은 아주 호전적인 민족이었다. 금나라의 개국 황제, 아골타는 한평생 싸움터에서 살다간 맹수처럼 사나운 장수 출신이었다. 그의 후손들은 전광석화처럼 빠른 기병을 이끌고 끊임없이 북송의 변경 지방을 유린했다. 칭기즈칸의 후예가 건국한 원나라는 인류 역사상 유래를 찾아 볼 수 없을 정도로 무력이 강했다. 송나라가 금나라와 원나라를 이웃 국가로 둔 것은 불행이었다. 더구나 송나라는 문치주의를 표방했기 때문에 그 두 나라에게는 호랑이 앞에 놓인 사슴 신세였다. 중국역사에서 역대 왕조는 대부분 내부 분열과 민란으로 망했다. 하지만 송나라는 외침에 의해 망한 것이다.

송나라 역사가 우리에게 주는 교훈은 무엇인가. 첫째, 군인을 무시하고 국방력을 강화하지 않으면, 국가는 망할 수 있다는 엄중한 교훈이다. 송나라처럼 아무리 고도의 문명국가를 이루었더라도 스스로 지킬 수 있는 힘이 없으면 사상누각에 불과하다.

둘째, 국가는 거시적 의미의 '문(文)'과 '무(武)'의 동등한 가치 체계를 바탕으로 운영되어야 한다. 송나라는 문에 치우친 국정 운영을 했기 때문에 무력이 강한 국가에게 먹힌 것이다. 이른바 '문무겸전(文武兼全)'은 국가뿐만 아니라 개인에게도 반드시 필요하다.

셋째, 외교는 결코 감정적으로 해서는 안 된다. 송나라의 철천지원수는 금나라였다. 몽골족이 북방의 초원과 사막 지대에서 원나라를 건국하고 송나라에게 연합군을 조직하여 금나라를 멸망시키자고 제안했다. 당시 남송 정부는 이성적이고 전략적인 판단을 내리지 않고 오로지 금나라에 당한 치욕을 씻기 위하여 원나라의 제의를 받아들였다. 그 결과는 어떠했는가. 늑대를 쫓아내려다 호랑이를 불러들인 꼴이 되고 말았다. 만약 남송이 원나라와 금나라 사이에서 감정을 배제하고 철저하게 등거리

외교를 통해 실리를 추구했다면, 원나라에게 그렇게 쉽게 망하지 않았을 것이다. 오늘날 미국과 중국의 패권 경쟁 시대에 우리나라에게 시사하는 바가 매우 크다.

넷째, 당파 싸움은 망국의 지름길이다. 왕안석은 6대 황제 송신종 조욱의 지원을 받고 신법(新法)을 주장하며 혁신 정치를 폈다. 신법이 초기에는 일정한 성과가 있었으나, 송신종 이후에는 당파 싸움으로 변질되어 오랜 세월 동안 국론을 분열시켰으며 북송을 쇠망의 길로 접어들게 했다. 오늘날 민족과 국가의 이익을 생각하지 않고 오로지 당리당략에 얽매인 정치인들이 '국회의사당'에 득실거릴 때 국가의 미래를 담보할 수 없을 것이다.

언제 끝날지 모르는 코로나—19의 재앙이 인류를 괴롭히고 있다. 재앙의 근원이 어디에 있든, 최초의 확진자가 중국 호북성 무한에서 보고된 것은 사실이다. 중국이 '사고'를 치면 전 세계가 악영향을 받는다. 하물며 중국과 이웃하고 있는 우리나라는 더 말할 나위가 있겠는가. 필자는 본서가 역사적인 면에서 중국과 중국인을 편견 없이 이해하는 데 조금이라도 도움이 되기를 바라는 마음이다.

끝으로 『중국 역대 황제 평전』이 시리즈로 연속 발간될 수 있도록 도와주신 주류성출판사 최병식 사장님, 이준 이사님 등 여러분들에게 진심으로 감사드린다.

2021. 10

강 정 만 (姜正萬)

북송
960~1127

요(거란)

서하

고려

토번

북송

대리

1

제1장

송태조 조광윤

1. 오대십국: 분열과 대란의 시대

달도 차면 기운다고 했던가. 국가의 흥망성쇠는 동서고금의 이치이거 늘, 중국역사에서 가장 찬란한 문명을 꽃피웠던 당나라도 역사의 운명에 서 벗어날 수 없었다. 당나라 천우(天祐) 원년(904) 양왕(梁王) 주온(朱溫·852~ 912)이 정변을 일으켜 당나라의 수도 장안(長安)을 점령했다. 당소종(唐昭宗) 이엽(李曄·867~904)을 시해하고 조정 중신 30여 명을 살해한 뒤 실권을 장 악했다.

주온은 천우 4년(907)에 꼭두각시 황제 당애제(唐哀帝) 이축(李柷·892~908) 을 협박하여 황위를 자기에게 선양하게 했다. 이로써 당나라(618~907)는 중국의 전무후무한 여자황제였던 무측천(武則天·624~705)이 건국한 무주(武 周·690~705) 정권을 포함하여, 21대 황제 289년의 역사를 마감했다.

새 황제로 등극한 주온은 국명을 대량(大梁), 연호를 개평(開平)으로 정했으며 동경(東京: 지금의 하남성 개봉·開封)으로 천도했다. 그가 건국한 왕조를 후량(後梁·907~923)이라 칭한다. 중국은 이 시기부터 이른바 오대십국(五代十國·907~979)의 분열과 대란의 시대로 접어든다.

오대(五代)란 당나라 멸망 후에 중원 지방에서 일어난 후량, 후당(後唐·923~936), 후진(後晉·936~947), 후한(後漢·947~950), 후주(後周·951~960) 등 5개 왕조를 말한다.

남방 지역에서도 전촉(前蜀·907~925), 후촉(後蜀·934~966), 남오(南吳·902~937), 남당(南唐·937~975), 오월(吳越·907~978), 민(閩·909~945), 초(楚·907~951), 남한(南漢·917~971), 남평(南平·924~963) 등 많은 지방정부가 존재했다. 이것들을 10국이라고 칭한다. 당나라가 망한 후 72년 동안 무려 15개 왕조가 나타나 소멸한 것은, 당시 중국이 끊임없이 전쟁을 벌여 천하대란의 소용돌이에 빠져있었음을 단적으로 증명한다.

중원 지방에서 5개 왕조를 세운 군주들은 모두 당나라 때 지방의 병권을 장악하고 있었던 절도사들이었다. 이 왕조들 가운데 후량의 역사가 가장 오래 지속되었지만 겨우 16년이었다. 후량과 후당, 두 왕조의 역사만 간략하게 살펴보자.

후량의 태조 주온은 장남 주우유(朱友裕·?~904), 차남 주우규(朱友珪·884~913), 셋째아들 주우정(朱友貞·888~923) 등 친아들 7명을 두었다. 또 주우문(朱友文·?~912) 등 양아들 5명이 있었다. 후량을 건국하는 과정에서 세력 확장을 도모하는 수단으로 양아들이 많이 필요했던 것이다.

그런데 장남 주우유는 후량이 건국되기 전에 사망했으므로 주온의 실질적인 장남은 주우규였다. 주우규는 아버지가 자기를 태자로 책봉해주기를 간절히 바랐다. 하지만 주온은 성격이 교활한 주우규를 좋아하지 않았다. 뜻밖에도 양아들 주우문을 총애했다.

주우문은 어렸을 적에 주온의 양아들이 되었다. 성장하면서 학식뿐만 아니라 무예에도 탁월한 능력을 발휘하여 일찌감치 주온의 주목을 받았다. 주온이 군사를 일으켜 세력을 확장할 때, 문무를 겸비한 주우문은 그를 따라 전장을 누비면서 많은 전공을 쌓아 주온의 총애를 한몸에 받았다. 주온은 황제를 칭한 이후에 그를 박왕(博王)으로 책봉하고 더욱 신임했다. 주우규는 친아들임에도 아버지의 총애를 받지 못하자, 아버지와 주우문에 대한 원망이 뼈에 사무쳤다.

주온은 여색을 지나치게 밝혔다. 수십 명의 비빈들을 거느렸음에도 끓어오르는 성욕을 억제하지 못했다. 본부인 장혜(張惠 · ?~904: 사후에 원정황후 · 元貞皇后로 추증됨)가 사망한 후에는, 심지어 외모가 반반한 며느리들을 침전으로 불러들여 시중을 들게 하는 패륜을 저질렀다.

주온은 며느리들 가운데 양아들 주우문의 처, 왕씨(王氏)를 유달리 총애했다. 주우문은 아내가 양아버지와 불륜 관계임을 알고 있었으나 모르는 척했다. 아내를 미끼로 삼아 '대권'을 쟁취할 속셈이었다. 왕씨도 황후가 될 욕심에 주온의 품에 안겨 온갖 교태를 부리면서 시아버지의 혼을 빼놓았다.

건화(乾化) 2년(912) 주온이 중병에 걸렸다. 주우문의 처 왕씨와 주우규의 처 장씨(張氏)가 병석에 누운 주온을 번갈아가며 간병했다. 하루는 자신의 목숨이 경각에 달렸음을 직감한 주온이 왕씨에게 은밀히 말했다.

"이제 내 목숨이 얼마 남지 않은 것 같구나. 주우문에게 입궐하라고 해라. 내가 긴히 할 말이 있다고 전해라!"

주온은 양아들 주우문에게 황위를 넘겨 줄 생각이었다. 그런데 친아들 주우규의 반발을 우려하지 않을 없었다. 자신을 30여 년 동안 보필한 충복, 평양군후(平陽郡侯) 경상(敬翔)에게 말했다.

"주우규에게는 군(郡) 한 개를 떼어 주면 된다. 그를 내주자사(萊州刺史)로 임명하고 당장 임지로 떠나게 하라!"

주우규를 후량의 도성에서 멀리 떨어진 산동성의 내주로 보내 궁중 정변을 막기 위한 조치였다. 그런데 주우규의 처 장씨가 주온이 은밀히 진행한 양위 계획을 염탐하고 황급히 남편에게 말했다.

"황상께서 주우문에게 황위를 넘겨주려고 해요. 주우문이 천자가 되면, 우리 두 사람은 살아남을 수 없을 거예요."

오랫동안 아버지의 눈 밖에 난 주우규는 선택의 여지가 없었다. 잔혹한 마음을 먹고 아버지와의 천륜을 끊어야 했다. 한밤중에 변장을 하고 황궁으로 잠입하여 금군의 장수 한경(韓勍)을 만나 말했다.

"부황(父皇)께서 왕씨에게 홀려 정사를 그르치고 있소. 지금 손을 쓰지 않으면, 우리는 멸문의 화를 당할 것이오."

황궁 수비를 책임진 한경은 평소에 변덕이 심한 주온이 기분 내키는 대로 대신과 장수들을 살해한 만행에 두려움을 느끼고 있었다. 주우규와 생사를 함께 하기로 결심했다. 두 사람은 금군 5백여 명을 이끌고 주온이 자고 있는 침전을 급습했다. 환관과 궁녀들은 칼을 맞고 죽었거나 달아났다. 한바탕의 소란에 놀라 잠을 깬 주온이 아들 주우규를 향해 소리쳤다.

"네놈이 반란을 일으키지 않을까 오래전부터 의심하고 있었다. 진작 네놈을 죽이지 않은 게 한스럽다. 이 역적 놈이 감히 네 아비를 죽일 수 있겠느냐?"

아버지의 호통에 당황한 주우규가 잠시 머뭇거리자, 그의 마부(馬夫) 풍정악(馮廷諤)이 칼로 주온을 난자했다. 주온은 아들이 눈을 부릅뜨고 지켜보는 가운데 살해당했다. 권력을 차지하기 위해서는 부자지간도 원수지간이 되는 비정한 장면이었다. 주우규는 즉시 아버지의 시신을 침전 바닥에 매장하고 죽음을 극비에 부쳤다. 정변을 목격한 내시와 궁녀들은 모조리 살해되었다. 하룻밤 사이에 궁정을 장악한 그는 어명을 전달하는 관리, 정소포(丁昭浦)를 동도(東都)로 보내 주우문에게 사약을 내려 죽게 했다. 물론 주우규가 주온의 명의로 조작한 어명이었다. 그는 또 가짜 조서를 반포했다.

"짐(주온)은 30여 년 동안 수많은 난관을 극복하고 대량(大梁)을 건국하였다. 황제로 등극한지 6년 동안 나라 안팎의 협력을 통하여 백성들이 어느 정도 편안한 삶을 누리기를 진심으로 바랐다. 하지만 주우문이 반역의 뜻을 품고 대역죄를 저지를지 어찌 알았겠는가. 어젯밤 그가 무장한 병사들을 이끌고 대전으로 난입했다. 다행하게도 효성이 지극하고 충직한 주우규가 반역의 무리를 소탕할 수 있었다. 짐은 몸을 보전할 수 있었으나 평소에 지병을 앓고 있었던 터라 변란에 놀라 심신이 크게 쇠약해져서 살날이 얼마 남지 않았다. 주우규가 흉악한 역적을 토벌한 공로는 비할 바 없이 크다. 이에 따라 국가와 군대를 다스리는 대사를 그에게 위임하는 바이다."

건화 2년(912) 6월 주우규는 비로소 아버지의 죽음을 알리고 영전 앞에서 후량의 2대 황제로 등극했다. 다음 해부터 연호를 봉력(鳳曆)으로 정했다. "권력은 부자지간에도 나눌 수 없다"는 속설이 있지만, 어쨌든 주우규는 부친을 죽인 패륜아였다. 더구나 그는 주색을 탐닉하여 백성들의 원성을 샀다.

봉력 원년(913) 이번에는 주온의 셋째아들 개봉부윤 주우정(朱友貞)이 음모를 꾸며 주우규를 죽이고 황제를 칭했다. 그런데 그도 이복형 주우규와 크게 다를 바 없는 무능한 군주였다. 언로를 막고 측근들의 말만을 믿는 치명적인 약점이 있었다.

용덕(龍德) 3년(923) 10월 당나라 절도사 출신 이존욱(李存勖·885~926)이 건국한 후당의 군사가 중도(中都)를 유린하고 동경성으로 진격했다. 마침 황하의 제방이 무너져 동경 일대가 물에 잠겼다. 동경성이 고립무원의 상황에 빠졌다. 측근들은 주우정에게 낙양으로 탈출하여 재기를 노리자고 했다. 하지만 주우정은 민심이 심각하게 이반했음을 깨닫고 출궁을 거부했다. 재상 정각(鄭珏)이 계책을 냈다.

"신이 국새를 가지고 당나라 진영으로 가서 거짓으로 항복하겠습니다. 폐하께서는 당나라가 방심한 틈을 이용하여 국난을 극복하시기 바랍니다."

주우정이 말했다.

"지금 나라가 망하기 일보 직전에 이르렀는데도, 짐이 어찌 국새만을 애지중지하겠는가. 다만 경의 계책이 정말로 성공할 수 있을까 걱정이오."

전각이 한참 동안 곰곰이 생각하더니 뜻밖에도 이런 대답을 했다.

"아마 실패할 것 같습니다."

자기가 낸 계책이 실패할 것이라고 말했으니 얼마나 황당하고 웃기는 얘기인가. 얼마 후 혼란의 와중에 국새가 도난당한 어처구니없는 일이 벌어졌다. 아마 정각이 그것을 훔쳐 이존욱에게 바친 게 아닌가 한다. 그가 후당 시기에도 고위관직을 역임했기 때문이다.

왕조의 운명이 다했음을 직감한 주우정은 공학도장(控鶴都將: 황제의 경호와 황궁의 수비를 책임진 장수의 관직) 황보린(皇甫麟)을 불러 말했다.

"나와 이존욱은 집안 대대로 철천지원수 관계이오. 내가 적의 칼에 맞아죽을 수는 없소. 경은 당장 나를 죽여서 내가 적의 수중에 들어가 치욕을 당하지 않게 해주오."

적에게 붙잡혀 능욕을 당하고 죽을 바에는 차라리 심복에게 죽임을 당하겠다는 비장한 얘기였다. 황보린이 주저하자, 그는 또 이렇게 말했다.

"경이 차마 나를 죽일 수 없다면 적에게 팔아넘길 셈인가?"

황보린은 일편단심을 증명하기 위해 자살하려고 했다. 주우정이 달려들어 만류했다. 두 사람은 서로 껴안고 대성통곡했다. 마침내 황보린은 주우정을 죽이고 자살했다. 주우정을 '후량의 말제(末帝)'라고 칭한다. 후량의 마지막 황제라는 뜻이다.

후량을 멸망시킨 후당의 개국황제 이존욱은 당나라 말기의 진왕(晉王)

이극용(李克用·856~908)의 아들이다. 원래 이극용은 사타족(沙陀族: 서돌궐의 일파로 지금의 중앙아시아 지역에서 거주한 민족) 출신의 절도사였다. 당나라 말기에 황소의 난을 진압하는 데 전공을 세워 이씨(李氏) 성을 하사받고 진왕(晉王)으로 책봉되었다.

당나라 천우(天佑) 4년(907) 주온이 후량을 건국할 때, 이극용은 망한 당나라를 다시 일으키겠다는 명분을 내걸고 주온과 대립했다. 다음 해 이극용이 병사하자, 그의 아들 이존욱이 당(唐)을 건국했다. 망한 당나라를 그리워하는 유민들의 지지를 얻고자 국명을 새로 짓지 않고 당이라는 국명을 계속 사용했다. 이존욱이 세운 당나라를 '후당'이라 칭한다.

이존욱은 정복군주였다. 재위 기간 중 봉상(鳳翔: 지금의 섬서성 보계·寶雞)에서 할거한 지방정부, 기국(岐國·887~923)을 병탄했다. 또 후량뿐만 아니라 지금의 사천성 지역에서 세력을 떨친 전촉(907~925)도 멸망시켰다. 당고조 이연(李淵·566~635)이 건국한 당나라를 합법적으로 계승했다는 후당은 이존욱이 위주(魏州: 지금의 하북성 대명현·大名縣)를 수도로 정하고 통치할 때 남방의 10국이 가장 두려워한 국가로 성장했다.

하지만 이존욱은 치국의 도(道)를 모르는 황제였다. 주지육림에 빠져 지내면서 툭하면 신하들을 죽였고 광대와 환관을 중용했으며 가렴주구를 일삼아 백성들의 생업을 파괴했다. 특히 그는 스스로 자신의 예명을 '이천하(李天下)'라고 짓고 광대와 어울려 연극판을 질펀하게 벌이는 일을 아주 좋아했다. 또 환관과 광대들을 민가로 보내 처녀들을 강탈하여 궁녀로 삼았다. 심지어는 위주를 지키고 있는 장수들의 처첩 1천여 명을 빼앗아 궁중의 노리개로 삼는 만행을 저지르기도 했다.

동광(同光) 4년(926) 이존욱의 포악한 정치에 불만을 품은 황보휘(皇甫暉)가 위주의 병사들을 선동하여 반란을 일으켰다. 이존욱은 자신의 최측근이자 성덕군절도사 이사원(李嗣源·867~933)에게 진압을 명했다. 하지만 이

사원은 민심이 이반했음을 간파하고 반란군과 연합하여 이존욱 타도에 앞장섰다. 이사원의 군사가 대량(大梁: 지금의 하남성 개봉)을 점령하고 낙양으로 진군했을 때, 궁지에 몰린 이존욱은 친정(親征)을 결정하지 않을 수 없었다.

하지만 이번에는 도성의 수비를 책임진 광대 출신의 장수, 곽종겸(郭從謙)이 궁궐 내부의 혼란한 틈을 타서 반란을 일으켰다. 반란군이 흥교문(興教門)을 불태우고 이존욱의 거처를 급습했다. 결국 이존욱은 화살에 맞아 숨졌다. 이 궁중정변을 '흥교문의 변란'이라고 칭한다.

이사원은 황보휘, 곽종겸 등 반란군 장수들의 추대로 후당의 2대 황제가 되었다. 명종(明宗) 이사원은 재위 7년 동안 장종(莊宗) 이존욱 시대의 적폐를 청산하고 백성의 삶을 어느 정도 안정시킨 업적을 쌓았다. 하지만 태자 책봉을 차일피일 미루어 둘째아들 진왕(秦王) 이종영(李從榮·?~933)의 강한 불만을 샀다. 이종영은 장남 이종경(李從璟)이 죽었으므로 차남인 자신이 황태자로 책봉되어야 한다고 생각했기 때문이다.

후당 장흥(長興) 4년(933) 이종영은 아버지가 중병에 걸린 틈을 이용하여 반란을 일으켰으나 실패했다. 진왕부로 달아나는 도중에 피살되었다. 이사원은 둘째아들의 반란에 큰 충격을 받았다. 셋째아들 송왕(宋王) 이종후(李從厚·914~934)에게 황위를 계승하게 하고 66세의 나이에 세상을 떠났다.

응순(應順) 원년(934) 명종 이사원의 양아들 노왕(潞王) 이종가(李從珂·885~937)가 봉상에서 반란을 일으켰다. 낙양을 함락하고 황제를 칭했다. 악왕(鄂王)으로 강등된 민제(愍帝) 이종후는 위주(衛州)로 달아났으나 황위를 계승한지 5개월만에 20세의 나이에 피살되었다.

후당의 마지막 황제 이종가도 재위 2년 만에 거란의 지원을 받은 하동절도사 석경당(石敬瑭·892~942)의 반란을 막지 못하고 분신자살했다. 석경당은 거란에게 연운(燕雲) 16주를 할양하고 후진을 세웠으나, 후진도 11년 만에 망했다.

　남방의 10국 가운데 당나라 진해군절도사 전류(錢鏐·852~932)가 세운 오월(吳越·907~978)이 역사가 가장 긴 71년 동안 유지되었다. 전류는 오늘날의 항주(杭州)를 중심으로 하는 절강성 일대에서 오월왕을 칭했다. 오월은 영토가 협소하고 주변국의 침략 위협에 시달렸다. 후량, 후당 등 중원 왕조에 복종하는 외교 전략으로 생존권을 확보했다.

　전류는 바다에 인접하여 조수 간만의 차이로 유명한 전당강(錢塘江)에 제방을 쌓아 바닷물의 역류를 막았으며, 바다처럼 넓은 태호(太湖) 유역 곳곳에 갑문을 설치하여 농업 생산량을 획기적으로 늘렸다. 또 인재를 중용하고 민생을 도모하는 정책을 실시하여 오월을 강남 제일의 부국으로 발전시켰다. 백성들은 그를 '해룡왕(海龍王)'이라 칭하고 존경했다. 그는 언제나 신하들에게 이렇게 말했다.

　　"백성은 사직의 근본이오. 백성이 가장 귀하고 사직은 그 다음이오. 백
　　성을 전쟁에 동원하지 않는 것이 바로 백성을 사랑하는 일이오."

　백성의 편안한 삶을 위해서라면 전씨(錢氏)의 사직(국가)을 포기해도 좋다는 생각이다. 사실 이 말은 춘추전국 시대에 활약했던 위대한 사상가 맹자(孟子)의 "백성이 가장 귀하고 사직이 그 다음이며 임금은 가장 가벼운 존재이다."라는 주장에서 나왔다. 봉건왕조 시대에 정말로 혁명적인 인식의 대전환이다.

　전류가 재위 41년 동안 무력이 강한 중원 왕조에 복종하는 태도로 일관했으며 끝내 황제를 칭하지 않은 까닭은, 백성들을 전쟁에 끌어들여 도탄에 빠지는 일을 막기 위해서였다. 그는 또 자손들에게 중원의 왕조를 잘 섬겨야 하며 만약 만백성을 구제하는 진정한 군주가 나타나면 그에게

귀부하라고 당부했다.

전류의 손자이자 오월의 마지막 군주였던 전숙(錢俶·929~988)이 오월을 다스릴 때, 중원 지방은 조광윤(趙匡胤·927~976)이 건국한 송나라가 통일 전쟁을 벌이고 있었다. 송나라 개보(開寶) 8년(975) 송태조 조광윤이 남당을 멸망시키고 오월을 위협했다. 당시 남방의 10국 가운데 오월을 제외하고는 모두 멸망했다. 오월은 풍전등화의 위기에 처했다.

전숙은 임종을 앞둔 저명한 고승, 연수(延壽·904~975)를 찾아가 자문을 구했다. 연수대사는 정토종(淨土宗) 육조(六祖)로서 백성들의 존경을 받고 있었다. 전숙도 그를 국사(國師)로 모시고 가르침을 받았다. 연수대사는 천하의 대세가 이미 송나라로 기울었으므로 저항하지 말고 국토를 송나라에 바치라고 충고했다. 그는 무고한 백성들이 전란에 희생되는 비극을 어떻게 해서든 막고 싶었다.

전숙은 그의 충고를 따르기로 결심했다. 전숙의 조부 전류가 중원에서 진정한 군주가 나타나면 귀부하라는 유훈도 그의 결심을 굳게 했다. 마침내 송나라 태평흥국(太平興國) 3년(978) 5월 전숙은 신하들을 거느리고 송나라의 수도 변경(汴京: 지금의 하남성 개봉)으로 입조하여 오월의 영토를 송태종 조광의(趙光義·939~997)에게 바쳤다.

이때 오월의 13주(州), 86현(縣), 55만6백80호(戶), 병사 11만5천여 명이 모두 송나라에 귀속되었다. 중국역사에서 단 한 방울의 피도 흘리지 않고 한 왕조가 다른 왕조에 병합된 미덕을 남긴 본보기가 되었다. 훗날 북송의 유명한 시인 소식(蘇軾·1037~1101)은 이 역사적인 사건을 이렇게 평했다.

"오월 지방의 백성들은 늙어 죽을 때까지 무기를 알지 못했다. 그들은 사시사철 풍류를 즐겼는데 노래와 북소리가 사방에서 끊이질 않았다. 지금도 이런 풍조는 계속되고 있다. 오월의 왕이 백성들에게 베푼 덕이 참으로 후했다고 할 수 있다."

중국역사는 '전쟁의 역사'라고 평가할 정도로 전란의 연속에서 이루어졌다. 전쟁은 수많은 사람들을 죽이고 모든 산업을 파괴한다. 인간의 탐욕이 빚어낸 비극과 참상의 근원이기도 하다. 오늘날 오월의 무숙왕(武肅王) 전류와 충의왕(忠懿王) 전숙의 용단을 높이 평가하는 이유는 바로 이런 비극을 피하기 위한 간절한 바람 때문일 것이다.

송태종은 투항한 전숙을 왕으로 예우했다. 단공(端拱) 원년(988) 8월 전숙의 회갑 잔치가 성대하게 열렸다. 전숙은 밤늦도록 이어진 연회에서 갑자기 죽었다. 승자의 선의와 아량으로 포장된 역사의 이면에 숨겨진 비정함이 그를 죽음으로 내몰았는지도 모른다. 중국역사에서 항복한 망국의 군주들은 대부분 이용 가치가 사라지면 죽음을 면치 못했기 때문에 이런 추측을 해본다.

2. 명문가의 아들로 태어나 후주의 장수가 되어 군권을 장악하다

송나라의 개국황제 조광윤(趙匡胤·927~976)은 후당(923~936) 천성(天成) 2년(927)에 협마영(夾馬營: 지금의 하남성 낙양)에서 후당의 장수 조홍은(趙弘殷·899~956)의 둘째아들로 태어났다. 조광윤의 고조부 조조(趙朓)는 당나라 때 지금의 북경인 유도(幽都)에서 현령을 지냈다. 증조부 조정(趙珽)은 어사중승을, 조부 조경(趙敬)은 여러 지방에서 자사 등 관직을 역임한 것으로 보아, 그가 명문가 출신이었음을 알 수 있다.

후당 청태(淸泰) 3년(936) 하동절도사 석경당(石敬瑭·892~942)이 반란을 일으켜 도성 낙양을 함락했다. 후당의 마지막 황제 이종가(李從珂·885~937)가

분신자살했을 때, 조홍은은 재빨리 석경당에게 투항한 까닭에 어린 아들 조광윤을 포함한 가족이 살아남을 수 있었다.

석경당은 거란(契丹)의 황제 야율덕광(耶律德光·902~947: 훗날 요나라 태종)에게 연운(燕雲) 16주를 할양하고 그 대가로 거란의 도움을 받아 후진(後晉·936~947)을 건국했다.

연운 16주는 오늘날 북경, 천진, 하북성 북부, 산서성 북부 지역 등을 포함하는 광대한 지역이다. 이 지역은 방어하기에는 쉽고 공격하기에는 어려운 지형적인 특징이 있다. 중원의 한족에게는 북방 이민족의 침략을 막는 천혜의 장벽이었다. 또 토지가 비옥하여 농사가 잘되었을 뿐만 아니라 인구도 조밀하여 중원 왕조의 곳간을 채워주는 식량 기지 역할을 했다. 따라서 옛날부터 중원의 한족은 연운 16주를 북방의 이민족에게 빼앗기면, 그 병화(兵禍)가 반드시 중원에 미친다고 두려워했을 정도로 이 지역의 전략적, 경제적인 중요성을 심각하게 인식하고 있었다. 중원 왕조가 융성할 때는 북방 이민족들은 감히 이 지역을 넘보지 못했으나, 쇠퇴할 때는 기마 군단을 이끌고 와서 대량의 물자를 약탈하고 수많은 한족 백성들을 포로로 잡아 노예로 부렸다.

석경당은 비굴한 군주였다. 자신의 제국을 건설하기 위하여 연운 16주를 거란에 할양했을 뿐만 아니라 자기보다 열 살이나 어린 야율덕광을 '아버지 황제'로 섬기고 자신은 '아들 황제'를 자처했다. 또 해마다 비단 30만 필을 바치고 거란에 충성을 맹세했다. 석경당은 거란 황제의 윤허를 받아 황제를 칭했지만 사실은 꼭두각시에 불과했다. 그의 굴욕적인 처신은 백성들의 원성을 샀다. 심지어 그의 측근조차도 그의 매국 행위에 분개했다.

석경당 사후에 그의 조카이자 양아들인 석중귀(石重貴·913~974)가 황위를 계승했다. 그는 석경당과는 다르게 거란의 간섭에서 벗어나고 싶었다.

그런데 석경당이 야율덕광을 아버지로 칭했기 때문에, 그도 어쩔 수 없이 자신을 야율덕광의 손자로 칭했지만 신하로 칭하지는 않았다. 그가 거란의 황제에게 자신을 신하로 칭하지 않았다는 것은 후진이 거란의 속국이 아니라는 의미였다. 자기도 황제라는 뜻이기도 했다. 따라서 거란과 후진의 충돌은 불가피했다.

후진 개운(開運) 원년(944) 거란군이 후진 정벌에 나섰다. 양군은 전주(澶州: 지금의 하남성 복양현·濮陽縣)에서 접전을 벌였는데 승부가 나지 않았다. 개운 2년(945) 거란군이 다시 남침했을 때는 석중귀가 친히 군사를 거느리고 싸워 승리했지만, 개운 4년(947)에는 야율덕광이 친히 이끈 거란의 대군에게 대패했다. 야율덕광은 변경(汴京: 지금의 하남성 개봉)에서 다시 황제를 칭했다. 국명은 대요(大遼)로 바꾸었으며 연호는 대동(大同)으로 정했다. 석중귀는 거란에 투항하여 목숨을 부지했으나 망국의 군주가 되어 온갖 치욕을 당하고 죽었다.

하동절도사 겸 북평왕 유지원(劉知遠·895~948)은 후진이 망한 직후에 오늘날의 산서성 태원(太原)에서 황제를 칭하고 후한(後漢·947~950)을 건국했다. 이 시기에 조홍은은 유지원의 휘하로 들어가 호성군도지휘사를 맡았다. 어느덧 20세의 건장한 청년 장수로 성장한 조광윤도 아버지의 곁에서 군사 업무를 도왔다.

유지원은 조정의 요직을 측근들로 채웠다. 권력을 잡으면 자신과 함께 생사를 함께 한 측근들을 중용하는 것은 인지상정이다. 그런데 측근이 대임을 맡을만한 능력이 없으면 배제해야 한다. 하물며 무식하고 포악한 측근이라면 더 말할 나위가 없다. 하지만 유지원은 무뢰한이나 다름없는 측근들에게 둘러싸여 황제로서의 통치력을 조금도 발휘하지 못했다.

금군을 장악한 평장사(平章事) 사홍조(史弘肇)는 잔혹하기 그지없는 인물이었다. 도성의 백성이 잘못을 저지르면 죄의 경중을 가리지 않고 무조건

극형으로 다스렸다. 어느 한 백성은 금성이 대낮에 출현한 모습을 우러러 보았다는 죄명으로 허리가 잘리는 형벌을 받고 죽었다. 또 어떤 백성은 술에 취해 군졸과 사소한 시비를 벌였다는 죄명으로 참수형을 당했다. 도 성에서는 혀를 끊고 입을 자르며 근육을 뽑고 발을 절단하는 잔혹한 형벌 이 거의 매일 집행되었다.

재정을 담당하는 부서인 삼사사(三司使)를 맡은 왕장(王章)은 가렴주구를 일삼았다. 원래 백성들이 생산한 곡식에 세금을 매길 때, 1곡(斛: 1곡은 10두) 당 2승(升: 1승은 1두의 10분의 1)을 징수했다. 하지만 왕장은 1곡당 2두(斗)를 거 두어들이게 했다. 세금을 무려 10배나 올린 것이다.

또 관청의 부고(府庫)에서 동전 1관(貫)당 800문(文)만을 방출하는 게 내 규였다. 1관은 1,000문에 해당하지만 동전을 만드는 금속이 부족했기 때 문에 200문을 공제한 것이다. 백성들도 이것을 기준으로 세금을 납부했 다. 이를테면 100문을 내야한다면 실제로는 80문만 내도 됐다. 하지만 왕장은 부고에서는 100문당 77문만 방출하고 백성들에게는 여전히 80문 을 거두어들였다. 소금을 분량에 관계없이 밀매하거나 밀주를 만들다가 적발된 자들도 모조리 형장의 이슬로 사라졌다.

조정 중신들의 폭정이 이러할진대 지방 관리들은 불문가지였다. 위주 자사 섭인로(葉仁魯)는 무고한 백성들을 도적으로 몰아 죽였다. 서경유수 왕수은(王守恩)은 거지에게도 세금을 징수했으며, 심지어 죽은 사람에게도 세금을 매겨 유가족이 납부하지 않으면 장례를 치르지 못하게 했다.

유지원은 황제를 칭한 지 겨우 1년 만에 병사했다. 그의 아들 유승우 (劉承祐·930~951)가 황위를 계승했다. 유승우는 난장판이 된 조정을 수습하 려고 했다. 하지만 권신들은 18세에 불과한 그를 아주 우습게 여겼다. 그 들은 황제의 면전에서 오만방자하게 행동했으며 심지어 칼을 빼들고 서 로 다투기도 했다.

유승우는 권신들을 제거하지 않으면 자신도 언제 죽을지 모르는 절박한 심정이었다. 측근들과 비밀리에 협의한 끝에 진양빈(趁楊邠), 사홍조, 왕장 등 권신들이 입조하는 틈을 타서 그들을 죽이기로 결심했다. 어린 황제를 무시했던 권신들은 함정에 빠져 도륙을 당했다.

당시 후한의 절도사들 가운데 업성(鄴城: 지금의 하북성 임장현·臨漳縣과 하남성 안양·安陽 일대)을 지키고 있던 천웅군절도사(天雄軍節度使) 곽위(郭威·904~954)가 가장 강한 군사력을 보유하고 있었다. 하북과 하남 지방의 여러 주현은 사실상 그의 통제를 받았다. 어린 황제 유승우에게는 그의 존재가 불안 요소였다. 유승우는 측근 이업(李業)에게 곽위를 죽일 계책을 세우게 했다.

하지만 사전에 눈치를 챈 곽위가 후한 건우(乾祐) 3년(950)에 반란을 일으켜 도성 변경성을 점령했다. 이때 조홍은과 조광윤 부자도 곽위의 반란 군에 가담하여 전공을 세웠다.

유승우는 도망가는 길에 피살되었다. 후한은 건국 3년 만에 망했다. 5대 10국 가운데 가장 짧은 역사를 기록했다. 한편 변경성에 입성한 곽위는 유승우의 생모 이황태후(李皇太后)에게 이런 말을 했다.

"내가 거병한 이유는 어린 황제를 겁박하여 국정을 농단한 간신들을 처단하기 위해서였소. 불행하게도 어린 황제가 유명을 달리하였으니 유씨(劉氏) 종실 가운데 한 분을 새 황제로 추대하겠소. 당분간 황태후께서 섭정을 해주기 바라오."

곽위는 이황태후를 안심시킨 후 부하 장수에게 요나라 군사가 후한을 침입하고 있다는 거짓 정보를 퍼뜨리게 했다. 이황태후는 두려움에 떨며 어찌할 바를 몰랐다. 곽위에게 모든 일을 맡기는 수밖에 없었다. 곽위는 출정에 나서는 척했다. 곽위의 군사가 도성 밖에 이르렀을 때 조홍은, 조광윤 등 측근들은 곽위에게 황포(黃袍)를 입혔다. 황제로 추대하겠다는 의미였다. 곽위는 몇 번 사양하고 난 후 부하들의 간청을 거절하지 못하고 어쩔 수 없이 황제로 등극하겠다고 선포했다.

951년 1월 곽위는 조홍은 등이 짠 각본대로 변경에서 황제를 칭하고 대주(大周·951~960)를 건국했다. 중국역사에서는 후주(後周)라고 칭한다. 이때부터 곽위는 조홍은, 조광윤 부자를 절대 신임하였다.

조홍은은 철기제일군지휘사(鐵騎第一軍指揮使), 검교사도(檢校司徒) 등의 중책을 맡고 금군을 지휘했다. 조광윤도 정국절도사(定國節度使), 전전도지휘사(殿前都指揮使) 등의 관직에 제수되어 아버지와 함께 금군을 지휘했다. 금군은 황제와 황궁 호위의 막중한 임무를 맡은 군대이다. 황제의 최측근이 아니면 금군을 지휘할 수 없었다. 후주 정부에 들어와서 조홍은, 조광윤 부자는 이미 금군을 동원할 수 있는 군부의 실력자로 부상한 것이다.

조홍은, 조광윤 부자는 후당, 후진, 후한, 후주 등 4개 왕조가 30여 년 동안 명멸하는 천하 대란의 소용돌이 속에서도 은인자중하면서 권력의 향배를 정확하게 예측하고 변신을 거듭한 끝에 살아남는 지혜를 발휘했다.

이때 조광윤은 20대 중반의 나이였다. 부친과 함께 생사의 고비를 수없이 넘으면서 오직 무력에 의지하여 왕조를 세운 절도사들의 최후가 얼마나 비참했는지 통감했을 것이다. 이런 이유로 그가 송나라를 건국했을 때 문치주의를 표방한 게 아닌가 한다.

후주의 태조 곽위는 근검절약을 몸소 실천하고 백성을 아낀 군주였다. 하루는 대신들에게 이렇게 말했다.

"짐은 미천한 집안에서 태어나 세상의 모든 고통과 재난을 다 겪었소. 지금 요행히 제왕이 되었다고 해서 짐의 사치와 향락을 위해서 어찌 백성들을 고난에 빠뜨릴 수 있겠소?"

그는 관리들에게 공물들을 바치지 못하게 했다. 궁궐에서 사용하는 금은 장식품, 옥기 등 진귀한 물건들을 중신들의 면전에서 부수게 했다. 또 국가를 다스리는 요체는 무력이 아니라 문치에 있음을 절감했다. 재능과 인품이 뛰어난 인재들을 중용한 후 그들에게 말했다.

"짐은 한평생 싸움터에서 전전하였기 때문에 학문을 익히지 못했소. 아울러 국가를 잘 다스려 만백성을 편안하게 하는 원대한 계획을 알지 못하오. 경들은 국가와 백성을 이롭게 하는 좋은 계책이 있으면, 언제든지 짐에게 직접 상소하시오. 천하가 태평하다는 과장된 상소는 절대 올리지 마시오."

곽위는 친히 산동성 곡부로 행차하여 공묘(孔廟)를 참배했다. 공자의 유가사상으로 국가를 다스리겠다는 의지를 드러냈다. 그의 선정 덕분에 중원 지방은 오랜 전란 끝에 어느 정도 안정을 찾을 수 있었다.

곽위는 재위 4년 만인 현덕(顯德) 원년(954) 50세의 나이에 병사했다. 그런데 그에게는 황위를 이을 친아들이 없었다. 원래 두 친아들이 있었으나, 그가 업성에서 반란을 일으킬 때 후한군에게 피살당했다.

곽위는 아내 시씨(柴氏)의 오빠, 시수례(柴守禮)의 아들 시영(柴榮·921~959)을 양자로 삼았다. 시영은 어렸을 적부터 고모의 집에서 자랐다. 곽위 부부는 사이가 좋았다. 곽위는 시영을 친아들처럼 돌보았다. 이런 이유로 곽위의 양자로 들어간 시영이 후주의 2대 황제가 되었다. 그가 후주의 세종(世宗)이다.

황제가 새로 등극하면 연호를 바꾸는 게 당연했다. 하지만 주세종은 태조 곽위의 위업을 계승하겠다는 강한 의지의 표현으로써 연호를 바꾸지 않았다. 그는 야심에 찬 군주였다. 중국 통일을 결심했다. 먼저 서남부의 후촉과 장강 이남의 남당을 정벌하여 서남부 지방을 안정시키고 난 후에 북방의 강국 요나라로 진격하여 연운 16주를 수복하겠다는 원대한 계획을 세웠다.

현덕 2년(955) 주세종은 봉상절도사 왕경(王景), 선휘남원사 향훈(向訓) 등의 장수들에게 서촉을 공격하게 하여 진주(秦州), 봉주(鳳州), 계주(階州), 성주(成州) 등 4주의 땅을 빼앗았다. 또 현덕 2년(955)부터 5년(958)에 이르는 동안 친히 대군을 이끌고 남당을 세 차례나 정벌하여 회남(淮南) 지방의 14주, 60현을 차지했다. 남당의 2대 황제 이경(李璟·916~961)은 주세종에게 자신을 신하로 칭하고 후주의 연호, 현덕을 쓰는 치욕을 당했다.

현덕 6년(959) 주세종은 대군을 이끌고 요(遼·916~1125)나라 정벌에 나섰다. 후주군은 북방의 전략적 요충지이자 요나라의 영역인 막주(莫州), 영주(瀛州), 역주(易州) 등 3주와 익진관(益津關), 와교관(瓦橋關), 어구관(淤口關) 등 삼관(三關)을 파죽지세로 점령했다. 주세종이 요나라의 남경 유도부(幽都府)로 진격을 준비하고 있을 때 뜻밖에도 중병에 걸렸다. 진군을 멈추고 변경성으로 회군하는 수밖에 없었다.

그런데 주세종은 회군 도중에 "전전도점검(殿前都點檢)이 천자가 될 것이다."라는 유언비어를 들었다. 당시 후주의 금군은 전전군(殿前軍)과 시위친군(侍衛親軍), 두 부대로 구성되어 있었다. 전전군은 주세종이 친히 조직하고 장졸을 선발했기 때문에 시위친군보다 지위가 높았다. 전전군의 사령관 전전도점검이 사실상 금군의 최고사령관이었다. 주세종은 자신의 최측근이자 태조 곽위의 사위, 장영덕(張永德·928~1000)을 전전도점검에 임명했다.

장영덕은 조광윤과 함께 주세종을 받들고 요나라 정벌의 선봉에 서서 혁혁한 전과를 세웠다. 주세종의 목숨이 얼마 남지 않아 변경성으로 회군하고 있다는 소식이 사방에 퍼지자, 장영덕이 황위를 찬탈할 것이라는 유언비어가 떠돈 것이다.

주세종은 그가 반란을 꾀하지 않을까 두려워했다. 하지만 물증도 없이 그를 제거할 수는 없었다. 고민 끝에 전전도검의 직책을 거두어들이고 그 대신에 그를 동평장사(同平章事: 재상에 해당하는 고위직)로 임명했다. 말하자면 주세종이 그의 군권을 박탈한 것이다.

주세종은 조광윤을 장영덕의 후임으로 임명했다. 조광윤이 온건하고 합리적인 성품의 소유자라고 생각하여 그에게 군권을 맡겼다. 하지만 주세종의 이런 결정은 돌이킬 수 없는 실수였다. 그가 가장 신임했던 조광윤이 후주를 멸망시키고 황제가 될 줄 어찌 상상이나 했겠는가.

현덕 6년(959) 주세종은 38세의 나이에 병사했다. 그의 넷째아들 시종훈(柴宗訓·953~973)이 7세의 어린 나이에 황위를 계승했다. 그가 후주의 마지막 황제 주공제(周恭帝)이다.

이때 조광윤은 금군의 최고사령관 직책인 전전도점검 뿐만 아니라 송주(宋州: 지금의 하남성 상구·商丘)를 다스리는 귀덕군절도사(歸德軍節度使), 최고의 명예직인 검교태위(檢校太尉) 등의 관직도 맡았다. 사실상 후주의 요직을 장악한 그는 어린 황제가 더 이상 명실상부한 황제로 보이지 않았다. 오랫동안 은인자중하며 품은 야망이 꿈틀거리기 시작했다.

3. 진교병변: 병변의 성공으로 송나라의 개국황제가 되다

주공제 시종훈은 말이 황제이지 철부지 어린아이에 불과했다. 그의 생모는 선의황후(宣懿皇后) 부씨(符氏·929~956)인데 현덕 3년(956)에 세 살배기 아들을 남겨두고 병사했다. 그녀의 여동생 선자황후(宣慈皇后) 부씨(符氏·932~993)가 주세종의 2대 황후가 되어 시종훈을 키웠다. 다시 말하면 주세종은 아내가 사망하자 처제를 아내로 맞이했으며, 시종훈은 이모의 손에서 자랐다. 시종훈이 즉위한 직후에 선자황후 부씨가 태후가 되어 수렴청정을 시작했다.

부태후는 온순하고 가녀린 여자였다. 어떤 정치적 야심도 없었다. 국가의 대사는 범질(范質), 왕부(王溥) 등 고명대신들에게 맡겼다. 그녀는 평소에 인품이 중후하고 문무를 겸비한 전전도점검 조광윤을 존경했다. 금군의 병권을 쥔 조광윤도 나이가 자기보다 다섯 살 아래인 부태후를 극진히 예우했다.

현덕 6년(959) 11월 북한(北漢·951~979)이 주세종이 죽었다는 첩보를 접하고 요나라와 연합하여 남침했다. 진주(鎭州), 정주(定州) 등 전략적 요충지가 함락될 위기에 처했다는 첩보가 조정을 강타했다. 수렴청정을 시작한지 불과 몇 개월 만에 위기에 봉착한 부태후는 사시나무 떨듯 하면서 어찌할 바를 몰랐다. 국정을 책임진 재상 범질에게 국난 극복의 계책을 물었다.

범질은 금군의 병권을 쥔 전전도점검 조광윤이 외적의 침략을 물리칠 적임자로 여기고 그에게 출정을 명령했다. 그런데 조광윤은 소수의 금군으로는 대적할 수 없다고 주장했다. 범질은 후주군의 모든 군권을 그에게 위임하는 수밖에 없었다.

현덕 7년(960) 1월 3일 조광윤은 대군을 이끌고 변경성을 떠났다. 연도에 나와 출정 행렬을 지켜보던 백성들은 병사들의 군기가 엄정한 모습을 보고 크게 안심했다. 당시 변경성에는 "군대가 출병하는 날, 전전도점검에 책봉된 자가 천자가 될 것이다."라는 소문이 파다하게 퍼졌다. 불과 1년 전에 이런 소문 때문에 원래 전전도점검이었던 장영덕이 경질되었는데도 또 유언비어가 난무했다.

이때 천문을 잘 안다는 도사 묘훈(苗訓)이 하늘에 떠있는 태양 아래 또 다른 태양이 떠있고, 두 태양 사이에 검은 빛이 오랫동안 마찰을 일으키고 있다는 기이한 현상을 관찰하고 조광윤의 심복 초소보(楚昭輔)에게 말했다.

"하늘에 태양이 두 개가 있을 수 없습니다. 천명을 따라야 합니다."

말하자면 조광윤이 하늘의 뜻에 따라 황제가 될 것이라는 암시였다. 사실 이러한 일련의 이야기들은 조광윤의 동생 내전지후(內殿祗侯) 조광의(趙光義·939~997), 심복 귀덕장서기(歸德掌書記) 조보(趙普) 등이 사전에 치밀하게 준비한 각본에 불과했다. 초자연적인 현상을 빙자하여 우매한 백성을 속여 여론을 특정한 사람에게 유리하게 조성하는 행위는 과학이 발달하지 못했던 고대 사회에서는 상투적인 수법이었다.

조광윤의 군대는 출병 당일 저녁에 변경성에서 20여 리 떨어진 진교역(陳橋驛: 지금의 하남성 개봉 진교진·陳橋鎭)에서 야영했다. 병사들이 군영에서 쉬고 있을 때, 조광윤을 추종하는 장수들이 한 자리에 모여 상의했다. 한 장수가 말했다.

"지금 황상께서는 너무 어리고 약하여 친히 정사를 관장할 수 없소. 우리는 국가를 위하여 적과 사력을 다해 싸우고 있지만, 누가 우리의 공을 알아주기나 하겠소? 차라리 우리의 심정을 잘 헤아리고 있는 조태위(趙太尉: 조광윤을 지칭)를 천자로 추대하고 난 뒤 다시 북방을 정벌하는 것이 좋겠다고 생각하오."

장수들 모두 이구동성으로 동의했다. 도압위(都押衛) 이처운(李處耘)이 장수들의 의견을 조광의에게 전했다. 조광의는 즉시 이처운과 함께 조보에게 달려가 대책을 논했다. 그들이 머리를 맞대고 수군거리고 있을 때, 장수들이 몰려와 자신들의 의견을 강하게 피력했다. 조광의와 조보는 일단 사태를 진정시킬 요량으로 그들에게 이렇게 말했다.

"조태위의 폐하와 조정에 대한 일편단심은 변함이 없소. 만약 조태위 께서 이 사실을 알면 당신들을 용서하지 않을 것이오."

장수들은 서로 얼굴만 쳐다보고 있다가 낙담한 채 돌아갔다. 얼마 후 그들이 또 모여 번뜩이는 칼을 휘두르며 말했다.

"군대에서 불평을 늘어놓으면 멸족을 당하는 법이오. 우리는 이미 불 만을 토로하고 의견을 정했소. 만약 조태위께서 우리의 의견을 따르지 않는다면, 우리는 가만히 앉아서 화를 당해야겠는가?"

장수들은 죽기를 각오하고 나섰다. 조보는 군심을 진정시키고자 조광 의와 함께 그들을 훈계했다.

"천자를 추대하는 일은 대단히 중요한 일이오. 지금 신중히 고려해야 할 일이 많은데도, 당신들은 어찌 이렇게 경거망동한단 말이오."

장수들은 잠시 흥분을 가라앉히고 자리에 앉아 분부를 기다렸다. 조 보는 또 그들에게 말했다.

"지금 먼저 국경을 침입한 적을 무찌르고 돌아와 다시 이 문제를 상의 하는 게 어떻겠소?"

하지만 장수들은 조보의 의견에 동의하지 않고 말했다.

"지금 이 나라에는 권력을 쥐고 있는 자들이 너무 많아 정책이 통일되지 않았소. 만약 적을 물리치고 난 뒤 이 문제를 상의한다면 그 와중에 또 무슨 변고가 생겨서 일을 망칠지도 모르는 상황이오. 지금 신속하게 도성으로 회군하여 조태위를 천자로 추대하고 천천히 북상하여 적을 몰아내도 문제가 없다고 생각하오. 만약 조태위께서 우리들의 소망을 저버린다면, 우리들도 조태위의 명령을 거부하고 더 이상 진군하지 않을 것이오."

조보는 낙담한 표정을 짓고 조광의에게 말했다.

"일이 이렇게 된 이상, 어찌할 방법이 없구려. 빨리 약속을 정하는 수밖에 없게 되었소."

그는 계속해서 장수들에게 당부했다.

"새 왕조가 탄생하는 대업이 하늘의 뜻이라고는 하지만, 실제로는 민심과 밀접한 관계가 있소. 지금 모용연쇠(慕容延釗) 장군이 이끄는 선발 부대가 이미 황하를 건너 북상하고 있고, 절도사들은 각자 자기 지역을 지키고 있소. 이런 중차대한 시기에 병변이 일어나면 외적들이 더욱 영토 깊숙이 침입할 뿐만 아니라 각 지방에서도 변고가 생길 것이오. 그렇지만 여러 장수들이 군사를 엄격하게 통제하고 약탈을 못하게 하며 도성의 민심을 달래면 사방은 자연히 안정을 찾을 것이오. 여러 장수들도 영원히 부귀영화를 누릴 것이오."

조보는 조광윤이 황제로 등극하기 위해서는 무엇보다도 먼저 백성의 마음을 사로잡아야 한다고 생각했다. 민심이 천심이라는 사실을 잘 알고 있었기 때문에 무식한 장수들에게 '역성(易姓) 혁명'을 일으키는 과정에서 절대로 백성들에게 피해를 입혀서는 안 된다고 경고한 것이다. 장수들은 모두 그의 말에 고개를 끄덕였다.

이처럼 진교역에서 일이 급박하게 돌아가고 있는데도, 뜻밖에도 당사자인 조광윤은 술에 취하여 객사에서 깊은 잠을 자고 있었다. 다음 날 새벽 어둠이 걷히자 사방에서 환호성이 일어났다. 조보와 조광의가 술이 덜 깬 조광윤에게 장수들의 뜻을 전했다. 장수들도 모두 중무장을 하고 객사 앞으로 몰려와 말했다.

"우리들은 섬길 주인이 없습니다. 조태위님을 천자로 추대하고 싶습니다."

깜작 놀란 조광윤이 침상에서 일어나 옷을 주섬주섬 챙겨 입었다. 장수들은 그를 부축하여 대청으로 모시고 나왔다. 바로 이때 산지휘도우후(散指揮都虞候) 나언환(羅彦環)이 그의 몸에 황제가 입는 황포(黃袍)를 두르자, 주위에 있던 장수들과 측근들이 그를 향해 무릎을 꿇고 절을 하며 외쳤다.

"황상 폐하, 만세, 만만세!"

조광윤이 곽위에게 황포를 입혀 그를 후주의 황제로 추대했듯이, 조광윤의 부하들도 조광윤에게 황포를 입혀 황제로 추대한 것이다. 이른바 '황포가신(黃袍加身)'이라는 고사성어는 바로 이 이야기에서 나왔다.

졸지에 만세 소리를 듣게 된 조광윤은 아연실색했다. 곧바로 이렇게 소리쳤다.

"너희들은 나를 대역 죄인으로 만들 셈이냐? 황상의 보령이 어리지만, 나는 그를 충심으로 섬기기로 맹세하였다. 당장 불충한 언사를 거두고 물러가라!"

하지만 장수들은 아무 말도 하지 않고 그를 미리 준비한 백마 위에 올렸다. 그들은 백마를 탄 조광윤을 둘러싸고 변경성을 향해 출발하고자 했다. 조광윤은 몇 차례 더 자신의 뜻을 밝혔으나 그들의 뜻을 꺾을 수 없게 되자, 그들에게 이렇게 훈계했다.

"너희들은 부귀영화를 도모하기 위해 나를 천자로 옹립했다. 앞으로 내 명령을 따른다면, 나는 너희들의 주인이 될 것이다. 그렇지 않으면 너희들을 거두어들이지 않겠다."

다들 엎드려 절을 하며 맹세했다.

"반드시 명령을 따르겠습니다."

조광윤이 그들에게 명령했다.

"어린 천자와 태후는 내가 북쪽을 바라보며 모시는 분이다. 공경과 대신들도 모두 나와 같은 직급의 사람들이다. 너희들은 궁궐에 들어가서 그들을 죽이거나 욕보여서는 절대 안 된다. 옛날에 제왕들이 처음으로 도성에 들어갔을 때 병사들을 풀어놓았다. 병사들은 관청과 민가를 습격하여 닥치는 대로 약탈하고 무고한 백성을 살해했다. 너희들은 절대 그런 짓을 해서는 안 된다. 상황이 안정되면 내가 반드시 너희들에게 후한 상을 내릴 것이다. 만약 내 명령을 따르지 않고 행동하는 자가 있다면 그 자의 가족을 다 죽일 것이다."

봉건왕조 시대에 신하는 반드시 북쪽을 바라보며 제왕을 배알했다. 제왕은 남쪽을 바라보며 신하를 접견했다. 조광윤은 가능한 한 피를 흘리지 않고 선양의 방법으로 황제의 옥좌에 오르고 싶었다. 따라서 자신이 섬긴 어린 황제 시종훈과 부태후의 안전을 보장해주고 싶었을 뿐만 아니라, 후주의 공경대부들에게도 직위를 박탈하지 않고 우대해주겠다고 공언했다. 그를 황제로 옹립한 사람들은 모두 그의 넓은 도량과 깊은 식견에 감탄하며 그에게 복종했다.

조광윤은 즉시 군대를 이끌고 변경성으로 회군했다. 조광윤의 의형제 전전도지휘사 석수신(石守信)은 이미 궁궐 곳곳을 장악하고 성문을 열어 조광윤 군대의 무혈입성을 도왔다. 재상 범질은 아침에 황제를 배알할 때 비로소 조광윤이 반란을 일으켜 궁궐을 장악했다는 소식을 듣고 기절초풍했다. 누구보다도 조광윤의 강직하고 고결한 품성을 잘 알고 있었기 때문이다.

별다른 저항을 받지 않고 궁궐을 장악한 조광윤은 장수들에게 무장을 해제하고 각자의 군영으로 돌아가게 했다. 당장 철부지 황제보다도 범질을 자기편으로 끌어들이는 게 급선무였다. 조광윤은 황포를 벗고 범질을 만나 울먹이며 말했다.

"나는 예전에 선황제(주세종)의 하해와 같은 은혜를 입었소. 그렇지만 지금 국난을 당하여 장수들의 간청에 못 이겨 어쩔 수 없이 이런 상황까지 오게 되었소. 천지신명께 참으로 부끄러울 따름이오. 도대체 내가 어떻게 하면 좋겠소?"

범질은 크게 당황하여 아무 말도 하지 못했다. 조광윤의 진의를 파악할 수 없었다. 자칫하다간 목숨이 달아날 처지였다. 그의 주저하는 모습을 보고 흥분한 나언환이 칼을 뽑아 휘두르며 말했다.

"우리는 주상(主上)이 없소. 오늘은 반드시 우리의 주인이신 천자가 있어야 하오."

조광윤은 그에게 호통을 쳤지만, 그는 자신의 주장을 굽히지 않았다. 범질이 우복사(右僕射) 왕부의 손을 잡고 말했다.

"우리가 변방의 상황을 제대로 파악하지도 않고, 금군의 장수들을 출정시킨 것은 우리의 잘못이오."

또 조광윤을 바라보며 말했다.

"선황제께서는 조태위, 당신을 친아들처럼 보살폈소. 선황제의 시신이 아직 차가워지지도 않았는데도, 어찌 당신이 이럴 수 있소?

조광윤의 동생 조광의가 눈물을 흘리며 도탄에 빠진 만백성을 구하기 위해 어쩔 수 없는 거사였다고 변명했다. 범질은 대세가 이미 결정되었음을 간파하고 말했다.

"일이 이렇게 된 바에야 서두를 필요가 없겠소. 옛날부터 제왕들은 선양(禪讓)의 예로써 황위를 물려주는 아름다운 전통이 있었지요. 길일을 택하여 선양 의식을 거행하는 게 좋겠소."

범질은 선양의 절차를 자세히 설명하고 난 뒤 또 조광윤에게 말했다.

"조태위께서 예의를 갖추고 천자로 등극한 후에는, 부태후는 어머니처럼 섬기고 어린 주상은 친아들처럼 돌보아서 선황제의 은혜를 저버리지 않아야 하오."

왕부가 먼저 땅에 엎드려 조광윤을 향해 절을 했다. 범질과 수하 장수들도 그를 따라서 절을 하며 '만세'를 외칠 수밖에 없었다. 조광윤은 어쩔수 없다는 표정을 지으며 그들의 간청과 하례를 받아들였다.

이상의 이야기가 그 유명한 '진교병변(陳橋兵變)'의 전말이다. 사실 이 병변은 조광윤과 그의 측근들이 사전에 철저하게 준비하여 일으킨 반란이었지, 역사서에 기록된 것처럼 조광윤이 아무 것도 모르고 있다가 졸지에황제로 등극한 게 아니었다. 그는 형식적으로나마 선양을 통해 황제의 옥좌에 오르고 싶었다.

진교에서 병변이 일어난 지 불과 하루 만에 조광윤은 궁궐의 숭원전(崇元殿)에서 문무백관이 도열한 가운데 한림학사승지 도곡(陶穀)이 주공제 시종훈이 조광윤에게 황위를 선양한다는 조서를 반포하는 절차를 통해 황제의 옥좌에 올랐다. 조광윤이 곧 송태조(宋太祖)이다. 도곡이 받아왔다는조서는 틀림없이 조작되었을 것이다.

송태조는 후주에서 맡았던 귀덕군절도사의 번진 소재지가 송주(宋州)였던 까닭에 국호를 송(宋)으로 정했다. 아울러 수도는 동경(東京: 오늘날의 하남성 개봉·開封), 연호는 건륭(乾隆)으로 정했다.

송태조는 성품이 어질고 도량이 넓은 군주였다. 주공제 시종훈을 죽이지 않고 정왕(鄭王)으로 강등한 후 방주(房州: 지금의 호북성 방현·房縣)에서 편히 살게 했다. 또 그에게 단서철권(丹書鐵券)을 하사하여 대역죄를 범해도 죽이지 않겠으며, 자손들이 중죄를 저지르더라도 가혹한 형벌을 가하지 않겠다고 약속했다.

그런데 주공제는 개보(開寶) 6년(973)에 방주에서 20세의 나이에 요절했다. 송태조가 약속을 어기고 그를 죽였는지는 알 수 없지만, 어쨌든 그는 망국의 군주로서 사라져야 할 운명이었을 것이다.

송태조는 부태후에게도 후주 태후의 존호를 그대로 인정했다. 훗날 그녀는 도사가 되어 옥청선사(玉淸仙師)라는 칭호를 얻었다. 순화(淳化) 4년(993) 그녀가 사망하자, 송나라 조정은 그녀를 선자황후(宣慈皇后)로 추증했다.

송태조는 병변을 일으켜 정권을 탈취하면서 군율을 엄격하게 세웠다. 수하 장졸들이 무고한 백성들을 해치거나 재산을 약탈하는 일은 거의 없었다. 그런데 변경성으로 무혈입성하는 과정에서 후주 신하의 저항이 전혀 없었던 것은 아니었다.

금군의 장수 한통(韓通)은 조광윤이 병변을 일으켰다는 소식을 듣고 황급히 금군을 소집하여 진압작전을 세웠다. 하지만 병변에 가담한 산원도 지휘사 왕언승(王彦升)에게 발각되는 바람에 실패로 끝났다. 왕언승은 한통 가족을 살해했다.

송태조는 정변을 일으키면서 희생자가 한 명도 없기를 바랐다. 왕언승이 자신의 명령을 어기고 한통을 죽인 일을 몹시 못마땅하게 생각했다. 송태조는 황제로 등극한 후 한통에게 중서령을 추증하였으며 그의 장례를 예법에 맞게 치르게 했다.

왕언승은 개국 공신이 되어 여러 관직을 하사받았지만 끝내 지방의 최고위직인 절도사로 임용되지는 못했다. 송태조는 그가 한통을 죽인 일을 유감스럽게 생각했기 때문이다.

송태조는 주공제와 부태후에게 자비를 베풀고 후주의 공경 대신들을 대우했다. 일반적으로 역성혁명이 일어나 왕조가 바뀌면 전대 왕조의 군주를 섬긴 비빈들은 새 황제의 첩이 되거나 개국 공신들의 전리품으로 전락했다. 송태조는 그들에게 후주의 비빈들을 건드리지 못하게 했다. 부태후는 꽃처럼 아름다운 여자였다. 여느 황제라면 그녀를 첩으로 취했을 것이다. 하지만 송태조는 그녀를 주태후(周太后)로 추대하고 그녀가 품위를 지키며 살게 했다. 새 황제의 인품과 도량이 이러했으니, 어찌 후주의 백성들이 그를 따르지 않았겠는가. 송태조는 쉽게 민심을 얻어 마침내 송나라의 개국황제가 된 것이다.

4. 어진 인품과 넓은 도량으로 신하들을 복종시키다

송태조는 무장 출신이었지만 독서를 아주 좋아했다. 항상 책을 끼고 살았다. 예전에 그가 후주의 주세종을 따라 회전(淮甸: 지금의 회하·淮河 유역) 지역을 평정할 때의 일이다. 조광윤이 수레 몇 대를 동원하여 노획한 재화와 보물을 빼돌리고 있다고, 어떤 사람이 주세종에게 밀고했다. 주세종은 측근을 보내 조사하게 했다. 뜻밖에도 수레 안에는 서적 수천 권이 있었을 뿐이었다. 주세종이 조광윤에게 물었다.

"경은 무장인데 무슨 소용이 있다고 그 많은 책들을 필요로 하오?"

조광윤이 대답했다.

"신은 폐하께 좋은 계책을 올리지 못했습니다. 그래서 많은 책을 읽어 견문을 넓히고 지혜를 늘려서 폐하의 원대한 목표에 조금이라도 도움이 되는 계책을 올리고 싶을 따름입니다."

조광윤의 진의가 어디에 있든, 어찌 주세종이 그에게 감동하지 않을 수 있었겠는가.

송태조는 너그러운 군주였다. 가급적이면 살상을 피했고 인덕으로 백성을 다스리고자 했다. 그가 진교에서 병변을 일으켜 궁성을 장악했을 때 한 궁녀가 어린아이를 품에 안고 있는 모습을 보았다. 그 어린아이가 주세종의 아들임을 알았다. 측근들은 이구동성으로 말했다.

"후환을 없애기 위하여 저 아이를 죽여야 합니다."

제왕의 정통성을 따지는 봉건왕조 시대에 망한 군주의 자손들은 모두 제거되는 것은 불가피한 일이었다. 철저하게 발본색원해야 새 왕조의 안정을 담보할 수 있었다. 하지만 조광윤은 이렇게 말했다.

"나는 남의 자리를 이어받았소. 다시 남의 아들을 죽이는 것은 차마 할 수 없는 일이오."

그는 그 아이를 죽여야 한다고 주장한 측근, 반미(潘美)에게 주어 키우게 했다. 나중에 그 아이는 유길(惟吉)이라는 이름을 얻었고 어른이 되어서는 자사(刺史)까지 출세했다.

어느 날 송태조가 대신들에게 연회를 베풀었다. 분위기가 한창 무르익을 때 한림학사 왕저(王著)가 술에 취하자 옛 군주를 그리워하며 소란을 피우기 시작했다. 뜻밖의 광경을 목격한 신하들을 너무 놀라 식은땀을 흘리며 안절부절 어찌할 바를 몰랐다.

하지만 송태조는 그의 죄를 조금도 묻지 않고 주위 사람들에게 그를 부축하여 데리고 나가 쉬도록 했다. 그런데 왕저는 나가려하지 않고 병풍 뒤에 숨어 통곡하다가 가까스로 끌려 나갔다. 다음 날 왕저가 황제와 대신들 앞에서 예전에 섬겼던 군주를 그리워하며 통곡했으므로 엄벌로 다스려야 한다고 어떤 신하가 상주했다. 송태조의 답변은 이러했다.

"그는 술에 취해 있었소. 주나라 때 과인과 그는 주세종을 섬긴 신하였소. 그래서 과인은 그의 성품을 잘 알고 있소. 그가 선비로서 옛날에 섬긴 임금을 위해 통곡한 일은 무슨 큰 잘못이 아니오. 그를 내버려두기 바라오."

정말로 송태조처럼 도량이 넓은 군주는 거의 없을 것이다. 이런 군주라면 목숨을 바쳐 충성을 다하지 않을 신하가 있을까. 송태조는 궁궐의 후원에서 궁녀들과 함께 꿩을 풀어놓고 잡는 놀이를 아주 좋아했다. 하루는 그가 한창 놀고 있을 때 한 신하가 다급하게 나랏일에 대하여 황제의 의견을 구하러 왔다. 송태조가 공문을 살펴보니 아주 하찮은 일이었다. 화가 난 그는 이렇게 하찮은 일로 호들갑을 떨고 있냐고 그 신하를 꾸짖었다. 그 신하가 정색을 하며 말했다.

"아무리 하찮은 일이라도 꿩을 가지고 노는 일보다 중요하다고 신은 생각합니다."

송태조는 진노하여 도끼자루로 그의 입을 때려 이 두 개를 부러뜨렸다. 그 신하는 아프다는 소리를 조금도 내지 않고 천천히 땅에 엎드려 부러진 이 두 개를 주워 품에 넣었다. 이에 화가 머리끝까지 치민 송태조가 소리쳤다.

"네 놈이 이를 주워 담아서 짐을 고소할 생각인가?"

그 신하가 대답했다.

"신은 폐하를 고소할 권한이 없습니다. 그렇지만 사관이 반드시 오늘의 일을 기록할 것입니다."

송태조는 비로소 무안한 표정을 지으며 잘못을 사과하고 후한 상을 내렸다. 그는 즉위 후 민심을 살피고자 자주 변복을 하고 미행을 나갔다. 한 측근이 황제의 안전이 걱정되어 말했다.

"폐하께서 천하를 얻으신 지 얼마 되지 않았기 때문에 아직은 민심이 불안합니다. 그런데도 편한 복장을 하시고 자주 외출하십니다. 만약 예기치 못한 변고라도 일어난다면 그때 가서 후회한들 무슨 소용이 있겠습니까?"

송태조는 웃으며 대답했다.

"제왕의 홍업은 천명으로부터 나오는 것이오. 그것은 인력으로 추구한다고 해도 추구할 수 없으며 또 인력으로 막는다고 해도 막을 수 없소. 예전에 후주의 세종은 얼굴이 네모나고 귀가 큰 장수들은 반역의 골상을 타고났다고 생각하여 그들을 모조리 죽인 일이 있었소. 과인은 항상 세종을 곁에서 모시고 있었지만, 그는 과인을 죽일 수 없었소. 따라서 진정으로 천하의 주인이 되고자 하는 사람이라면 누구도 감히 그를 해칠 수 없으며, 그렇지 않은 사람이라면 그가 문을 걸어 잠그고 깊숙한 곳에 숨어 있다고 해도 그에게는 어떤 좋은 점도 없는 것이오."

송태조는 백성들이 진심으로 자신을 따르기를 바랐다. 결코 무력과 위엄으로 황제의 권위를 세우려고 하지 않았다. 어느 날 금군의 장수가 송태조에게 북채 한 자루를 바쳤다. 송태조가 그에게 물었다.

"이 북채는 보통의 북채와 무슨 차이가 있기에 특별히 짐에게 바치는고?"

그 장수가 그에게 은밀히 말했다.

"폐하께서 북채의 머리를 한 번 당겨보시기 바랍니다. 북채의 머리가 바로 칼자루입니다. 북채 안에 예리한 칼이 들어있습니다. 폐하께서 평소에 북채를 지팡이로 사용하시다가 예기치 못한 위급한 상황이 발생하면 무기로 사용하시기 바랍니다.

송태조는 그것을 땅에 던지고 웃으며 말했다.

"짐이 이 물건을 사용해야 하는 때가 있다면 그때는 어떤 상황이겠소. 그런 때에 이것이 과연 짐의 목숨을 지켜줄 수 있겠소?"

황제가 하찮은 칼 한 자루로 자기 목숨을 지켜야 할 절박한 상황에 봉착했다면, 그때는 천하를 잘못 다스려 천하가 망한 것이나 다름없다고 그는 생각했다. 그래서 천하의 황제라면 인덕으로 만백성을 다스려 그들이 황제를 스스로 존경하고 따르도록 해야 한다는 것이다.

송태조는 무력으로 천하를 쟁취하지 않았다. 병권을 쥔 장수들의 도움으로 송나라의 개국황제가 되었다. 그는 집권 초기에 깊은 고민에 빠지지 않을 수 없었다. 어떻게 하면 조씨의 송나라가 천추의 번영을 누리게 할 수 있을까. 대제국이었던 당나라가 왜 망했으며, 당나라 이후에 무려 15개 왕조가 그토록 짧은 기간에 나타났다 사라지기를 반복했을까. 군주의 권위가 땅에 떨어지고 강력한 중앙집권체제가 무너져 병권을 쥔 장수들의 반란을 막지 못했기 때문이라는 결론을 얻었다. 그도 때에 따라 자신을 황제로 추대한 측근 장수들의 유별난 행동거지에 신경이 쓰였다. 불안한 생각도 들었다. 그렇다고 해서 그는 음모로 부하들을 토사구팽을 당하게 할 만큼 비열한 군주가 아니었다.

송나라가 건국된 직후인 건륭 원년(960)에 후주의 검교태위 이균(李筠)과 회남절도사 이중진(李重進)이 조광윤의 황위 찬탈에 불만을 품고 반란을 일으켰으나 패배하여 자살했다. 두 사람은 후주의 진정한 충신이었다.

송태조는 반란을 손쉽게 진압했지만 큰 충격을 받았다. 아직도 자기를 따르지 않고 망국의 군주를 그리워하는 장수들이 있었기 때문이다. 하루는 그가 재상 조보(趙普)에게 물었다.

"당나라 말기 이래 수십 년 동안 8개 성씨, 12명의 제왕이 바뀌는 와중에서 전쟁이 끊이질 않았고 백성은 도탄에 빠졌소. 천하 대란이 그처럼 오랫동안 지속된 이유가 무엇이오? 나는 천하의 병란을 종식시키고 국가의 안녕을 위하여 항구적인 계책을 세우고자 하오. 경은 무슨 좋은 계책이 있는가?"

조보가 대답했다.

"폐하께서 이 문제를 말씀하시니 하늘과 땅, 사람과 귀신 모두 행복을 누릴 것입니다. 문제의 핵심은 다름이 아니라 번진(藩鎭)의 세력이 너무 막강하여 군주가 약하고 신하가 강한 것에 있을 뿐입니다. 지금 폐하께서 번진을 다스리고자 하신다면 오로지 번진의 권력을 빼앗고 재화와 양식을 통제하며 정예병을 거두어들이면, 천하는 저절로 안정될 것입니다."

당나라 때 설립된 번진은 지방의 지배체제이자 군대의 주둔지이다. 번진의 우두머리가 절도사이다. 안사의 난(755~763) 이후에 군권, 행정권, 사법권을 쥔 절도사들이 사실상 각 지방을 독립적으로 다스렸다. 당나라가 망한 결정적인 이유가 바로 절도사들을 제대로 통제하지 못했기 때문이다. 조보는 바로 이 점을 지적했다. 절도사들을 제압해야 만이 송나라 천하가 안정된다는 것이다. 조보의 진언이 끝나기도 전에 송태조는 흥분하여 말했다.

"참으로 옳은 말이오. 경이 더 이상 말하지 않아도 충분히 이해하겠소."

조광윤은 후주의 병권을 쥐고 있었던 양광의(楊光義), 석수신(石守信), 이계훈(李繼勛), 왕심기(王審琦), 유경의(劉慶義), 유수충(劉守忠), 유정양(劉廷讓), 한중윤(韓重贇), 왕정충(王政忠) 등 장수 9명의 지지를 받고 진교역에서 정변을 성공시킬 수 있었다. 조광윤은 정변을 일으키기 전에 그들과 의형제를 결성했다. 이른바 '의사십형제(義社十兄弟)'가 건국의 주체세력이었다. 조광윤을 황제로 추대한 그들은 전국 각지의 번진과 금군의 요직을 독차지했으며 자신들의 공훈을 내세워 오만하기 그지없었다. 그들은 언제라도 딴마음을 품으면 세력을 규합하여 송태조에게 도전할 수 있었다. 그들의 세력을 억제하지 않으면 조씨 송나라의 종묘사직이 위태로울 수 있었다.

하루는 송태조가 그들을 궁궐로 불러들였다. 그들에게 장검과 준마 그리고 활을 하사했다. 그런 연후에 그는 금군을 대동하지 않은 채 '구형제'와 함께 말을 타고 궁성을 빠져나가 고자문(固子門)의 숲속으로 달려갔다. 그곳에서 함께 술을 마시면서 그들에게 말했다.

"이곳은 사람이 없는 외진 곳이다. 너희들 중에서 천자가 되고 싶은 사람이 있다면 이 자리에서 나를 죽이고 등극할 수 있을 것이다."

이에 '구형제'는 그의 위풍당당한 기세에 눌려 땅바닥에 엎드려 "말도 안 되는 소리입니다."라고 외쳤다. 그가 다시 같은 말을 반복하자, 그들은 놀라 머리를 숙이고 아무 말도 하지 못하며 식은땀만 흘릴 뿐이었다. 그는 그들을 훈계했다.

"너희들이 기왕 나를 천자의 옥좌에 앉혔으니 신하의 도리를 다해야 한다. 앞으로는 너희들의 오만방자한 행위를 절대 용서하지 않겠다."

그들은 모두 만세를 외치며 절대 복종을 맹세했다. 송태조의 두둑한 배짱과 따끔한 훈계가 무력과 강압보다 더 큰 힘을 발휘할 수 있었다.

5. 배주석병권: 금군의 장수들에게 연회를 베풀어 병권을 회수하다

　　송태조의 의형제이자 개국공신 석수신(石守信), 왕심기(王審琦) 등은 금군의 요직을 맡고 있는 실세였다. 송태조는 언제나 그들을 친한 친구처럼 편하게 생각하고 우대했다. 설사 그들이 무례한 행동을 해도 너그러운 마음으로 감쌌다. 하지만 문신으로서 황제와 내각 중심의 국정 운영을 바란 재상 조보는 송태조와 금군 장수 간의 격의 없는 태도에 금군의 장수들이 황제를 능멸하고 딴마음을 품지 않을까 두려웠다. 송태조에게 그들의 병권을 회수하고 지방의 한직으로 보내야 한다고 여러 차례 간언을 올렸다. 송태조가 조보에게 말했다.

　　"금군의 장수들이 나를 배신하는 일은 결코 없을 것이오. 그런데도 경은 무엇을 두려워하는가?"

　　조보가 아뢰었다.

　　"신도 그들이 폐하를 배신하고 반란을 일으키지 않을까 두려워하는 것은 아닙니다. 하지만 신이 오랫동안 관찰한 금군의 장수 몇 명은 모두 인재를 잘 다스리지 못하는 결점이 있기 때문에 그들의 부하들을 제대로 통제하지 못하지 않을까 두렵습니다. 만에 하나 금군의 한 무리가 음모를 꾸민다면 그들의 우두머리인 장수들도 동조할 수밖에 없을 것입니다."

　　완곡한 표현이었지만 정말로 정곡을 찌르는 대답이었다. 쉽게 말해서 당신 부하들도 당신처럼 부하들의 추대를 받으면 어쩔 수 없이 반란에 동조하여 황위를 찬탈할 수 있으니 미연에 그들의 병권을 빼앗아야 한다는 주장이었다. 송태조는 비로소 조보의 심모원려를 깨달았다.

건륭 2년(961) 어느 날 송태조가 석수신 등 금군의 장수들에게 성대한 연회를 베풀었다. 다들 술에 거나하게 취하자, 송태조는 시종들을 물러가게 하고 장수들에게 말했다.

"나는 너희들의 도움이 없었다면 이 자리에 오르지 못했을 거야. 너희들이 쌓은 공덕은 참으로 높다. 하지만 내가 천자의 대임을 수행하는 일도 지극히 어렵구나. 솔직히 말해서 절도사로 있었을 때가 더 즐거웠던 것 같구나. 요즘 나는 밤마다 잠을 편히 자지 못하고 있구나."

장수들이 깜짝 놀라 그 이유를 묻자, 그는 이렇게 대답했다.

"너희들도 쉽게 알지 않겠느냐. 누가 이 천자의 옥좌에 앉고 싶은 생각이 없겠느냐?"

황제의 말속에 뼈가 있음을 간파한 그들은 황급히 엎드리고 머리를 조아리며 말했다.

"폐하께서 어찌 그런 말씀을 하십니까. 지금 천명이 이미 정해졌는데도, 누가 감히 딴마음을 품겠습니까?"

"너희들은 당연히 나를 배신하지 않겠지. 하지만 너희들의 부하들이 부귀영화를 누리고자 어느 날 갑자기 너희들에게 황포(黃袍)를 입힌다면, 너희들이 천자가 되고 싶지 않다고 해서 과연 그들의 요구를 거절할 수 있겠느냐?"

황제의 속마음을 정확하게 알게 된 그들은 사시나무 떨듯 하며 살길을 알려달라고 애원했다. 송태조는 아버지가 아들을 훈계하듯 말했다.

"인생은 흰 망아지가 달리는 모습을 문틈으로 보는 것과 같이 눈 깜박할 사이에 지나가는 짧은 시간이다. 그래서 부귀영화를 바라는 자들은 오로지 돈을 많이 모으고 한평생 즐겁게 살며 자손들로 하여금 빈곤을 면할 수 있게 하고자 할 뿐이다. 너희들은 병권을 내려놓고 번진으로 내려가 기름진 논밭과 호화로운 저택을 사들여 자손 대대로 부귀영화를 누리게 하고 아울러 매일 기녀들을 불러 모아 음주가무를 즐기면서 여생을 편안하게 살기를 바란다. 짐은 또 너희들 집안과 혼인을 맺기로 약속했다. 임금과 신하 사이에 시기하고 의심하는 바가 없으며 윗사람과 아랫사람이 서로 편안하면, 이 또한 좋은 일이 아니겠는가?"

다음 날 아침 석수신 등 금군의 장수들은 모두 병을 핑계로 사직을 청했다. 송태조는 그들의 간청을 흔쾌히 윤허한 뒤 그들을 지방의 절도사로 보냈다. 그들이 금군의 병권을 반납하고 지방으로 떠날 때, 송태조는 그들에게 많은 재물을 하사했다. 이렇게 술자리에서 싸우지 않고 금군 장수들을 타일러 그들의 병권을 회수한 역사적인 사건을 이른바 '배주석병권(杯酒釋兵權)'이라고 한다.

송태조는 피를 흘리지 않고 쉽게 황제가 되었다. 오대십국의 혼란기 속에서 오직 무력에 의지하여 정권을 쟁취한 자들의 운명이 얼마나 비참하게 끝났는지 누구보다도 잘 알고 있었을 것이다. 그는 무력보다는 관용과 타협으로 국가의 안정을 꾀했다. 원래 그는 무인이었지만 그의 성격과 취향은 오히려 전형적인 문인의 모습이었다. 그는 틀림없이 "붓이 칼보다 강하다."고 생각했을 것이다. 그래서 칼이 아닌 붓으로 국가의 기반을 다지고자 했다. 중국역사에서 송나라가 무력을 멀리하고 문치주의로 흐를 수밖에 없었던 이유가, 바로 송나라를 건국한 송태조 조광윤의 '중문경무(重文輕武)' 사상 때문이라고 생각한다.

6. 먼저 남방을 통일하고 북방으로 진출하는 통일정책을 펴다

조광윤이 송나라를 건국할 때 중국은 여러 왕조로 분열되어 있었다. 송나라의 북쪽에는 강대한 요(遼)와 요의 속국 북한(北漢), 남쪽에는 남당(南唐), 오월(吳越), 남한(南漢), 후촉(後蜀) 등의 나라가 있었다.

송태조는 대신들과 함께 통일전쟁의 방침을 연구하고 있었다. 먼저 공략할 나라로 북한을 염두에 두었다. 개국공신이자 무승군절도사(武勝軍節度使) 장영덕(張永德)에게 북한을 정벌할 계책을 물었다. 장영덕의 대답은 이러했다.

"북한의 병사는 적지만 사납고 용감합니다. 더구나 강대국 요나라의 원조를 받고 있으므로 우리가 공격하여 쉽게 취할 수 있는 나라가 아닙니다. 해마다 소규모의 유격대로 북한을 수시로 기습하여 저들의 농사를 망치게 해야 하며 아울러 요나라에 첩자를 보내 이간책을 써서 요나라로 하여금 북한을 돕지 못하게 한 후, 우리가 북한을 공격하면 취할 수 있다고 생각합니다."

송태조는 그의 주장에 공감했으나 아직 정확한 판단이 서지 않았다. 평소에 중대한 결정을 내릴 때면 언제나 재상 조보의 의견을 구했다. 조보는 퇴청 후에도 미복을 입고 불쑥 찾아오는 송태조를 맞이하기 위해 집안에서도 관복을 벗지 못하고 지낼 정도로 송태조의 절대적인 신임을 받았다.

눈이 펑펑 내리는 어느 날 밤, 송태조는 대설을 무릅쓰고 조보를 찾아갔다. 황제가 대문 밖에서 눈을 뒤집어 쓴 채 서있는 모습을 보고 깜짝 놀란 조보는 황급히 그를 영접하고 아내에게 주안상을 차리게 했다. 술잔이 몇 순배 돌자 두 사람은 이런 대화를 나누었다.

"요즘 과인은 도무지 잠을 편히 잘 수 없소. 과인의 침상 밖은 모두 다른 사람의 집이오. 그래서 경을 만나러 온 것이오."

"폐하께서는 다스리는 영토가 너무 작다고 생각하십니까? 사실 지금은 남정북벌(南征北伐)의 시기입니다. 신은 먼저 폐하의 성지를 받들고 싶습니다."

"과인은 태원(太原: 당시 북한의 도성)을 수복하고 싶소."

조보는 한참 동안 침묵한 뒤 말했다.

"신은 폐하의 계획을 이해하지 못하겠습니다."

송태조가 그 까닭을 묻자, 그는 이렇게 대답했다.

"태원은 서쪽과 북쪽의 두 변방 지역을 마주보고 있는 형세입니다. 만약 우리 군사가 북한을 일거에 공격하여 멸망시킨다면, 우리는 두 변방 지역에서 외침을 단독으로 막아야 하는 부담이 있습니다. 먼저 남방의

송나라 역대 황제 평전

여러 나라들을 평정한 후에 협소한 북한을 정벌한다면 어찌 취하지 못하겠습니까?"

송태조가 껄껄 웃으면서 말했다.

"과인의 생각도 그러하오. 잠시 경을 시험해보았을 뿐이오."

이렇게 하여 송태조는 먼저 남방을 정벌하고 북방을 치기로 결심했다. 이것이 이른바 '선남후북(先南後北)'의 통일정책이었다. 그 후 송태조의 통일전쟁은 기본적으로 이 정책에 의해 진행되었다. 요나라와 북한에 대해서는 수세(守勢) 전략을 견지했으며 그들이 국경을 침범할 때만 반격을 가했다.

남평(南平)이 제일 먼저 정벌의 대상이 되었다. 남평은 후량 시대에 형남절도사였던 고계흥(高季興·858~929)이 형주(荊州: 지금의 호북성 지역)를 세력 기반으로 삼고 건국한 나라이다. 남평은 중원 지방과 남방을 연결하는 전략적 요충 지역에 위치했기 때문에, 송태조가 남평을 병탄할 기회를 호시탐탐 노리고 있었다.

건륭 3년(962) 호남 지방의 군벌 무평절도사 주행봉(周行逢·916~962)이 병사했다. 그의 아들 주보권(周保權·952~985)이 불과 11세의 나이에 군권을 물려받았다. 그런데 주행봉의 부하 장수 장문표(張文表)가 형주(衡州: 지금의 호남성 형양·衡陽)에서 어린이 주보권을 얕잡아 보고 반란을 일으켰다. 주보권은 남평에 사자를 보내 도움을 요청했다. 송태조에게도 구원병을 보내달라고 애원했다.

송태조에게는 일거양득의 기회였다. 장문표를 토벌한다는 명분을 내세우고 은밀히 남평을 공략할 전략을 짰다. 모용연쇠(慕容延釗), 이처운(李處

耘) 등 장수들에게 호남 지방으로 진격하게 했다. 모용연쇠는 진격 도중에 남평의 마지막 왕, 고계충(高繼沖·943~973)에게 길을 빌려주지 않으면 공격하겠다고 위협했다. 남평군은 송군의 적수가 되지 못했다. 송군은 순식간에 남평의 도성 강릉(江陵: 지금의 호북성 강릉현)을 포위했다. 궁지에 몰린 고계충은 3주 17현을 바치고 송나라에 투항했다.

송군은 여세를 몰아 장문표를 죽이고 주보권을 사로잡았다. 송태조는 너그러운 군주였다. 항복한 고계충과 포로로 잡힌 주보권을 죽이지 않고 두 사람에게 고위관직을 하사했다. 송태조가 벌인 최초의 통일전쟁은 이렇게 승리로 끝났다.

후촉의 군주 맹창(孟昶·919~965)은 남평이 망했다는 소식을 듣고 기겁했다. 송나라의 다음 공격 목표는 틀림없이 남평과 국경을 맞대고 있는 후촉이었기 때문이다. 후촉은 험준한 지형을 믿고 방어를 소홀히 했다. 임금과 신하 모두 사치와 향락에 젖은 나라였다. 재상 이호(李昊)가 맹창에게 아뢰었다.

"송나라는 천명(天命)을 받고 날로 융성하는 국가라고 생각합니다. 북한 이나 후주처럼 나약한 나라가 아닙니다. 천하가 오랜 세월 동안 대란의 소용돌이에 빠졌습니다. 천하를 통일할 국가는 아마도 송나라가 아닐까 합니다. 만약 우리가 송나라에 신하의 예를 갖추고 조공을 바친다면 종묘사직을 영원히 지키는 계책이 될 것입니다."

맹창은 어찌할 바를 몰라 망설였다. 맹창의 총신 지추밀원사 왕소원(王昭遠)이 북한과 연합하여 송나라를 공격하자는 계책을 냈다. 맹창은 그의 계책에 따라 추밀원대정관(樞密院大程官) 손우(孫遇), 흥주군교(興州軍校) 조언도(趙彦韜) 등에게 자기의 뜻이 담긴 납서(蠟書)를 주어 비밀리에 그들을 북한으로 보냈다.

하지만 송군의 강대함에 두려움을 느낀 조언도가 도중에 맹창을 배반하고 송나라로 달아나 납서를 송태조에게 건네주었다. 송나라의 한림의관 목소사(穆昭嗣)는 예전에 남평에서 어의(御醫)였다. 촉(蜀) 지방의 지리를 손금 보듯 환하게 알았다. 송태조가 그에게 촉 지방의 지리를 묻자, 그는 이렇게 대답했다.

"형남(荊南: 남평의 이칭)은 서천(西川)과 강남(江南) 그리고 광남(廣南)의 중추 지역입니다. 지금 송나라는 형남을 얻었으므로 수로든 육로든 어느 길을 통해서도 촉 지방에 다다를 수 있습니다."

이처럼 송태조가 목소사를 통하여 후촉으로 진격할 수 있는 길을 소상하게 파악하고 있을 때, 뜻밖에도 조언도가 그에게 납서를 바친 것이다. 송태조는 맹창의 속셈을 파악하고 웃으면서 말했다.

"이제 내가 맹창을 토벌할 명분을 얻었구나."

건덕 2년(964) 11월 송태조는 북로와 동로 두 갈래 길을 택하여 후촉을 정벌하게 했다. 북로는 충무군절도사 왕전빈(王全斌), 동로는 시위마군도지휘사 유정양(劉廷讓)이 군사를 이끌게 했다. 송태조는 장수들의 출정을 위로하는 연회석에게 그들에게 군사 지도를 주며 물었다.

"서천 지방을 공격해서 취할 수 있겠소?"

왕전빈이 대답했다.

"신은 폐하의 하늘처럼 높은 위엄에 의지하고 또 폐하의 신묘한 계책에 따라서 정해진 시간 안에 서천 지방을 평정할 수 있을 것입니다."

용첩우상도지휘사 연덕(延德)도 말했다.

"서천이 하늘에 있다면 평정할 방법이 없겠지만, 지상에 있는 한 그곳에 도착하기만 하면 즉시 평정할 것입니다."

송태조는 그들의 용기를 높이 평가하고 말했다.

"성을 함락하면 병기와 군량만을 장부에 기록하고, 재물은 전부 병사들에게 나누어주시오. 과인이 얻고 싶은 것은 오직 그 토지일 뿐이오."

한편 송나라의 대군이 쳐들어온다는 첩보를 접한 맹창은 왕소원을 북면행영도통으로 임명하고 그에게 말했다.

"경이 송나라의 대군을 불러들인 꼴이 되고 말았소. 그러니 경은 짐을 위하여 사력을 다해 전공을 쌓기 바라오."

원래 맹창에게 북한과 연합하여 송나라를 공격하자고 건의한 신하가 왕소원이었다. 그래서 맹창이 왕소원에게 책임을 추궁하고 전공을 쌓으라고 다그친 것이다. 왕소원은 평소에 군사에 대하여 문외한인데도 자기가 제갈량과 비견되는 책략가라고 허풍을 떠는 인물이었다. 재상 이호(李昊)가 출정을 위로하기 위하여 베푼 연회석에서 술에 거나하게 취한 왕소원이 호언장담했다.

송나라 역대 황제 평전

"내가 이번에 출정하면 어디에서든 적을 물리치고 승리만이 있을 뿐이오. 정예병 2~3만 명만 거느리고 출정해도 손바닥을 뒤집는 것처럼 쉽게 중원을 취할 수 있을 것이오."

하지만 왕소원은 송나라군과 싸우자마자 대패하여 검문(劍門: 지금의 사천성 검각현·劍閣縣 검문관·劍門關)으로 달아났다. 자고이래로 "검문은 병사 한 명이 지켜도, 병사 만 명이 열 수 없다."는 얘기가 있을 정도로 천혜의 요새였다. 관중 지방에서 사천성 성도(成都)로 들어가려면 반드시 검문을 지나야 했다. 검문이 얼마나 험하고 높은 산에 있으면 이런 말이 나왔겠는가.

왕소원은 쥐새끼처럼 검문으로 숨어들어가 나오지 않았다. 당황한 맹창은 태자 맹현철(孟玄喆·937~991)에게 지원군을 이끌고 검문으로 가게 했다.

하지만 태자도 군사에 대해서는 도무지 아는 것이 없었다. 더구나 그는 방탕하기까지 하여 군사를 이끌고 성도를 떠날 때 애첩과 악사, 광대 수십 명을 데리고 갔다. 전투 중에도 유흥을 즐기지 않으면 싸울 힘이 나지 않는다는 이유에서였다. 그는 진군 도중에 검문이 함락되었다는 소식을 듣고 황급히 성도로 회군했다.

맹창은 재상 이호의 말을 듣지 않은 일을 후회했다. 노장 석봉군(石奉頵)이 말했다.

"송나라군은 멀리서 왔기 때문에 세력이 오래 가지 못할 것입니다. 병사들을 모아 수성 전략을 취함으로써 저들을 지치게 한 후 물리쳐야 합니다."

맹창은 길게 한숨을 쉬고 말했다.

"우리 부자는 좋은 옷과 맛있는 음식으로 병사들을 40여 년 동안 길렀소. 하지만 일단 적을 만나니 짐을 위하여 송나라군을 향해 화살 한 개라도 제대로 쏘는 자가 없구려. 지금 성문을 굳게 잠그고 저항하고 싶지만, 누가 짐을 위해 기꺼이 목숨을 바치려고 하겠소?"

건덕 3년(965) 맹창은 이호에게 투항서를 작성하게 하고 송나라에 항복했다. 송태조는 그를 진국공(秦國公)에 봉했다. 얼마 후 송태조가 그를 연회석에 초대했다. 후촉의 마지막 황제 맹창은 술을 마시고 난 후 복통이 일어나 그 다음 날 죽었다.

그의 아들 태자 맹현철은 태녕군절도사로 임명되었다. 그는 아버지와는 다르게 송나라에서 많은 공로를 쌓아 등국공(滕國公)에 책봉되었다. 싸움에 패하여 달아났던 왕소원은 포로가 되어 변경성으로 끌려왔으나 뜻밖에도 좌령군대장군으로 임용되었다. 재상 이호도 공부상서에 제수되었다. 송태조는 천하통일의 대업을 이루기 위해서는 무엇보다도 먼저 망국의 군주와 신하들의 마음을 얻어야 했다. 그래서 그들에게 은전을 베푼 것이다.

송태조의 다음 목표는 남한이었다. 남한은 당나라 청해군절도사 유은(劉隱·874~911)이 영남 지방을 근거지로 하여 건국의 기초를 닦았고, 그의 동생 유엄(劉龑·889~942)이 세운 나라이다.

남한의 마지막 황제 유창(劉鋹·942~980)은 정치에는 도무지 관심이 없었고 오로지 사치와 방탕한 생활만을 즐기는 어리석은 군주였다. 더구나 성격이 잔인했다. 그는 공징추(龔澄樞), 진연수(陳延壽) 등 가족이 없는 환관들만이 사심이 없이 자신에게 충성한다고 생각하고 그들에게 국정을 위임했다.

황제를 농락한 궁녀 노경선(盧瓊仙)과 무녀 번호자(樊胡子)도 환관들과 결탁하여 국정을 농간했다. 바른 말을 하는 신하들은 모두 억울한 누명을 쓰고 피살되었다. 군대의 사정도 마찬가지였다. 병법에 까막눈인 환관들이 병사들을 지휘하는 바람에 남한의 군대는 오합지졸이었다. 남한의 왕조를 '환관(내시)의 왕조'라고 칭할 정도로 2만여 명이 넘는 환관들이 활개를 쳤다. 하루는 진연수가 유창에게 아뢰었다.

"폐하께서 천자로 등극하실 수 있었던 까닭은, 선제(先帝)께서 동생들을 모조리 죽였기 때문입니다."

선제는 남한의 중종(中宗) 유성(劉晟·920~958)을 지칭한다. 유창의 아버지이다. 유성은 포악한 군주였다. 조금이라도 의심이 가는 자가 있으면 신하들은 말할 것도 없고 형제도 가차 없이 죽였다. 진연수의 말이 옳다고 생각한 유창은 자신의 동생인 계왕(桂王) 유선흥(劉旋興)을 살해했다. 그 아버지에 그 아들이었다.

개보(開寶) 원년(968) 송군이 남한의 침주(郴州: 지금의 호남성 침현·郴縣)를 공격하여 빼앗았다. 이때 남한 조정의 관리 10여 명을 포로로 잡았다. 그들 가운데 몸이 몹시 수척한 여연업(餘延業)이라는 자가 있었다. 송태조는 그를 보고 물었다.

"너는 영남에서 어떤 관직을 맡았었느냐?"

"폐하의 어가를 수행하는 궁관(弓官)이었습니다."

송태조는 그에게 활과 화살을 주고 한 번 쏘아보라고 했다. 그는 힘껏 활시위를 당겼으나 힘이 달려 활시위가 당겨지지도 않았다. 송태조는 너무 어이가 없어 그만 웃고 말았다. 그는 여연업을 통해 남한의 황제가 얼마나 사치하고 백성에게 잔혹한 짓을 하고 있는지 소상하게 알고 난 뒤 짧게 말했다.

"짐이 그 지역의 백성을 구해야겠구나."

말하자면 남한 정벌의 결심이 선 것이다. 그는 먼저 속국 남당(南唐)의 후주(後主) 이욱(李煜·937~978)으로 하여금 유창에게 서찰을 보내게 했다. 유창이 이욱처럼 송나라의 신하가 되고 호남 지방의 주현을 송나라에 할양하라는 내용이었다. 유창은 송태조의 요구를 거절했다.

개보 3년(970) 송나라의 압력에 굴복한 이욱은 급사중 공신의(龔愼儀)를 남한으로 보내 다시 송나라의 요구 사항을 전했다. 하지만 유창은 또 거절하고 공신의를 구금했다. 그가 이욱에게 보낸 답신의 내용은 오만방자하기 그지없었다. 이욱은 그것을 송태조에게 보냈다.

같은 해 9월 송태조는 담주방어사 반미(潘美)에게 남한을 정벌하게 했다. 당시 남한의 장수들은 대부분 모함을 받아 유창에게 살해당했기 때문에, 환관들이 군대를 통제하고 있었다. 남한의 병사들은 오합지졸에 불과했다. 송군은 신속하게 호남 일대를 점령하고 광동 일대로 진격했다. 광동으로 달아난 유창은 송군이 호남 일대를 점령했다는 소식을 듣고 측근들에게 말했다.

"소주(昭州), 계주(桂州), 연주(連州), 하주(賀州)는 원래 호남 지방에 속한 땅이오. 지금 저들이 그 지역을 전부 얻었으니 더 이상 남쪽으로 내려오지 않을 것이오."

어리석은 유창은 광동 지방만이라도 지키려고 했다. 하지만 그의 최후의 희망은 수포로 돌아갔다. 개보 4년(971) 송군은 광동의 영덕(英德)과 남웅(南雄), 두 주(州)를 점령했다. 이때 유창이 그나마 가장 신임했던 도통(都統) 반숭철(潘崇徹)이 송나라에 투항했다. 유창은 10여 척의 배에 금은보화와 비빈들을 싣고 해외로 도망가려고 했다. 하지만 환관 낙범(落范)과 천여 명의 호위병들이 이미 배를 타고 달아난 뒤였다.

결국 유창은 광주(廣州)의 백전(白田)에서 청의(靑衣)를 입고 투항했다. 송태조 앞에 끌려온 그는 공징추 등 환관들이 남한의 백성들을 학대했다고 읍소했다. 자기는 몰랐다고 변명했다. 일국의 군주로서 지극히 비겁한 행위였으나, 송태조는 민심을 얻기 위하여 공징추를 참수형에 처하고 유창을 우천우위대장군으로 임명했으며 아울러 은사후(恩赦侯)에 봉했다. 투항한 반숭철도 여주별가(汝州別駕)에 임명되었다. 송태조는 자기에게 복종한 자들에게는 언제나 너그러운 마음으로 우대한 것이다.

남한의 60주, 214현을 송나라의 강토로 편입시킨 송태조는 남당을 공격할 준비를 했다. 남당은 남오(南吳·902~937)의 태위 이변(李昪·889~943)이 금릉(金陵: 지금의 남경)에 도읍을 정하고 세운 나라이다. 그가 어렸을 적에 아버지 이영(李榮)이 전란 중에 실종되자, 남오의 대장 서온(徐溫)의 양자로 들어가 이름을 서지고(徐知誥)로 개명했다.

서지고는 남오의 실권자로 부상한 후 천조(天祚) 3년(937)에 황제를 칭하고 국명을 제(齊)로 정했다. 승원(卅元) 3년(939) 자기가 당나라 황실의 후예라고 생각하고 국명을 당(唐: 남당)으로 바꾸었다. 이때 이름을 또 이변으로 고쳤다. 이변은 대내적으로는 백성들의 생업을 돕고 대외적으로는 선린 정책을 펴서 전쟁을 막은 어진 군주였다.

그의 손자 이욱은 시사(詩詞)와 서화(書畫)에 능하고 음악을 사랑한 군주였다. 사실 그는 한 나라의 왕이라는 표현보다는 한 시대를 풍미한 예술가라는 표현이 더 어울릴 것이다.

이욱은 정치적으로는 대단히 무능했다. 송나라의 위협에 굴복하여 자신의 연호를 쓰지 못하고 송나라의 연호인 건륭(乾隆)을 사용했다. 그는 수시로 송나라에 조공을 바치고 복종함으로써 속국의 왕 노릇을 자처했다.

송나라가 주변 국가들을 차례로 멸망시키자, 화들짝 놀란 이욱은 '당(唐)'이라는 국명을 아예 없애고 그 대신 '강남국주(江南國主)'라는 표현을 사용하여 송태조의 비위를 맞추는 데 급급했다. 다시 말해서 그는 스스로 자신을 강남 지방에 있는 한 소국의 주인으로 강등시키고 나라 이름을 정식으로 만들지 않음으로써 송나라의 침략을 피하려고 했던 것이다. 그는 특히 불교를 신봉하여 도성 금릉에 1만여 명이나 되는 승려를 길렀으며, 툭하면 승복을 입고 염불을 했다.

개보 7년(974) 송태조는 남당을 침략할 구실을 찾기 위하여 합문사(閤門使) 양형(梁逈)을 남당으로 보냈다. 양형은 이욱을 만나 말했다.

"천자께서 금년 겨울에 제천(祭天) 의식을 성대하게 거행하실 계획이오. 국주는 마땅히 도우러 와야 하오."

이욱은 묵묵부답으로 거부 의사를 나타냈다. 변경성으로 가면 어떤 변고가 생길지 몰랐기 때문이다. 양형이 돌아오자, 송태조는 남당을 공격할 결심을 했다. 장수들에게 정벌 계획을 수립하게 한 후, 좌습유 이목(李穆)을 국신사로 임명하고 남당으로 보내 이욱에게 입조하도록 다시 한 번 촉구했다. 또 거절하면 송태조의 진노를 살 게 분명했다. 이욱은 어쩔 수 없이 송태조의 뜻을 받들어 입조하려고 했다. 하지만 남당의 문하시랑 진교(陳喬)가 반발했다.

"신과 폐하는 선제(先帝: 이욱의 아버지 원종·元宗 이경·李璟)의 유지를 함께 받들었습니다. 지금 폐하께서 변경으로 가신다면 틀림없이 구금되실 것입니다. 그러면 종묘사직은 누가 지키겠습니까? 신은 죽어서도 지하에 계신 선제를 뵐 면목이 없을 것입니다."

진교뿐만 아니라 중서사인 장계(張洎)도 반대했다. 두 사람은 이욱이 평소에 가장 신임하는 중신이었다. 두 사람의 충정을 헤아린 이욱은 이목에게 이렇게 말했다.

"나는 대국을 정성을 다해 섬기고 있소. 이번에 황상 폐하의 하해와 같은 은혜를 바라오. 중병에 걸린 나에게 이렇게 입조를 강권하면, 나는 죽을 수밖에 없을 따름이오.

병을 핑계로 입조하지 않을 속셈이었다. 이목이 말했다.

"변경에 가고 안 가고는 국주께서 스스로 결정할 일이오. 그렇지만 우리 조정의 군대는 사납고 용감하며 물자 또한 풍부하오. 국주께서 그들의 공격을 쉽게 막아내지 못할 것이오. 다시 한 번 신중히 생각하여 후회하는 일이 없기를 바라오."

이목이 협박에 가까운 말을 했지만, 이욱은 끝내 말을 듣지 않았다. 이목이 돌아오자, 송태조는 선휘남원사 조빈(曹彬)에게 남당을 정벌하게 했다. 조빈이 10만 대군을 거느리고 정벌을 떠날 때, 송태조가 그에게 특별히 당부했다.

"남방의 일은 전부 경에게 맡기겠소. 무고한 백성들이 죽임을 당하거나 피해를 보는 일이 있어서는 절대 안 되오. 대국의 위신을 널리 떨쳐서 강남의 백성들이 스스로 귀순하도록 하시오. 아울러 성을 무자비하게 공격하는 일은 없어야 하오."

그 후 조빈의 대군이 장강을 건너 남당의 군대를 연파하며 금릉으로 진격하고 있는데도, 이욱은 아무 것도 모르고 궁궐의 후원에서 승려, 도사들과 함께 『역경(易經)』을 읽으며 도(道)를 논하고 있었다.

당시 남당의 노련한 장수들은 대부분 죽었고, 전사한 아버지 황보휘(皇甫暉)의 음덕으로 벼락출세한 신위통군도지휘사 황보계훈(皇甫繼勛)이 병권을 쥐고 있었다. 그는 나이가 어렸고 군사에 대하여 아무 것도 모르는 풋내기였다. 송나라의 침략에 대항할 생각은커녕 오히려 황제가 빨리 송나라에 항복했으면 하는 바람을 가지고 있었다. 다만 자신의 속마음을 감히 드러낼 수 없었을 따름이었다. 그는 사람들과 대화할 때면 언제나 이런 식으로 말했다.

"북방의 군대는 막강하오. 누가 감히 그들에게 대항할 수 있겠소?"

또 남당의 군대가 패배했다는 소식을 들을 때면 얼굴에 희색을 띠고 말했다.

"나는 진작 이길 수 없다는 사실을 알고 있었지."

이욱이 이런 자에게 병권을 맡겼으니 남당이 빨리 망하지 않는 것이 오히려 이상할 따름이었다. 급기야 송군이 금릉성을 포위했다. 이욱은 비로소 사태의 심각성을 깨닫고 두려워했다. 그는 언변이 뛰어난 학사승지 서현(徐鉉)과 급사중 주유간(周惟簡)을 변경으로 보내 송태조에게 송나라군의 철수를 간청했다.

　서현은 평소에 자기가 학문이 뛰어나고 절개가 곧은 선비라고 자부했다. 송태조 앞에서 머리를 쳐들고 정정당당하게 말했다.

　"강남국주는 아무런 죄도 없으며, 폐하의 출병은 명분이 없습니다."

　그의 당돌한 태도에 호감을 보인 송태조는 온화한 미소를 지으며 그를 가까이 오게 했다. 서현이 또 말했다.

　"강남국주는 아들이 아버지를 받들 듯이 소국의 왕으로서 대국의 폐하
　를 성심껏 섬겼습니다. 그는 여태껏 잘못을 저지른 적이 없습니다. 그런
　데도 폐하께서는 어찌하여 그를 토벌하려고 합니까?"

　송태조가 대답했다.

　"너는 아버지와 아들이 서로 딴 살림을 차리고 살 수 있다고 생각하느
　냐?"

　서현은 말문이 막혀 더 이상 아무 말도 하지 못했다. 마침 옆에 있던 주유간이 이욱의 상소문을 올렸다. 송태조가 그것을 읽고 말했다.

　"너희들의 주인이 한 말이 무슨 뜻인지, 짐은 도무지 이해하지 못하겠
　구나."

송태조는 이욱의 애원에 가까운 간청을 냉정하게 거절했다. 하지만 사신으로 온 두 사람에 대해서는 끝까지 호의를 베풀었다. 두 사람은 아무런 소득도 얻지 못하고 금릉으로 돌아가는 수밖에 없었다.

이욱은 얼마 후 또 두 사람을 변경으로 보내 송태조에게 다시 한 번 철군을 간청했다. 서현은 송태조에게 이욱은 황제를 정성을 다해 섬기고 있으며 황제의 어명을 거절해서가 아니라 병 때문에 배알하러 못 온다고 간곡하게 설명했다. 두 사람이 여러 차례 설전을 벌일 때, 서현은 흥분을 가라앉히지 못하고 화난 표정을 지으며 말을 거칠게 했다. 진노한 송태조는 칼집을 잡고 말했다.

"너는 더 이상 말하지 말라! 강남의 백성이 무슨 죄가 있겠느냐. 다만 천하는 한 집안일 뿐이다. 내 침상 옆에서 다른 사람이 코를 골며 자는 모습을 용납할 수 있겠느냐?"

송태조의 심기를 건드린 서현과 주유간은 두려움에 떨며 물러 나왔다. 그들의 처지를 불쌍하게 생각한 송태조는 그들에게 많은 재물을 주어 강남으로 돌아가게 했다.

조빈은 금릉성을 근 1년 동안 포위했다. 궁지에 몰린 이욱은 황보계훈이 오랫동안 자신을 속이고 병사들을 오합지졸로 만든 일에 분노했다. 그에게 참수형을 내렸다. 망나니의 칼이 그의 목에 떨어지기도 전에, 그를 포박한 병사들이 그에게 달려들어 칼로 몸을 갈기갈기 자른 후 인육을 먹었다. 사람이 사람을 잡아먹는 극악한 행위가 남당을 망친 자에게 행해진 것이다.

성안의 사람들은 양식이 바닥나고 추위가 닥치자 더 이상 버틸 여력이 없었다. 조빈은 이욱에게 계속해서 투항을 권했다. 투항하면 누구도 죽이지 않고 은전을 베풀어주겠다고 약속했다. 이욱은 신하들에게 투항 의사를 밝혔다. 문하시랑 진교가 아뢰었다.

"자고이래로 망하지 않은 국가는 없었습니다. 항복한다고 해도 종묘사직을 온전하게 지킬 수 없으며 치욕을 당할 뿐입니다. 차라리 성곽에 의지하여 결사 항전하는 편이 낫습니다."

올곧은 선비의 기개였다. 하지만 중과부적의 상황에서 그의 간언은 무의미했다. 결국 그는 자살을 택하여 남당의 충신으로 영원히 남았다. 개보 8년(975) 11월 조빈은 여러 장수들에게 금릉성을 함락하면 절대로 살인이나 약탈을 저지르지 않겠다는 다짐을 받고 공격 명령을 내렸다. 중서사인 장계가 몰래 다른 읍성에 납서를 보내 구원병을 요청한 일도 발각되었다. 사태가 이 지경에 이르자, 이욱은 항복하지 않을 수 없었다.

망국의 군주가 된 이욱은 장계 등 신하들과 함께 변경으로 압송되었다. 송태조는 그를 위명후(違命侯)에 봉하고 광록대부, 우천우위상장군 등의 관직을 하사했다. 이욱은 감시 속에서 살다가 나중에 송태종 조광의에 의해 독살되었다. 봉건왕조 시대에 망국의 군주는 제명을 다하지 못하고 죽을 수밖에 없었다.

송태조는 망국의 신하라도 그가 올곧은 선비이면 우대했다. 끌려온 장계에게 노획한 납서를 보여주며 책망했다. 하지만 장계는 조금도 두려워하지 않고 말했다.

"신하들은 각자 그 주인이 있는 법이오. 지금 당장 죽어서 신하의 본분을 다할 것이오."

장계의 충직함에 감동한 송태조는 그에게 태자중윤의 벼슬을 하사했다. 그 후 장계는 송태조를 위해 헌신했으며, 송태조도 그를 끝까지 중용했다. 장계와 진교를 비교하면 진교가 진정한 충신이며, 장계는 두 임금을 섬긴 '이신(貳臣)'이다. 하지만 인생의 또 다른 측면에서 보면 무능한 군주를 저버리고 어진 군주를 만나 백성들을 위해 자기의 정치적인 포부를 펴는 일도 가치 있는 일이라 하겠다.

7. 북방 정벌을 완수하지 못하고 갑자기 사망하다

송태조는 남당을 평정한 후 개보 9년(976) 8월에 당진(黨進), 반미(潘美), 양광의(楊光義) 등 장수들에게 요나라의 속국 북한(北漢·951~979)을 정벌하게 했다. 북한을 흡수하면 한족의 전통적 세력 범위인 중원과 남부 지방이 송나라로 통일되는 위업을 달성할 수 있었다.

송나라의 대군이 북방으로 출병한 후인 개보 9년(976) 10월 19일 밤, 송태조는 승전보를 애타게 기다리는 마음을 달래기 위해서 친동생 조광의(趙光義·939~997)를 궁궐로 불러 함께 술을 마셨다. 그런데 다음 날 아침 그는 싸늘한 시체로 발견되었다. 향년 50세의 나이에 갑자기 붕어한 것이다.

송태조의 뒤를 이어 즉위한 송태종 조광의는 북방 정벌보다도 자신의 통치기반을 먼저 확고히 다져야 했다. 북한으로 진격한 장졸들에게 철군명령을 내렸다. 이렇게 해서 송태조의 '선남후북(先南後北)'의 통일 정책은 절반의 성공으로 끝나고 말았다.

송태조는 개국황제로서 16년 동안 재위했다. 그는 이 기간 동안 각 지방의 여러 왕조를 병탄함으로써 중국이 다시 통일국가가 될 수 있는 기틀을 마련했다.

호남 지방의 군벌, 무평절도사 주행봉이 병으로 사망하기 직전에 측근들과 어린 아들 주보권에게 호남 지방에 반란이 일어나 진압할 수 없으면, 송나라에 귀부하여 집안의 안전을 도모하라고 유언했다. 후촉의 재상 이호도 군주 맹창에게 송나라에 복종해야 만이 종묘사직을 지킬 수 있다고 주장했다. 이는 당시 송태조의 명성과 신망이 중국 전역에 널리 퍼져 있었으며, 황제로서 부족함이 없는 어진 인품과 넓은 도량을 가지고 있었음을 뜻한다.

송태조는 황권을 강화하는 데에는 여력을 남기지 않았지만 국정을 살필 때는 전횡을 부리지 않고 대신들의 의견을 폭넓게 수렴했다. 그는 술자리에서 측근들의 병권을 회수한 후 천웅절도사 부언경(符彦卿)을 금군의 장수로 쓰려고 했다. 부언경은 후당, 후진, 후한, 후주 등 4개 왕조에서 많은 전공을 쌓아 군부의 실권자로 부상했다. 송나라 건국 초기에는 송태조를 도와 정국의 안정을 주도했으므로 권세가 황제에 버금갔다. 더구나 그는 인품이 뛰어나 그를 따르는 자들이 아주 많았다. 주세종 시영과 훗날의 송태종 조광의의 장인이기도 했다.

송태조도 이런 부언경을 총애하여 그에게 금군의 병권을 맡기려고 했다. 하지만 재상 조보는 신망이 두텁고 막강한 권력을 가진 부언경이 혹시 딴마음을 품지 않을까 우려하여 송태조에게 반대 의견을 냈다. 송태조가 조보에게 말했다.

"짐이 부언경을 후하게 대접했소. 그가 어찌 짐을 배신하겠는가?"

조보가 반문했다.

"그렇다면 폐하께서는 왜 주세종을 배신했습니까?"

이 말은 송태조의 치명적인 약점을 단번에 건드린 꼴이었다. 대신들은 조보의 목이 당장 떨어질 것으로 생각했다. 하지만 송태조는 조보의 의견을 받아들이고 부언경을 금군의 장수로 쓸 생각을 단념했다. 이런 일이 있고 난 후 부언경은 모든 관직을 내려놓고 더욱 근신하여 천수를 누렸다.

통일대업을 이루려면 수많은 사람들의 희생이 필요하다. 적을 제압하고 죽이지 않으면 천하대란을 종식시킬 수 없다. 하지만 송태조는 대화와 타협으로써 문제를 해결하는 사려 깊은 군주였다. 그가 가장 꺼려한 일은 살인이었다. 그에게 끝까지 저항한 적이라도 넓은 도량으로 품어주었다. 이런 점은 봉건왕조 시대에 찾기 어려운 장점이라고 할 수 있다.

송나라 때의 유명한 사상가 정이(程頤)는 송태조 조광윤을 이렇게 평가했다.

"태조께서 오대(五代)의 대란을 종식시키고 송나라의 천하를 이룩하는 과정에서 한 명도 죽이지 않은 일은 자고이래로 단 한 번도 없었던 위대한 업적이다. 한(漢)나라와 당(唐)나라의 성군도 태조에 크게 미치지 못한다. 따라서 조씨(趙氏)의 제사가 태산(泰山)에서 편하게 거행됨을 알 수 있다."

송태조는 중국 최고의 성군으로 칭송을 받는 당태종 이세민보다도 성품이 어질고 도량이 넓은 군주였다. 그렇지만 그가 지나치게 관용을 베풀고 지방 절도사들의 세력을 완전히 제압하지 못하고 그들과 일종의 '권력 나누기'를 통해 정국의 안정을 도모한 것은, 송나라가 건국 초기부터 내내 외우내환에 시달리는 결과를 낳았다.

『송사·태조본기』에서는 송태조의 죽음에 대하여 "개보 9년(976) 10월 19일 밤에 궁궐의 만세전(萬歲殿)에서 향년 50세를 일기로 붕어하셨다."라고 간단하게 기록했다. 그가 평소에 어떤 질환을 앓고 있었다는 기록이 없으며 아울러 구체적인 사인을 밝히지 않았기 때문에, 그의 갑작스러운 죽음을 둘러싸고 천년이 넘는 세월 동안 여러 가지 의혹이 제기되고 있다.

북송 시대의 승려 문영(文瑩)이 지은 『상산야록(湘山野錄)』에 이른바 '촉영부성(燭影斧聲)'의 이야기가 나온다. "흔들리는 촛불 그림자 속에서 도끼 소리가 났다."는 것이다. 구체적인 내용은 이렇다. 중병에 걸린 송태조는 방술사의 말을 믿고 자신의 목숨이 얼마 남지 않음을 직감했다. 눈이 펑펑 내리는 겨울밤에 동생 조광의를 입궁하게 하고 환관과 궁녀들을 모두 침전에서 내보낸 후 동생과 함께 술을 마시며 후사를 당부했다. 송태조는 취기가 오르자 옥도끼로 바닥을 찍고 말했다. "네가 잘해야 한다!" 그날 밤 조광의는 침전에서 잠을 잤다. 다음 날 새벽 조광의가 황제의 안부를 살펴보았다. 송태조는 이미 숨을 거둔 뒤였다. 조광의는 조광윤의 유지를 받들어 영전(靈前)에서 즉위했다.

명나라 때의 정치가이자 역사학자 진방첨(陳邦瞻)이 편찬한 『송사기사본말(宋史紀事本末)』에도 이 '촉영부성"의 이야기가 나온다. 이 이야기는 송태조의 급사에 대하여 가장 많이 회자되는 전통적인 관점이다. 하지만 송나라 황궁의 법도에 따르면, 진왕 조광의는 침전에서 잠을 잘 수 없으며, 환관과 궁녀들은 절대 황제의 곁을 벗어날 수 없었다. 아마 송태종 조광의의 황위 계승을 정당화하기 위하여 이런 야사가 지어진 게 아닌가 한다.

남송 시대 소주성(蘇州城) 북쪽에 살았던 서대작(徐大焯)이 편찬했다는 『신여록(燼餘錄)』에도 이 이야기가 나온다. 그런데 앞서 소개한 것과는 전혀 다른 내용이다. 조광의가 송태조의 부름을 받고 만세전의 침전으로 들어갔을 때 송태조가 혼수상태인 모습을 보고 옆에서 시중을 들고 있었던 송태조의 후궁, 화예부인(花蕊夫人) 비씨(費氏)를 희롱했다. 송태조가 마침 깨어나 그 광경을 보고 대노하여 조광의에게 도끼를 던졌으나, 그가 피하는 바람에 도끼가 바닥에 꽂혔다고 한다. 그런데 『신여록』이 청나라 말기에 출판된 것으로 보아 위작(偽作)임이 분명하다. 이 이야기도 근대의 어떤 호사가가 지어냈을 것이다.

북송 시대의 유명한 역사가이자 정치가였던 사마광(司馬光)이 지은 『속수기문(涑水紀聞)』에 나오는 이야기도 흥미롭다. 송태조의 임종을 지켜 본 효장황후(孝章皇后) 송씨(宋氏·?~995)가 환관 왕계은(王繼恩)에게 송태조의 넷째아들 조덕방(趙德芳·959~981)을 불러오게 했다. 그녀는 조덕방이 황위 계승권을 가지고 있었으므로 그를 급히 찾은 것이다. 하지만 왕계은은 조덕방을 데려오지 않고 조광의에게 달려가 변고를 알렸다. 조광의가 침전으로 달려오자 송씨는 깜짝 놀라 말했다.

"우리 두 모자의 목숨은 진왕에게 달렸습니다. 우리를 거두어주시기
바랍니다."

송씨는 이미 조광의가 실권을 장악했다고 판단하고 목숨을 구걸한 것이다. 조광의가 눈물을 흘리며 말했다.

"우리 함께 부귀영화를 누리지요. 두 분을 성심성의껏 모시겠으니 걱
정마세요."

봉건왕조 시대에 군주가 사망하면 그의 아들이 왕권을 계승하는 것이 지극히 당연한 일이었다. 사실 송태조가 임종할 때 둘째아들 조덕소(趙德昭·951~979)와 넷째아들 조덕방(趙德芳·959~981)이 있었다. 얼마든지 황위를 계승할 수 있는 나이였다. 그런데도 황제의 옥좌는 동생 조광의가 차지했다. 그래서 조광의가 송나라의 2대 황제가 된 것을 두고 오늘날까지도 말이 많은 것이다.

2

| 제2장 | **송태종 조광의**

송태종 조광의

1. 성장 과정과 황위 계승

송태종(宋太宗) 조광의(趙光義·939~997)는 후진(後晉·936~947) 천복 4년(939)에 후진의 장수, 조홍은(趙弘殷·899~956)의 셋째아들로 태어났다. 송태조 조광윤의 친동생이다. 생모는 소헌태후(昭憲太后) 두씨(杜氏·902~961)이다. 송태조가 건국 직후에 생모 두씨를 황태후로 추존(推尊)했을 때의 일이다. 대신들은 모두 두씨에게 경하의 인사를 드렸다. 하지만 그녀는 오히려 불안한 표정을 띠고 기뻐하지 않았다. 한 대신이 물었다.

"어머니는 아들에 의해서 귀해진다고 들었습니다. 이제 태후의 아드님이 천자가 되셨습니다. 그런데도 태후께서는 어찌 기뻐하시지 않습니까?"

두씨가 말했다.

"군주의 대업은 참으로 어렵다고 들었소. 천자의 지위는 모든 백성의 위에 있소. 만약 천자가 국가를 잘 다스리면, 천자의 지위는 존중될 것이오. 하지만 국가를 제대로 다스리지 못하면 필부가 되려고 해도 불가능할 것이오. 나는 바로 이 점을 걱정하고 있소."

국가를 망친 군주가 구차한 목숨을 지키고자 하루아침에 필부가 되어 평범하게 살고자 해도 불가능하며 비참한 최후를 맞이할 것이라는 걱정이었다. 어머니의 말을 전해들은 송태조는 어머니에게 공손히 절을 하고 말했다.

"소자는 삼가 어머님의 가르침을 따르겠습니다."

이런 사려 깊은 어머니의 가르침이 있었기에 조광윤과 조광의, 두 형제가 천하 대란의 시대에 온갖 역경을 극복하고 송나라를 건국한 게 아닌가 한다. 조광의는 어렸을 적부터 자기보다 열두 살 많은 친형 조광윤을 무척 존경하고 따랐다. 조광윤도 동생을 아꼈다.

후주 현덕(顯德) 7년(960) 조광의는 진교의 병변에 주도적 역할을 하여 형 조광윤을 황제로 추대했다. 조광윤은 친동생이자 개국공신인 조광의를 전전도우후(殿前都虞候), 목주방어사(睦州防御使), 태녕군절도사(泰寧軍節度使) 등 병권을 쥔 요직에 임명했다. 조광윤이 건국 초기에 주변 국가들을 정복할 때, 조광의가 막후에서 전략을 짜고 군사를 효과적으로 지휘한 공로로 동평장사, 개봉부윤, 중서령, 동도유수 등 조정의 요직과 도성 수비의 중책을 맡았다. 마침내 진왕(晉王)으로 책봉된 그는 송나라 조정의 명실상부한 2인자가 되었다.

송태조는 원대한 포부였던 완전한 '중국통일'을 완수하지 못하고 개보 9년(976) 10월 19일 밤에 궁궐의 만세전에서 향년 50세를 일기로 붕어했다. 다음 날 아침 진왕 조광의가 37세의 나이에 송태조의 영전(靈前)에서 2대 황제로 등극했다. 연호는 태평흥국(太平興國)으로 정했다. 송태조의 죽음에 대한 의혹은 앞서 얘기한 바와 같다.

그렇다면 진왕 조광의는 어떻게 황위 계승권이 있는 두 조카를 배제하고 황제의 옥좌를 차지했을까. 이 문제도 송태조의 급작스러운 죽음과 더불어 천년의 '미스터리'로 남아 있다. 송태조가 정말로 임종 직전에 동생 조광의에게 양위를 했는지 아니면 조광의가 극비리에 송태조를 독살하고 황위를 찬탈했는지, 정확하게 판단할 수 없다. 역사는 정사(正史)의 기록을 원칙으로 해석하지, 야사(野史)에 근거하여 판단할 수 없기 때문이다.

그런데 『송사·두태후전』에 조광의의 황위 계승과 관련하여 이른바 '금궤(金匱)의 맹세'라는 이야기가 나온다.

"건륭(建隆) 2년(961) 두태후가 중병에 걸렸다. 송태조는 어머니를 극진히 병구완했지만 병세가 날로 악화되었다. 살날이 얼마 남지 않음을 직감한 두태후는 재상 조보를 불러 자신의 유언을 기록하게 했다. 두태후가 송태조에게 물었다. '네가 천하를 얻은 이유를 아는가?' 송태조는 흐느껴 울면서 아무런 대답도 하지 못했다. 두태후의 거듭된 물음에, 송태조가 말했다. '제가 천하를 얻은 이유는 오로지 조상과 태후께서 어진 덕을 많이 쌓은 덕분입니다.' 두태후가 말했다. '그렇지 않다. 주세종(周世宗)이 어린 아들에게 천하를 다스리게 했기 때문이다. 만약 주씨 집안에 나이가 많은 군주가 있었다면, 천하가 어찌 너의 것이 되었겠느냐? 너는 백세까지 산 후에 황위를 동생에게 양위해야 한다. 천하는 지극히 넓고 세상일은 너무나 많다. 만약 나이가 많고 인품이 훌륭한 자를 군주로 추대한다면, 이는 종묘사직의 복이 될 것이다.'"

"송태조가 머리를 조아리고 울면서 말했다. '제가 어찌 태후의 가르침을 받들지 않겠습니까?' 태후가 조보를 돌아보고 말했다. '너는 나의 말을 정확하게 기록해라. 내 뜻에 조금도 어긋나서는 안 된다.' 그리고 송태조가 지켜보는 가운데 침상 앞에서 송태조 사후에 조광의에게 양위한다는 서약서를 쓰게 했다. 조보는 서약서 말미에 '신(臣) 조보가 썼다.'고 기록했다. 이렇게 두태후의 뜻에 따라 쓴 서약서를 금궤에 보관하고 궁인에게 비밀리에 관리하게 했다."

한 시대의 영명한 군주라는 칭송을 받았던 후주(後周·951~960)의 주세종 시영(柴榮·921~959)은 38세의 젊은 나이에 병사했다. 그의 넷째아들 시종훈(柴宗訓·953~973)이 불과 7세의 어린 나이에 황위를 계승했다. 그가 후주의 마지막 황제 주공제(周恭帝)이다. 이때 사실상 후주의 실권자였던 조광윤은 어린 주공제를 으르기도 하고 달래기도 하여 결국은 황위를 찬탈하고 송나라를 건국했다. 역사에는 가정이 없다고 하지만, 만약 시영이 장수했고 시종훈이 성년이 되어 황위를 계승했다면, 결코 조광윤의 송나라가 역사에 등장하지 않았을 것이다.

원래 송태조에게는 장남 조덕수(趙德秀), 둘째아들 조덕소(趙德昭·951~979), 셋째아들 조덕림(趙德林), 넷째아들 조덕방(趙德芳·959~981) 등 네 아들이 있었다. 이들 가운데 장남과 셋째아들이 태어난 지 얼마 안 되어 죽었기 때문에, 황위를 계승할 아들은 둘째아들 조덕소와 넷째아들 조덕방, 두 사람뿐이었다. 두태후가 임종을 앞두고 송태조에게 유언할 때 조덕소는

9세, 조덕방은 2세였다.

두태후는 생각이 깊고 먼 장래를 내다보는 식견이 있었다. 후주가 망한 원인을 정확하게 파악하고 타산지석으로 삼고자 한 그녀의 마음은 충분히 이해할 수 있다. 그녀는 어린 손자가 황위를 계승했다가는 송나라가 후주처럼 망하지 않을까 두려워했을 것이다. 그래서 어린 손자 대신에 송나라 건국의 일등공신이자 능력이 출중하고 인품이 훌륭한 셋째아들 진왕 조광의가 차기 황제로 적합하다고 판단했는지도 모른다.

하지만 송태조가 아무리 어머니를 존경했더라도 본인이 젊은 나이였고 아울러 두 어린 아들이 성년이 될 때까지 얼마든지 국가를 다스릴 수 있는 역량이 있었다. 따라서 어머니의 말을 듣고 동생에게 황위를 물려주겠다는 약속을 할 리가 없었을 것이다. 더구나 이 '금궤의 맹세'는 조광의가 황제로 등극한 이후에 나온 이야기이다. 조광의와 조보가 조작했을 가능성이 높다.

두태후가 세상을 떠날 때 송태조의 총애를 받았던 조보는 권력 남용과 뇌물 수뢰로 한직에 밀려나 있었기 때문에, 송태조의 윤허를 받고 두태후의 유언장을 작성할 상황이 아니었다. 조보는 오히려 송태종 조광의 시대에 다시 재상으로 기용되어 승승장구했다. 순화(淳化) 3년(992) 온갖 부귀영화를 누린 조보가 향년 71세의 나이에 병사했다. 비통함을 감추지 못한 송태종은 그를 상서령(尚書令)으로 추증했을 뿐만 아니라 진정군왕(眞定郡王)으로 추봉하기도 했다. 자신을 황제로 추대한 신하에 대한 최고의 예우였다.

송태종은 조덕소와 조덕방 두 조카에 대해서는 처음에는 우대했지만 나중에는 그들을 죽음의 길로 내몰았다. 태평흥국 4년(979) 검교태위 조덕소는 숙부 송태종을 모시고 북벌에 참여했다가 황제의 꾸중을 듣고 스스로 목을 베어 죽었다. 동평장사 조덕방은 태평흥국 6년(981)에 22세의 젊은 나이에 병사했다. 송태종은 두 조카의 죽음에 무척 비통했다지만, 원래 황위 계승권을 가지고 있었던 두 사람은 살아도 살아있는 목숨이 아니었으며 하루빨리 사라져야하는 운명이었을 것이다. 먼 훗날 조선의 6대 왕 단종(端宗) 이홍위(李弘暐·1441~1457)가 숙부 수양대군(首陽大君) 이유(李瑈·1417~1468)에게 왕권을 빼앗기고 어린 나이에 비참하게 죽은 이유도 이와 비슷했을 것이다.

2. 대외 확장정책의 성공과 실패

송태종은 황위 계승 직후에 연호를 태평흥국(太平興國·976~984)으로 정한 후 황실과 조정의 안정이 무엇보다도 중요하다고 생각했다. 친동생 조정미(趙廷美·947~984)를 중서령(中書令), 개봉윤(開封尹) 등 요직에 임용했고 나중에는 제왕(齊王)으로 책봉했다. 송태조의 자녀들에게는 고위직뿐만 아니라 황자와 황녀의 지위도 그대로 인정했다. 조보, 설거정, 조빈 등 송태조 시대에 활약한 신하들에게도 작위를 높여주고 중용했다.

황제의 권력이 교체되면 구시대의 권신들은 자연스럽게 권력의 핵심에서 멀어지게 마련이다. 하지만 송태종은 송태조 시대의 권신들을 내치지 않았다. 오히려 그들에게 높은 관작을 수여함으로써 정국의 안정을 도모하고 자기에게 충성을 다할 수 있게 했다. 물론 그도 정우(程羽), 가염(賈琰), 진종신(陳從信), 장평(張平) 등 오랜 측근들을 조정의 요직에 배치함으로써 국정에 대한 지배권을 강화했다. 구시대의 인물을 배격하지 않고 우대하면서 신시대에 걸맞은 새로운 인물을 적극적으로 발탁하는 것이 송태종 용인술의 핵심이었다.

송태종은 집권 초기에 정국의 안정을 이루고 자신의 정치적 기반을 공고히 하는 데 성공했다. 송태조 때부터 숙원사업이었던 '중국통일'의 원대한 야망이 마음속에서 다시 꿈틀거리기 시작했다. 송태종이 송태조처럼 성품이 어질고 백성을 사랑하며 인재를 아끼는 군주라는 소문이 중국 전역에 퍼지기 시작했다. 이에 따라 정벌하지 않고 인덕으로 주변 세력을 포용하고 흡수할 수 있는 여건이 조성되었다.

태평흥국 3년(978) 중국의 동남부 지방을 다스리고 있었던 군벌, 진홍진(陳洪進·914~985)이 도성으로 찾아와 송태종을 배알한 후 오늘날의 복건성 지역에 해당하는 천주(泉州)와 장주(漳州)의 14현을 바치고 귀부했다. 원래 그는 남당 시대에 청원군절도사였다. 남당의 후주 이욱이 송태조에게 투항한지 3년 후에 사망하자, 진홍진은 천하의 대세가 송나라에 기울었음을 인정하고 스스로 귀부한 것이다. 이때부터 중국의 동남부 지역이 송나라의 강토로 편입되었다.

송태종은 자발적으로 귀부한 진홍진을 극진하게 대우했다. 진홍진도 송나라의 북한(北漢) 정벌에 참여하여 많은 전공을 쌓아 송태종의 은총에 보답했다. 옹희(雍熙) 2년(985) 진홍진이 71세의 나이에 병사했다. 송태종은 그를 추모하기 위하여 이틀 동안 조회를 열지 않았다. 아울러 그에게 충순(忠順)이라는 시호를 내리고 남강군왕(南康郡王)으로 추봉했다.

진홍진이 귀부한 직후에 오월(吳越)의 마지막 군주였던 전숙(錢俶·929~988)이 신하들을 거느리고 입조했다. 그는 송태종이 천명을 받은 천자임을 인정하고 오월의 영토를 송태종에게 바쳤다. 오늘날의 강소성, 상해, 절강성 등 천혜의 지역이 송나라 영토가 되었다. 송태종은 그를 회해국왕(淮海國王)으로 책봉하고 우대했다.

동남부 지방이 송나라의 강토로 편입되어 인구가 늘고 물자가 풍부해지자, 송태종은 북방 지역 요나라의 속국, 북한 정벌을 도모했다. 당시 북한의 군사력은 송나라에 크게 미치지 못했지만, 동아시아의 강국 요나라의 지원을 받고 송나라에 대항할 수 있었다. 북한의 지리적 위치가 송나라와 요나라 사이에 있었기 때문에, 송나라가 북한을 공격하면 요나라와의 군사적 충돌이 불가피했다. 송태종은 먼저 북한을 멸망시키고 요나라의 세력을 북방으로 밀어내고 싶었다.

태평흥국 4년(979) 1월 송태종은 남당 정벌에 전공을 세운 명장, 반미에게 북상하여 북한의 도성 태원(太原: 지금의 산서성 태원)을 공격하게 했다. 한 달 후 송태종도 친히 대군을 거느리고 태원으로 진격했다. 북한의 군주 유계원(劉繼元 · ?~992)은 아들 유양(劉讓)을 요나라에 사신 겸 인질로 보내 구원병을 요청했다.

요경종(遼景宗) 야율현(耶律賢 · 948~982)은 남부재상(南府宰相) 야율사(耶律沙), 기왕(冀王) 야율적렬(耶律敵烈) 등에게 북한을 구원하게 했다. 송나라군과 요나라군은 백마령(白馬嶺: 지금의 산서성 양곡 · 陽曲)에서 일대 접전을 벌였다. 송태종이 친히 지휘한 송나라 군사의 대승으로 끝났다. 오랜 세월 동안 북방의 기마민족에게 침탈을 당했던 중원 한족의 보기 드문 대승이었다. 이 싸움에서 요태종(遼太宗) 야율덕광(耶律德光 · 902~947)의 넷째아들인 기왕 야율적렬이 전사했다.

사면초가에 빠진 유계원은 송태종에게 신하의 예를 갖추고 투항하는 수밖에 없었다. 북한의 멸망은 중국이 황소(黃巢 · 820~884)의 난 이래 당나라의 멸망과 오대십국의 혼란기를 거쳐 마침내 송태종에 의해 100여 년 만에 한족이 건국한 송나라 중심의 통일국가를 이루는 계기가 되었다. 『송사 · 열전 · 세가』에 이런 기록이 있다.

"송태종은 항복한 북한의 군주 유계원을 끝까지 보호하고 우대했다. 하루는 측근 신하들에게 이런 말을 했다. '옛날에 촉(蜀)나라 황제 유비(劉備 · 161~223)의 아들 유선(劉禪 · 207~271)이 망한 촉나라가 그리워 매일 울고 지낸다는 말을 진(晉)나라 사마소(司馬昭·211~265)가 듣고, 유선을 불러서 '너는 어찌하여 극정(郤正)이 한 말과 비슷한 말을 하느냐고 말하면서 희롱했소.' 어쨌든 한때 촉나라의 군주였던 유선을 희롱한 것은 아주 나쁜 행위이오. 망국의 군주들은 모두 어리석고 나약한 자들이오. 그들이 원대한 식견을 가지고 있었다면, 어찌 국가를 멸망에 이르게 했겠소? 이는 참으로 가슴이 아프고 안타까운 일인데도, 어찌하여 망한 군주를 희롱하고 그에게 모욕을 줄 수 있겠소? 유계원은 짐의 포로이오. 짐은 그를 손님처럼 대해도 그의 비통한 마음을 위로해주지 못할까 걱정이오."

원래 사마소는 조위(曹魏·220~265) 시대의 권신이었다. 유비가 건국한 촉나라를 멸망시킨 전공으로 진왕(晉王)에 책봉되었다. 그의 아들 사마염 (司馬炎·236~290)이 황제를 칭하고 진(晉·266~420)나라를 세운 후 황제로 추존되었다. 사마소는 촉나라를 멸망시킨 후 민심을 얻기 위하여 바보였던 촉나라의 마지막 황제, 유선을 죽이지 않고 우대했다. 유선은 자신이 망국의 군주임을 망각하고 매일 즐겁게 노는 일로 세월을 보냈다. 하루는 사마소가 유선에게 물었다.

"너는 망한 촉나라를 많이 그리워하겠구나?"

유선이 대답했다.

"이곳 낙양에서 생활하는 것이 아주 즐겁습니다. 조금도 생각나지 않아요."

예전에 촉나라의 신하였던 극정은 촉나라가 망할 때 투항서를 써서 사마소에게 신임을 받은 인물이다. 그는 유선의 바보 같은 소리에 실망하여 유선에게 말했다.

　　"만약 왕이 다시 물어보면 울면서 이렇게 대답해야 합니다. '선조의 묘가 촉나라 땅에 있기 때문에 매일 촉나라를 그리워하고 있습니다.'"

　　아니나 다를까, 사마소가 연회석상에서 또 물어보았다. 유선은 극정이 말한 대로 대답했다. 사마소는 "너는 어찌 극정이 한 말과 똑같은 얘기를 하느냐?"며 파안대소했다. 연회에 참석한 신하들도 박장대소했다.
　　송태종은 바로 이 이야기를 꺼냈다. 유선이 아무리 바보여도 사마소처럼 망한 군주를 그렇게 희롱해서는 안 된다는 것이다. 오히려 우대해도 가슴에 맺힌 한을 풀어주지 못할까 걱정했다. 송태종의 인품이 얼마나 따뜻하고 자기에게 항복한 군주를 우대했는지 알 수 있는 일화이다. 유계원은 송태종의 보호 아래 높은 관작을 하사받았다. 그가 사망했을 때는 팽성군왕(彭城郡王)으로 추봉했다.
　　10만 대군을 친히 지휘하여 북한을 멸망시킨 송태종은 승리에 도취되었다. 도성으로 회군하지 않고 계속 북진하여 연운(燕雲) 16주를 수복하고 싶은 욕망이 강렬했다. 오늘날의 북경, 천진, 하북성 북부, 산서성 북부 지역에 해당하는 이 지역은 원래 당나라의 영토였다. 후당(後唐) 시대에 하동절도사였던 석경당(石敬瑭·892~942)이 거란(契丹)의 황제 야율덕광(耶律德光·902~947: 훗날 요나라 태종)에게 이 광활한 지역을 할양하고, 그 대가로 거란의 도움을 받아 후진(后晋·936~947)을 건국했다.
　　전략적으로 대단히 중요한 연운 16주가 북방 이민족의 수중에 들어있는 이상, 중원의 한족 왕조는 언제나 이민족의 침략을 두려워하며 전전긍긍할 수밖에 없었다. 송태조는 10만 대군을 동원한 김에 파죽지세로 요나라로 진격하여 연운 16주를 되찾고 싶었다. 그런데 황제를 수행한 일부 신하들이 진격을 반대했다. 병사들이 너무 지쳐있고 보급품 수송이 원활하지 못하므로 일단 도성으로 회군하여 전열을 정비한 후 다시 북벌해도 늦지 않다고 주장했다.

하지만 송태종은 그들의 말을 듣지 않고 북한을 멸망시킨 직후인 태평흥국 4년(979) 5월에 태원에서 곧바로 요나라로 진격했다. 북벌 초기에는 하북성의 역주(易州)와 탁주(涿州)를 수복하는 전과를 올렸다. 오늘날의 하북성 북부, 북경, 천진 등 지역에 해당하는 유주(幽州)는 대단히 중요한 전략적 요충지였다. 유주를 지배하는 자가 연운 16주를 차지한다는 속설이 있을 정도였다. 송태종은 유주의 핵심 도시인 요나라의 남경(南京: 지금의 북경)을 공격했다.

남경성이 포위되었다는 소식을 들은 요경종은 즉시 야율휴가(耶律休哥), 야율사진(耶律斜軫) 등 장수들에게 정예 기병을 이끌고 가서 남경성을 구원하게 했다. 양군은 고량하(高粱河: 지금의 북경 서직문·西直門 밖)에서 혈전을 벌였다. 병력은 송군이 압도적으로 많았지만, 늑대처럼 사나운 요나라 정예기병의 전광석화처럼 빠른 기습에 송군은 궤멸되었다. 화살을 맞고 부상을 당한 송태종은 나귀가 끄는 달구지를 타고 가까스로 전장을 빠져나와 남쪽으로 달아났다. 요나라 군사는 탁주까지 추격했다가 회군했다. 요나라 군사가 노획한 군량과 무기가 산더미처럼 쌓였다.

송태종의 오판이 대패의 원인이었다. 사실 그는 전략을 잘 세우고 싸움에 능한 장수 출신이 아니었다. 전투 경험도 많지 않았다. 전형적인 선비와 같은 황제였다. 북한을 멸망시킨 일에 고무되어 일부 신하들의 충언을 무시하고 무모하게 요나라로 진격했다가 역습을 당한 것이다.

고량하 전투는 중요한 의미를 지닌다. 이때부터 송나라는 더 이상 북방으로 진출하지 못했으며, 요나라의 끊임없는 침략을 견뎌내야 했다. 송태종 사후인 경덕(景德) 1년(1004) 가을에 송진종(宋眞宗) 조항(趙恒·968~1022)은 요나라 대군의 남침에 놀라서 강남 지방으로 달아날 생각을 했을 만큼 요나라를 두려워했다.

다음 해 송나라는 요나라와 전주(澶州: 지금의 하남성 복양·濮陽)에서 '전연(澶淵)의 동맹'을 맺고 요나라의 침략에서 가까스로 벗어날 수 있었다. 송나라는 해마다 요나라에 세폐(歲幣)로 은 10만 냥, 비단 20만 필을 바치기로 약속했다. 송나라로서는 굴욕이었지만 종묘사직을 지키기 위해서는 어쩔 수 없는 선택이었다. 이 시기부터 송나라는 망할 때까지 요나라, 서하, 금나라, 원나라 등 북방의 여러 왕조에게 끊임없이 침략을 받았으며, 침탈을 당할 때마다 '돈'으로 평화를 구걸하는 왕조로 전락했다. 송나라 319년 역사의 비극은 전연의 동맹부터 시작된 것이다.

이와 반면에 요나라는 1125년에 여진족 완안아골타(完顔阿骨打·1068~1123)가 건국한 금(金·1115~1234)나라에 멸망당할 때까지 북방의 명실상부한 최강자로 군림했다.

송태종이 도성으로 돌아와 북벌의 실패를 통감하고 흩어진 민심을 수습하느라 여념이 없을 때인 태평흥국 5년(980)에, 송나라의 최남단에 있는 주(州)인 옹주(邕州: 오늘날의 광서장족자치구)의 지주(知州), 후인보(侯仁寶)가 송태종에게 서찰을 보내 정조(丁朝·968~980)에서 내분이 일어나 국왕 정련(丁璉·?~979)이 피살되었다는 소식을 전했다. 정조는 오늘날의 베트남 북부 지역을 다스린 독립국이었다. 한당(漢唐) 시대에는 이 지역을 교주(交州)라고 칭했으며 중원의 한족 왕조가 통치했다.

후인보는 송태종에게 정조의 내분을 틈타 실지를 회복하자고 건의했다. 요나라에게 참패를 당해 황제의 권위가 손상되었던 송태종은 회심의 미소를 지었다. 북벌은 실패했지만 남정(南征)이 성공하면 교주를 수복한 위대한 황제라는 찬사를 백성들에게 들을 수 있었다.

원래 정조는 정부령(丁部領·924~979)이 968년에 중국의 속박에서 벗어나 오늘날의 베트남 북부 지역에 세운 베트남 최초의 통일국가였다. 정조의 국명은 대구월(大瞿越), 연호는 태평(太平)이었다. 정부령이 황제를 칭하고 연호를 사용했으므로, 대구월은 엄연한 독립국이었다.

979년 정부령의 장남 남월왕 정련이 태자 정항랑(丁項郎)을 살해한 사건이 벌어졌다. 정련은 개국공신이었고 더구나 장남이었다. 당연히 태자로 책봉되어야 했다. 하지만 정부령이 막내아들 정항랑을 지나치게 총애하여 공훈과 서열을 무시하고 그를 태자로 책봉했다. 정련은 아버지의 이런 처사에 불만을 품고 태자를 살해한 것이다.

그런데 불과 몇 달 후 환관 두석(杜釋)이 궁중정변을 일으켜 정부령과 정련을 시해했다. 정국공(定國公) 완복(阮匐)은 두석의 반란을 진압한 후 십도장군(十道將軍) 여환(黎桓·941~1005)과 함께 정부령의 둘째아들 위왕(衛王) 정선(丁璇·974~1001)을 새 황제로 옹립했다. 정선은 나이가 5세에 불과한 철부지였다. '부왕(副王)'을 자처한 여환이 실권을 장악하고 정선을 꼭두각시 황제로 부렸다.

이에 완복, 정전(丁佃), 범합(范盍) 등 충직한 신하들이 병사를 일으켜 간신 여환 타도를 내걸고 도성 화려(華閭: 지금의 베트남 닌빈성 호아루현)로 진격했다.

당시 정조의 유일한 황태후 양운아(楊雲娥·?~1000)가 어린 황제 정선을 대신하여 수렴청정을 했다. 여환은 그녀의 정부(情夫)였다. 그녀는 여환의 성적 노리개였다. 여환은 황태후가 자기에게 반란군을 진압하라고 명령을 내렸다는 것을 명분으로 반대 세력을 모조리 진압했다. 이때부터 여환이 조정의 권력을 완전히 장악했다.

이처럼 정조에 내분이 일어났을 때, 송태종은 후인보의 건의를 받아들여 정조를 정벌하기로 결정했다. 태평흥국 5년(980) 후인보(侯仁寶), 손전흥(孫全興), 학수준(郝守俊) 등에게 육로와 수로, 두 방면에서 정조를 정벌하게 했다. 송나라 대군이 도성 화려를 향해 진격했다. 양운아는 여환에게 군권을 위임하고 침략군을 격퇴하게 했다.

뜻밖에도 여환은 정변을 일으켜 정조를 무너뜨린 후 전여조(前黎朝·980~1009)를 건국하고 황제로 등극했다. 정선은 위왕으로 강등되었으며, 양운아는 여환의 황후로 책봉되었다. 훗날 정선을 정폐제(丁廢帝)라고 불렀다. 양운아는 베트남 역사상 두 명의 황제에게 시집을 간 유일한 여자가 되었다.

어쨌든 전여조의 개국황제가 된 여환(베트남어 이름은 레호안)은 황급히 군사를 정비하여 송나라 군사의 남침에 대비했다. 양군은 백등강(白藤江: 베트남 북부 할롱만 근처에 위치한 박당강)에서 조우했다. 개전 초기에는 송나라 군사가 승기를 잡았으나 여환의 위계에 걸려들어 참패를 당했다. 베트남역사에서 이 백등강 전투는 아주 중요한 의미를 지닌다. 중원 한족왕조의 속박에서 완전히 벗어나 독립국을 이루는 결정적 계기가 되었다.

이 시기부터 송나라는 베트남 북부 지방에 대한 지배권을 상실했으며 더 이상 남진할 수 없었다. 여환은 전쟁을 승리로 이끈 후 송나라와 다시 외교 관계를 회복하기를 바랐다. 사실상 그는 연호를 독자적으로 사용한 황제였으나, 표면적으로는 송태종에게 자신을 신하로 칭했다. 실리를 위하여 형식을 포기한 것이다.

송태종은 그가 황제를 칭한 사실을 모르는 척하고 그를 교지군왕(交趾郡王), 남평왕(南平王) 등, 왕으로 책봉했다. 한족 왕조 특유의 체면을 중시하는 '정신 승리법'이었다. 그 후 송나라 사신들이 전여조에 오면, 여환은 아주 오만하게 행동했다. 때에 따라서는 이런저런 이유를 들어 만나 주지도 않았다.

송나라가 중원과 동남부 지방을 벗어나 북방과 서남방의 광대한 지역으로 영토 확장을 시도한 일은 모두 실패로 끝났다. 따지고 보면 송나라는 송태종 사후에 남송(南宋·1127~1279)이 멸망할 때까지 280여 년 동안 영토 확장은커녕 영토의 절반을 빼앗기고 북방의 기마민족들에게 많은 외침을 당했다.

송나라는 과학이 고도로 발달했으며 중국역사에서 보기 드물게 상업이 발달했고 '중국식 시민사회'가 성숙했음에도 불구하고 왜 개국 초기부터 북방 왕조의 침략을 끊임없이 당하고 강대국의 면모를 보여주지 못했을까. 송나라 319년 역사의 초석을 놓은 송태조와 송태종이 무력보다는 문치주의로 국가를 다스렸으며, 역대 황제들이 두 선황제의 통치이념을 충실히 계승했기 때문이 아닌가 한다.

3. 문치주의를 확립하고 전통문화를 창달하다

당나라가 망하고 송나라가 건국될 때까지 50여 년 동안 중국 전역에서 황제를 자칭하고 국가를 세운 자들은 모두 무인(武人)이었다. 이 반백년의 세월 동안 15개 왕조가 명멸을 거듭했으니 백성들의 삶이 얼마나 비참했을지 충분히 짐작할 수 있다. 대체적으로 무인은 싸움으로 승부를 거는 사람이다. 피비린내 나는 전쟁터에서 승리하면 살고 패배하면 죽는 단순한 '이분법'에 익숙하다. 승리할 수만 있다면 백성의 노동력을 착취하고 고혈을 짜는 일은 다반사이며, 백성 수십만을 사지로 내몰아 비참하게 죽게 해도 승리에 따른 대가로 생각할 뿐이다.

송나라를 건국한 송태조 조광윤도 무인 출신이었지만 전쟁의 지긋지긋한 참화를 피하고 조씨(趙氏) 제국의 번영을 도모하기 위하여 가급적이면 무력이 아닌 문치로써 제국을 경영하고자 했다. 물론 그도 집권 초기에는 주변 국가들에 대한 천조(天朝)의 위엄을 세우고 영토 확장을 목적으로 병사를 일으켜 북벌남정(北伐南征)을 단행했다. 하지만 북벌남정이 절반의 성공으로 끝나자, 송나라 천하를 안정적으로 다스리려면 무(武)보다는 문(文)이 더 중요하다고 생각했다.

송태종이 집권하기 전에는 송나라 건국에 전공을 세운 장수들이 각 지방의 절도사로 파견되어 백성을 다스렸다. 무력을 가진 그들을 제대로 통제하지 못하면 당나라 때처럼 또 어떤 반란이 일어나지 않을까 송태종은 두려워했다. 그들의 세력을 억제하고 국가를 '시스템'으로 운영하기 위해서는 관료조직의 확장이 필요했다. 그는 과거제도만이 가장 공정하고 합리적으로 우수한 인재를 선발할 수 있다고 생각했다. 과거제도는 수(581~618)나라 때 시작되었고, 당나라(618~907) 때 신진 사대부들의 정계 진출의 통로가 되었다.

그런데 이 과거제도가 가장 완벽하게 정비되고 명실상부한 인재의 등용문으로 발전한 시기는 바로 송태종의 통치 기간이다. 송태종은 등극한 지 2개월이 지난 태평흥국 2년(977) 1월에 과거시험을 치른다는 조서를 반포했다.

뜻밖에도 종실의 귀족, 고관대작의 자제 등에게는 응시 기회를 주지 않았다. 그들이 직위를 이용하여 부정한 방법으로 관계에 진출하여 파벌을 조성하는 것을 원천적으로 막기 위한 조치였다. 이와 반면에 재능이 뛰어난 평민이라면 누구나 응시할 수 있게 했다. 이에 따라 전국 방방곡곡에서 유가의 경전을 암송하며 입신양명을 꿈꾸었던 수많은 유생들이 도성으로 몰려와 응시했다. 이 시험에서 500여 명이 합격하는 영광을 누렸다. 송태조 조광윤의 재위 17년 동안 15차례 과거시험을 통해 합격한 인원이 189명이었던 것에 비교하면, 송태종이 얼마나 많은 유생들을 합격시켰는지 알 수 있다.

송태종은 과거시험에 합격한 유생들에게 푸른색 관복과 가죽신 그리고 홀(笏: 고위관리가 임금을 배알할 때 손에 쥐는 의식용 물건)을 친히 하사함으로써 그들이 향후 국가의 중책을 맡을 관리로서 자부심을 가지고 일하게 했다. 또 성대한 연회를 열어 그들의 노고를 치하했으며 합격자마다 돈 20만 관(貫)을 하사했다. 송태종에게 과분할 정도로 은전을 입은 그들은 성적순에 따라 조정과 전국 관아의 고위관리로 임용되었다.

이처럼 송태종이 과거시험을 통해 관리를 대거 선발하여 우대한 것에는 이유가 있다. 첫째, 영토 확장에 따라서 지방을 다스려야 할 관리가 부족했기 때문이다. 둘째, 문인들이 다스리는 국가를 건설하고 싶었다. 송태종은 이른바 "문교(文教)를 흥성시키고 무사(武事)를 억제한다."는 통치이념을 가지고 있었다. 중국 역사상 문인들의 활약이 가장 두드러졌고 상대적으로 무인들의 세력이 약화된 시기가 송나라였던 것은, 최고 통치자의 이러한 생각 때문이 아닌가 한다. 셋째, 개국 초기에 흩어진 민심을 사로잡고 재야에서 입신양명을 꿈꾼 유생들을 '제도권'에 흡수함으로써 국가 발전의 원동력으로 삼고자 했기 때문이다.

결국 송태종의 과거시험을 통한 고위관리 선발은 송나라 이후 역대 왕조뿐만 아니라 조선, 일본, 베트남의 과거제도 시행에도 엄청난 영향을 끼쳤다. 중국에서 마지막 과거시험은 청나라(1636~1912) 광서(光緒) 31년(1905)에 실시되었다. 중국을 기준으로 하면 무려 1,500여 년의 전통을 자랑한다. 우리나라는 조선 고종 31년(1894)에 조선왕조의 마지막 과거시험이 있었다.

송태종은 과거시험을 통해서 뿐만 아니라 유능한 인재라고 소문이 난 자가 있으면 궁궐로 그를 불러들여 친히 문제를 내어 관리로 선발하기도 했다. 하루는 측근들에게 이런 말을 했다.

"벼슬이 없는 선비들 가운데 재능이 뛰어난 자가 고위관리로 추대되는 일을 볼 때마다, 짐은 그의 부모처럼 기쁨을 감출 수 없소."

인재를 아끼는 군주가 아니고서는 이런 말을 할 수 없었을 것이다. 송태종은 신하들의 충언을 진심으로 듣기를 원했다.

"짐이 이전 시대의 역사서를 두루 읽고 난 후, 대체적으로 임금과 신하 사이에 감정이 통하면 도리가 부합한다는 사실을 깨달았소. 따라서 경들은 좋지 않은 일이라도 숨기지 말고 아뢰기 바라오. 언로를 보장하고 경들의 충언을 기꺼이 받아들이겠소. 짐은 온 힘을 다하여 국가를 잘 다스리고 싶소. 경들은 짐의 눈과 귀가 되어주기를 바라오. 만약 짐이 실정을 하면 짐에게 잘못을 일일이 지적해주시오. 짐은 지존이라고 해서 오만하게 행동하여 경들의 충언을 막는 일은 절대 없을 것이오."

문치를 이루기 위해서는 학자들이 학문을 자유롭게 연구하고 치국의 도를 토론하며 이전의 역사를 정확하게 고증하여 역사의 귀감을 얻을 수 있는 관서가 필요하다고 송태종은 인식했다. 당시 도성에는 소문관(昭文館), 집현관(集賢館), 사관(史館) 등 이른바 '삼관(三館)'이 있었다.

소문관은 학자들이 도서를 교정, 출판하고 유생들을 가르치며 조정 제도의 연혁이나 의례의 경중을 살폈다. 집현관은 경전을 간행하고 재야에서 은거하는 있는 유능한 인재를 찾아내어 적재적소에 쓰는 일을 담당했다. 사관은 역사서를 전문적으로 편찬했다. 이 삼관은 당나라 때부터 있었으나 오랜 전란의 와중에서 유명무실한 관서로 전락했다. 태평흥국 2년(977) 송태종은 친히 삼관을 시찰했다. 건물이 쇠락하고 협소한 모습을 보고 탄식했다.

"이렇게 낡고 비좁은 관서에서 어떻게 천하의 모든 서적을 소장할 수 있고, 어질고 뛰어난 인재를 모실 수 있겠는가?"

송태종은 즉시 도성의 명당자리에 새 건물을 신축하게 했다. 친히 내부구조를 설계하고 공사를 감독한 끝에 1년여 만에 궁궐의 전각처럼 화려하고 웅장한 건물이 준공되었다. 삼관에 소장되어 있었던 서적들을 새 건물에 옮긴 후, 기쁨을 감추지 못한 송태종은 친히 숭문관(崇文館)이라고 쓴 편액을 하사했다. 훗날 숭문관에 고금의 수많은 장서가 쌓인 모습을 보고 대신들에게 미소를 지으며 말했다.

"짐은 즉위 직후에 모든 방법을 동원하여 서적을 편찬하고 수집하였소. 이제 장서 수만 권을 소장하게 되었구려. 천고 흥망성쇠의 도리는 모두 저 장서 속에 들어 있소."

숭문관은 전적(典籍), 특히 역사서에서 귀감을 얻어 통치에 반영하는 송태종의 노력이 드러난 산물이었다. 그는 또 즉위 초에 한림학사 이방(李昉), 호몽(扈蒙) 등 학자들에게 『태평어람(太平御覽)』, 『태평광기(太平廣記)』 등의 서적을 편찬하게 했다.

수많은 학자들을 동원하여 6여 년 만에 완성된 『태평어람』 1천 권(卷)은 세상의 모든 일을 수록하고 송나라 이전의 문헌자료를 집대성한 일종의 백과사전이다. 송태종이 하루에 3권씩 읽어 1년여 만에 독파했으므로 책명을 임금이 친히 열람했다는 의미로 『태평어람』으로 바꾸었다고 한다. 송태종의 지적인 호기심과 독서열이 얼마나 강렬했는지 짐작할 수 있다. 하루는 한 대신이 송태종에게 아뢰었다.

"폐하께서는 국정을 돌보시느라 여념이 없는데도 독서에 몰두하시니 옥체를 상하게 하지 않을까 걱정입니다."

송태종이 웃으며 말했다.

"짐은 독서를 아주 좋아하오. 언제나 책속에서 즐거움을 얻을 수 있소. 독서는 유익한 점이 많으니 조금도 피로하지 않소."

송태종은 하루라도 책을 읽지 않으면 답답함을 느낄 정도였다. 침식을 잊고 독서의 즐거움에 빠진 적이 한 두 번이 아니었다. "책을 읽으면 유익하다."는 고사성어, '개권유익(開卷有益)'이 바로 그의 입에서 나왔다.

『태평광기』 5백 권은 한(漢)나라 때부터 송나라 초기에 이르기까지 전해오는 소설, 전기, 야사 등을 집대성한 설화집이다. 재미있고 기이한 수많은 이야기들이 독자로 하여금 무한한 상상력과 호기심을 자극한다. 이 두 서적은 송나라에 이르러 중국 한족의 문화적 정체성을 확립하는 데 중요한 작용을 했다.

이처럼 문치주의를 확립하고 전통문화 창달에 힘쓴 송태종은 오랜 세월부터 중국인의 사유세계를 지배하고 있고 이미 중국의 전통종교가 된 불교에 대해서도 포용정책을 폈다. 개보(開寶) 4년(971)부터 시작하여 태평흥국 8년(983)에 대장경, 『개보장(開寶藏)』이 완성되었다. 훗날 이 방대한 불교경전 전집이 고려로 건너가 그 유명한 『팔만대장경』의 모태가 되었다.

송태종은 또 전란의 와중에 파괴된 불교사원의 중수 공사에도 자금을 아끼지 않았다. 오태산, 아미산, 천태산 등 명산에 있는 대찰들이 다시 화려한 모습을 드러냈다. 이에 개국 초기에는 전국의 승려가 6만 명을 넘지 않았으나, 송태종 시대에 이르러서는 24만여 명이나 되었다. 송태종이 불교를 통해 백성의 마음을 사로잡고 지역 간의 화합을 도모한 덕분이었다.

송태종은 백성의 일이라면 아주 사소한 일도 세심하게 헤아려 처리한 황제였다. 순화(淳化) 4년(993) 변경성 근교에 거주하는 한 농민이 관부로 달려와 억울함을 호소하는 북을 쳤다. 관리들은 그가 무슨 큰 억울함을 당하여 하소연을 늘어놓는 줄 알았다. 조사해보니 겨우 돼지 한 마리를 잃어버렸다는 하찮은 일이었다. 화가 난 관리들은 당장 그를 쫓아냈다. 하지만 이 이야기를 전해들은 송태종은 당장 그 농민에게 돈 1천 냥을 주게 했다. 마침 곁에 있었던 재상이 놀라 어이없는 모습을 한 채 송태종을 물끄러미 바라보았다. 송태종이 말했다.

"이런 사소한 일에 거금 1천 냥을 써서 사건을 마무리하는 일이 웃기는
일일 수도 있소. 하지만 사소한 일도 세심하게 살피는 마음으로 천하를
다스린다면, 천하에는 더 이상 억울한 백성들이 없을 것이오."

송태종은 여느 황제와는 다르게 수렵활동을 좋아하지 않았다. 황제의 수렵은 자신의 절대 권력과 지존을 천하에 드러내는 일종의 통치 행위였다. 그런데 황제가 수렵을 나가면 막대한 자금이 소요되었다. 아울러 그를 수행하는 신하들과 장졸들은 말할 것도 없고, 경기 지역에 사는 수많은 백성들이 노역에 강제로 동원되었다. 단공(端拱) 1년(988) 송태종이 측근 신하들에게 말했다.

"사냥에 빠져서 신세를 망친 제왕들의 어리석음을 경계해야 한다는 옛
사람들의 충고를, 짐은 항상 마음에 새겨두고 있소. 지금부터 관아에서
시기에 맞게 의례를 행하는 행사 이외에는 경기 지방에서 어떤 수렵 활
동도 금지하겠소."

어명에 따라 오방(五坊: 황제의 수렵 활동에 필요한 새, 사냥개 등을 기르는 관서)에서 기르는 새매, 사냥개 등 짐승들을 모두 풀어주게 했다. 몇 년 후 요나라의 침략을 격퇴한 명장 절어경(折御卿)이 초원에서 잡은 날랜 새매 여러 마리를 송태종에게 바쳤다. 그는 송태종이 크게 기뻐할 거라고 생각했으나 예기치 않게 핀잔을 듣고 그것들을 모두 풀어주어야 했다.

송태종은 재위 21년 만인 지도(至道) 3년(997)에 향년 58세를 일기로 붕어했다. 송태조 조광윤이 송나라를 세웠지만, 송나라의 제도와 문물을 정비하고 주변 국가들과의 영토 분쟁을 해결함으로써 문명대국으로 발전할 수 있는 발판을 마련한 황제는 송태종 조광의였다. 그는 기본적으로 천성이 어질고 학문을 숭상하며 백성을 사랑하는 군주였다.

영국의 유명한 역사학자 아놀드 조셉 토인비(Arnold Joseph Toynbee · 1889~1975)는 생전에 이런 말을 남겼다.

"내가 세상을 선택할 수 있다면, 나는 중국의 송나라에서 살고 싶다."

송태종 때부터 발전한 송나라의 문치주의와 인문정신을 흠모하여 나온 얘기일 것이다. 하지만 중화인민공화국의 건국자 모택동(毛澤東 · 1893~1976)은 송태종을 이렇게 혹평했다.

"이 사람(송태종)은 병법을 몰랐기 때문에 애초부터 거란의 적수가 될 수 없었다. 나중에 싸우기만 하면 번번이 패배했다. 거란군은 싸울 때마다 송나라 군사를 내륙의 깊숙한 곳으로 유인하여 일시에 섬멸하는 전략을 택했는데도, 송나라 사람들은 끝까지 패배의 원인을 깨우치지 못했다."

송태종이 군대의 일에 대하여 익숙하지 않은 것은 사실이지만, 문무를 겸비하고 천재적 군사전략가라는 소리를 들었던 모택동의 오만한 평가이다. 송태종은 적어도 모택동과는 다르게 자국의 '인민' 수천만 명을 굶어죽이지는 않았다. 대체적으로 문인들은 송태종을 높이 평가하는 반면에, 무인들은 그에게 낮은 점수를 준다. 송나라에 대한 역사적 평가도 마찬가지이다.

송나라 역대 황제 평전

3

| 제3장 | **송진종 조항**

제3장

송진종 조항

1. 성장 과정과 황위 계승

3대 황제 송진종(宋眞宗) 조항(趙恒·968~1022)은 송태종 조광의의 셋째아들로 태어났다. 원래 이름은 조덕창(趙德昌)이었다. 나중에 조원휴(趙元休), 조원간(趙元侃)으로 두 번 개명했다가, 지도(至道) 원년(995)에 태자로 책봉된후 또 조항으로 개명했다. 조항의 생모는 원덕황후(元德皇后) 이씨(李氏·944~977)이다. 이씨는 건주방어사 이영(李英)의 딸이다. 송태조 조광윤은 이씨가 용모가 아름답고 품성이 착하다는 얘기를 듣고 그녀를 진왕 조광의의 비빈으로 삼게 했다.

송태종의 첫 번째 부인은 숙덕황후(淑德皇后) 윤씨(尹氏)이다. 그런데 윤씨는 자식을 낳지 못하고 젊은 나이에 세상을 떠났다. 두 번째 부인 의덕황후(懿德皇后) 부씨(符氏·942~975)도 윤씨처럼 자식을 낳지 못하고 죽었다. 두 황후는 모두 사후에 황후로 추증되었지, 살아생전에 황후로 책봉된 것은 아니었다.

세 번째 부인 명덕황후(明德皇后) 이씨(李氏·960~1004)는 송태종이 즉위할 때 황후로 책봉되었다. 따라서 송태종 시대의 명실상부한 국모는 명덕황후였다. 그런데 그녀도 아들복이 없었다. 그녀가 낳은 아들은 태어난 지 얼마 안 되어 요절했다.

네 번째 부인이 바로 송진종을 낳은 원덕황후 이씨이다. 원덕황후는 송태종의 장남 조원좌(趙元佐·965~1027)의 생모이기도 하다. 송태종의 둘째 아들 조원희(趙元僖·966~992)의 생모에 대해서는 남아있는 기록이 없는 것으로 보아, 미천한 후궁 출신이 아닌가 한다.

어쨌든 조항은 셋째아들이었으므로 황위 계승의 영순위가 아니었다. 그는 어렸을 적에 대단히 영특하고 통솔력이 뛰어났다. 어린 귀공자들과 전쟁놀이를 할 때면 언제나 '원수(元帥)'를 자칭하고 진두지휘했다. 9세 때 생모 원덕황후 이씨가 세상을 떠났다. 송태종은 생모를 잃은 조원좌와 조항을 불쌍하게 여기고, 당시 친자식이 없었던 명덕황후 이씨에게 양육하게 했다.

순화(淳化) 5년(994) 조항은 26세의 나이에 수왕(壽王)으로 책봉되었고 아울러 개봉부윤(开封府尹)에 제수되었다. 개봉부윤은 오늘날의 '서울시장'과 같은 중책이었다. 인구 100만이 넘는 개봉부를 다스리는 일은 쉽지 않았다. 백성들의 크고 작은 송사(訟事)가 끊이질 않았다. 조항은 매사를 공평무사하고 엄정하게 처리하여 억울함을 호소하는 백성은 거의 없었다. 그의 선정 덕분에 개봉부의 감옥이 텅 빈 적이 여러 번 있었을 정도였다. 셋째아들의 지도력을 높이 평가한 송태종은 자주 그를 궁궐로 불러들여 포상을 내리고 격려했다.

조항이 이처럼 탁월한 정치적 능력을 발휘하여 송태종의 총애를 받고 있었더라도 '차기 대권주자'는 아니었다. 송태종의 장남이자 조항의 친형,

조원좌가 황위 계승을 준비하고 있는 태자였기 때문이다. 더구나 그는 영민하고 외모가 아버지를 빼다 박았을 뿐만 아니라 무술도 뛰어나 송태종의 총애를 독차지했다. 조원좌는 장남이며 능력이 출중했으므로 차기 황제는 따 놓은 당상이라는 것을 누구도 믿어 의심하지 않았다.

태평흥국 7년(982) 위왕 조정미(趙廷美·947~984)가 모반을 획책했다는 사건이 터졌다. 조정미는 송태조와 송태종의 친동생이었다. 송태조가 송나라를 건국할 때 송태종과 함께 많은 전공을 세운 개국공신이기도 했다. 송태종은 황위를 계승한 후 정통성을 확보하기 위해 이른바 '금궤의 동맹'을 내세웠다. 이는 송태종과 재상 조보가 날조한 얘기라고 조정미는 확신했다. 진실을 감추기에 급급했던 송태종은 조정미의 불만을 달래기 위해 은밀히 그에게 말했다.

"내가 세상을 떠나면 자네가 황위를 계승해야 한다고, 어머님 두태후와 친형 송태조께서 말씀하셨다. 그러니 자중자애하길 바란다."

조정미는 둘째형의 말을 철석같이 믿고 때를 기다렸다. 하지만 '대권'이 어찌 말 한 마디로 결정되겠는가? 송태종은 조정미를 점차 멀리하기 시작했다. 황제의 변심을 눈치 챈 조정미도 측근들에게 여러 차례 불만을 토로했다. 당시 개봉부윤이었던 조정미의 저택에 수상한 사람들이 드나들고 있다는 소문이 삽시간에 퍼졌다. 급기야 조정미가 이심을 품고 있다는 얘기가 흘러나왔다. 사실 그는 송태종의 처사에 불만을 품었지만 자기 세력을 끌어 모아 황위 찬탈을 노릴 정도로 담력이 세고 용감한 인물이 아니었다.

송태종은 사실 여부를 따지지도 않고 즉시 조정미를 서경유수(西京留守)로 강등시켜 은인자중하게 했다. 졸지에 도성에서 쫓겨난 조정미는 서경

(西京: 지금의 하남성 낙양)에서 거주하면서 병부상서 노다손(盧多遜)에게 서찰을 보내 자신의 억울함을 호소했다. 노다손도 그를 동정하는 서찰을 보냈다.

그런데 노다손은 평소에 송태종을 황제로 추대하는 데 결정적인 공을 세운 재상 조보와 사이가 나빴다. 두 사람 간의 은밀한 권력투쟁이 일어 났다. 조보는 정적 노다손을 제거하고자 조정미와 노다손이 역모를 꾸미 고 있다고 모함했다.

송태종도 이 틈에 동생을 정치적으로 제거하기로 결심했다. 차마 그 를 죽이지 못하고 파직한 후 위왕(魏王)에서 부릉현공(涪陵縣公)으로 강등시 켰다. 나중에 조정미는 방주(房州: 지금의 호북성 방현·房縣)에서 우울증을 앓다 가 죽었다. 노다손도 애주(崖州: 지금의 해남도 삼아·三亞)로 쫓겨나 그곳에서 죽 었다. 모반죄를 범한 자는 구족(九族)을 멸하는 것이 왕조 시대의 잔혹한 전통이었으나, 송태종은 그렇게 하지 않았다. 어쩌면 그도 조정미와 노 다손이 억울한 누명을 썼다는 사실을 알고 있었기 때문에 두 사람을 귀양 보내는 일로 사건을 마무리했는지도 모른다.

어쨌든 위왕 조정미의 모반음모 사건으로 조정에 평지풍파가 일어났 을 때, 뜻밖에도 태자 조원좌가 숙부 조정미의 누명을 벗겨달라고 상소했 다. 숙부는 역모를 꾸미지 않았으며 간신들의 모함을 받아 누명을 썼다고 송태종에게 아뢰었다. 태자는 아버지가 숙부를 제거하기 위하여 재상 조 보의 음해를 모른 척하지 않았을까 의심했다. 송태종은 태자의 간곡한 청 원을 거절했지만 마음속으로는 그의 정직한 성품을 좋아했다.

옹희(雍熙) 원년(984) 서인(庶人)으로 강등된 조정미가 37세의 나이에 방 주에서 우울증을 앓다가 죽었다는 소식이 도성에 전해졌다. 그런데 단 한 사람, 조원좌만이 통곡했다. 비정한 아버지 때문에 숙부가 억울하게 죽었 다고 분개했다. 아버지에 대한 증오가 정신질환으로 변했다. 점차 이성을 잃고 미친 행동을 했다. 발작증세가 나타나면 칼로 시종들을 찔러 죽이는 만행도 저질렀다. 송태종은 큰 충격을 받았다. 전국의 명의들을 동원하여 태자를 치료하게 했다. 태자의 병세가 조금 호전되는 기미를 보이자, 송태종은 대사면을 반포할 정도로 기뻐했다.

옹희 2년(985) 음력 9월 9일 중양절(重陽節)을 맞이하여 황궁에서 대연회를 베풀었다. 당연하게도 태자는 황제를 모시고 축하행사에 참석해야 했다. 하지만 송태종은 태자의 병이 아직 완쾌되지 않았다고 생각하여 태자를 부르지 않았다. 대연회가 끝난 후 여러 왕들이 태자의 거처를 지나갔다. 조원좌가 말했다.

"너희들은 모두 황상께서 베푸신 연회에 참석했구나. 황상께서 나만 부르시지 않으셨으니 나를 버리신 게 분명하구나."

그날 밤 조원좌는 고주망태가 되도록 술을 마셨다. 또 광기가 발동했다. 동궁에 불을 질렀다. 삽시간에 동궁이 화염에 휩싸였다. 궁인들이 자다 말고 일어나 황급히 진화하여 큰 화를 면했지만, 송태종의 분노가 하늘을 찔렀다. 즉시 조원좌를 생포하여 중서성(中書省)으로 끌고 가서 심문하게 했다. 발작 증세가 원인이었다.

송태종은 눈물을 머금고 태자를 평민으로 강등한 후 균주(均州: 지금의 호북성 단강구·丹江口)로 귀양을 보냈다. 조원좌는 이렇게 태자의 자리에서 밀려났다. 훗날 조항이 등극한 후 조원좌는 다시 복권되었다. 조원좌는 천성(天聖) 5년(1027) 향년 62세를 일기로 사망할 때까지 종실의 어른으로서 부귀영화를 누렸다. 동생 송진종 조항이 친형 조원좌가 황제로 등극하지 못한 울분을 달래 준 것이다.

조항에게는 또 이복형 조원희가 있었다. 성격이 과묵하고 외모가 준수했다. 개봉부윤과 시중의 직책을 겸직하고 있었던 5년 동안 정사(政事)

에 어떤 과오도 없었다. 송태종은 그를 각별히 총애했다. 조원희도 제왕
감으로 손색이 없었다. 하지만 평소에 몸이 병약했었던 그는 순화(淳化) 3
년(992)에 겨우 26세의 나이에 후사를 남기지 못하고 세상을 떠났다. 송태
종은 둘째아들의 요절에 얼마나 비통했던지 날이 밝을 때까지 통곡하기
도 했다. 죽은 둘째아들을 태자로 추증(追贈)하고 그를 그리워하는 시, 「사
망자시(思亡子詩)」 한 수를 친히 지어 대신들에게 보여준 것을 보면, 그의 둘
째아들에 대한 사랑이 얼마나 지극했는지 알 수 있다.

송태종의 장남 조원좌는 폐서인되었고 차남 조원희는 요절했기 때문
에, 셋째아들 조항이 자연스럽게 태자의 물망에 올랐다. 지도(至道) 원년
(995) 조항은 27세의 나이에 태자로 책봉되었다. 지도 3년(997) 2월 송태
종이 병석에 누워 일어나지 못했다. 어의의 극진한 처방도 효과가 없었
다. 며칠 후 송태종이 혼수상태에 빠졌다. 그의 일거수일투족을 관찰하
고 있던 환관 왕계은(王繼恩)이 황제의 침전을 장악하고 음모를 꾸미기 시
작했다.

왕계은은 단순한 환관이 아니었다. 송태조 시대에 남정(南征)에 참군하
여 황제의 주목을 받았다. 조광의를 황제로 추대하는 일에도 막후에서 활
약했다. 순화 2년(991)에 검남서천치안사(劍南西川治安使)였을 때는 사천 지방
에서 대촉왕(大蜀王)을 자칭하고 반란을 일으킨 이순(李順·?~995)을 토벌한
공로가 있었다. 그는 환관임에도 지략과 병법에 뛰어난 능력을 발휘했다.
송태종은 그에게 선정사(宣政使), 순주방어사(順州防御使) 등의 고위관직을 하
사하고 정무와 군사의 업무를 맡겼다.

왕계은은 태자 조항을 폐위하고 정신질환에 걸려 폐서인된 조원좌를
허수아비 황제로 추대해서 조정의 실권을 장악하고 싶었다. 참지정사 이
창령(李昌齡), 전전도지휘사 이계훈(李繼勳), 지제고(知制誥) 호단(胡旦) 등이 왕
계은에게 동조했다.

명덕황후 이씨도 똑똑한 조항보다는 미치광이 조원좌가 황위를 계승해야 만이 자기가 섭정할 수 있다고 생각하여 은밀히 왕계은을 지원했다. 그들은 송태종이 붕어하면 즉시 태자 조항을 폐위하고 장남 조원좌를 태자로 복위시켜 황위를 계승하라는 가짜 유지(遺旨)를 반포할 계획이었다.

재상 여단(呂端)은 송태종의 병세가 심각하다는 얘기를 듣고 만세전의 어탑으로 달려갔다. 송태종 주위에는 왕계은과 명덕황후 이씨만 있었을 뿐, 마땅히 송태종을 간병해야 하는 태자 조항이 보이지 않았다. 여단은 왕계은이 명덕황후 이씨와 짜고 궁정정변을 도모하고 있다고 판단했다. 황급히 중서성으로 돌아온 그는 손에 쥐고 있는 홀(笏: 조정 대신이 임금을 배알할 때 손에 쥐던 물건)에 '대점(大漸)' 두 글자를 쓰고 그것을 측근을 통해 태자 조항에게 전달하게 했다. 대점이란 임금의 병세가 대단히 위독하다는 뜻이다. 송태종이 임종 직전에 이르렀으니 빨리 입궁하라는 의미였다.

마침내 송태종이 붕어했다. 명덕황후 이씨는 왕계은에게 중서성으로 가서 가짜 유지를 전하게 했다. 여단은 즉시 왕계은을 체포하고 중서성의 누각에 가둔 후 만세전으로 달려와 명덕황후 이씨에게 이치를 따졌다. 태자 조항이 황위를 계승하는 것이 붕어하신 송태종의 분명한 뜻이며, 더구나 아무런 잘못도 없는 태자를 폐위하는 행위는 종묘사직을 위태롭게 할 뿐이라고 주장했다. 이미 궁정정변이 실패로 끝났음을 직감한 명덕황후 이씨는 아무 말도 하지 못했다.

송진종 조항은 송태종이 붕어한 직후인 지도 3년(997) 29세의 나이에 이런 평지풍파를 겪고 3대 황제로 등극했다. 송진종은 즉위한 후 명덕황후 이씨를 황태후로 추대했다. 그녀가 자신을 폐위하려고 한 음모에 가담한 사실을 알고 있었지만 모른 척했다. 오히려 그녀를 위해 웅장하고 화려한 만안궁(萬安宮)을 지어 그녀가 자신을 키워 준 은혜에 보답했다. 경덕(景德) 원년(1004) 명덕황후 이씨가 44세의 나이에 세상을 떠났을 때, 조항은 너무 슬퍼하여 혼절할 정도였다. 정변의 주모자였던 왕계은은 균주(均州)로 귀양을 가서 여생을 마쳤다. 송진종의 성품이 어질지 않았다면, 그는 참수형을 당했을 것이다.

2. 함평 연간의 짧은 번영기를 이루다

송진종 조항은 즉위한 후 다음 해부터 연호를 함평(咸平)으로 정했다. 그는 아버지 송태종 조광의를 닮아서인지 학문을 숭상한 군주였다. 그가 지은 「여학편(勵學篇)」 한 수를 감상해보자.

부자는 기름진 전답을 살 필요 없다네   富家不用買良田

책속에는 온갖 곡식이 있기 때문이네   書中自有千種粟

편안히 거주하려면 높은 집을 지을 필요 없다네   安居不用架高堂

책속에는 황금옥이 있기 때문이네   書中自有黃金屋

외출할 때 시종이 없음을 원망하지 마오   出門莫恨無人隨

책속에는 수레와 말이 떨기처럼 많기 때문이네   書中車馬多如簇

아내를 취할 때 좋은 중매쟁이가 없음을 원망하지 마오   娶妻莫恨無良媒

책속에는 백옥처럼 아름다운 규수가 있기 때문이네   書中自有顏如玉

남자가 평생 품은 뜻을 이루고자 한다면   男兒欲遂平生志

창문을 바라보며 육경을 열심히 읽어야 한다네   六經勤向窗前讀

육경은 『시경』, 『서경』, 『예기』, 『주역』, 『악경』, 『춘추』 등 유가의 선비가 반드시 공부해야 하는 경전 여섯 권이다. 공자가 정리하고 편찬했다고 한다. 『악경』은 진시황제 시대에 일어난 분서갱유 때 소실되었다고 한다. 육경은 과거(科擧)의 주요한 시험과목이었다. 남자가 입신양명하려면 반드시 육경을 암송하여 과거에 급제해야 했다.

『여학편』의 주제는 아주 간단하다. 사내라면 모름지기 학문에 매진하여 과거급제해야 만이 온갖 부귀영화를 누릴 수 있다는 것이다. 송진종의 인생관이 잘 드러나 있는 평범한 시이다. 황제가 이런 생각을 가지고 있었으니, 수많은 유생들이 과거시험에 얼마나 많은 열정을 쏟았는지 짐작할 수 있다.

송진종은 공자의 제자 안회(顔回) 등 10명에게는 공작(公爵), 증삼(曾參) 등 62명에게는 후작(侯爵), 선진(先秦) 시대의 유생 좌구명(左丘明) 등 19명에게는 백작(伯爵)을 추증함으로써 숭유(崇儒) 사상을 고양했다. 이는 자연스럽게 문인과 관료 위주의 통치체제로 완성되었으며 아울러 문치가 성행하는 풍조가 조성되었다.

송진종은 문인과 관리를 우대했지만 그들에게 요구한 조건도 아주 엄격했다. 그가 친히 지은 「문무칠조(文武七條)」에 이런 내용이 있다.

"첫째, 청심(淸心)이다. 마음을 평온하게 하고 사물을 대해야지, 자신의 희로애락의 감정으로 정사(政事)를 좌지우지해서는 안 된다. 둘째, 봉공(奉公)이다. 공평하고 정직해야 하며 청렴결백해야 한다. 셋째, 수덕(修德)이다. 인덕으로 사람을 복종시켜야지 권세로 사람을 탄압하면 안 된다. 넷째, 실무(實務)이다. 허황된 명성을 탐하지 마라. 다섯째, 명찰(明察)이다. 백성의 사정을 세심하게 살펴야지 가혹한 세금과 형벌로 불공정한 일을 자행해서는 안 된다. 여섯째, 근과(勤課)이다. 정사와 농업에 힘써야 한다. 일곱째, 혁폐(革弊)이다. 각종 폐단을 제거해야 한다."

오늘날의 공직자들이 반드시 지켜야 할 규범으로 삼아도 전혀 손색이 없는 내용이다. 송진종은 백성들의 고통을 진심으로 헤아린 군주였다. 함평 원년(998) 4월 오래 전부터 백성들이 납부하지 못한 조세를 일률적으로 면제한다는 조서를 반포했다. 이에 따라 감옥에 갇힌 체납자들을 모두 석방하게 했다. 그는 3년 후에 조세감면 조치가 제대로 시행되었는지, 아울러 백성들에게 어떤 혜택을 주었는지 관리들에게 정확하게 조사하여 보고하게 했다.

전국 각지의 백성들이 면제를 받은 조세가 엽전 1천여만 관(貫), 곡식 1천여만 석(石), 포목 1천여만 필(匹), 은자 1천여만 냥(兩) 등에 달했다. 송진종은 또 조세를 못내 감옥에 갇힌 자들을 7일 동안 친히 조사한 후 2,600여 명을 석방하게 했다. 채무를 면제받은 가난한 백성들이 무려 260여만 명에 달했다. 함평 4년(1001) 윤월(閏月) 하북 지방에 대기근이 발생했다. 송진종은 즉시 부역을 감면하고 구휼미를 풀어 이재민을 구했다.

송진종이 선정을 베풀 수 있었던 배경에는 과거제를 통해 관계에 진출한 재상 이항(李沆)의 보필이 있었다. 이항은 송진종에게 황제가 먼저 근검절약의 모범을 보여야 만이 관리들이 사치 풍조에 물들지 않고 위민 정치를 펼 수 있다고 주장했다. 그는 또 사람을 알아보는 능력이 대단히 뛰어나 수시로 젊고 유능한 인재들을 등용하여 국정에 새바람을 일으켰다. 훗날 그는 이른바 '성상(聖相)'이라는 영예를 얻었다. 성상이란 최고의 인덕과 지혜로 황제를 보필한 재상을 뜻한다.

어진 임금과 현명한 신하가 합심하여 위민정치를 하면 자연스럽게 국고에 재화가 넘쳐나고 백성들의 삶이 윤택해지기 마련이다. 송나라는 함풍 연간(998~1003)에 이르러 산업이 크게 부흥했다. 도시를 중심으로 방직, 도자기, 제지 산업뿐만 아니라 주변국과의 무역도 활발했다. 이 시기에 섬라(暹羅: 오늘날의 태국)에서 품질 좋은 안남미 종자가 들어와 농업생산량이 폭발적으로 증가했다. 국토 면적과 자원 그리고 인구는 당나라에 비해 크게 미치지 못했지만, 조세수입은 당나라보다 일곱 배나 많았다.

함풍 4년(1001) 9월 송진종은 농가의 추수 현장을 살펴보기 위하여 도성 밖으로 행차했다. 연도에서 황제의 행렬을 지켜본 백성들은 만세를 부르며 감격했다. 그는 자신이 오랫동안 꿈꾸었던 국태민안이 어느 정도 실현된 모습을 보고 기뻐했다. 황제 등극 초기부터 끊임없이 요나라의 침략에 시달리면서 전쟁보다는 타협으로 외침을 극복하고자 했던 이유는, 만백성의 어버이인 황제로서 백성들이 편안하게 생업에 종사하고 풍요로운 삶을 보장해주기 위한 강한 책임감을 가지고 있었기 때문이다.

3. 요나라의 침략을 저지하고자 전연의 동맹을 맺다

송나라는 건국 초기부터 북방에서 요나라의 세력을 몰아내고 전략적으로 대단히 중요한 연운 16주를 수복하고자 전력을 다했다. 하지만 태평흥국 4년(979) 5월 북한을 멸망시킨 송태종 조광의가 여세를 몰아 요나라로 진격했다가 대패를 당한 후로부터는 오히려 요나라의 끊임없는 침략에 시달렸다. 요나라의 기병은 수시로 송나라의 변경 지방을 유린하여 수많은 재물을 약탈하고 포로로 잡힌 백성들을 요나라로 끌고 가서 노예로 부렸다. 송나라 조정의 대신들은 요나라 군사가 침입했다는 첩보가 들어올 때마다 방어와 공격은커녕 황제를 모시고 피난길에 오를 궁리만 했다.

요나라 건형(乾亨) 4년(982) 요경종(遼景宗) 야율현(耶律賢·948~982)이 붕어했다. 그의 장남 요성종(遼聖宗) 야율륭서(耶律隆緖·972~1031)가 10세의 어린 나이에 황위를 계승했다.

요경종의 황후이자 요성종의 생모인 태후 소작(蕭綽·953~1009)이 실질적으로 요나라를 통치했다. 그녀는 통치 능력이 대단히 뛰어난 정치가였다.

야율사진(耶律斜軫), 야율휴가(耶律休哥), 야율륭운(耶律隆運) 등 명장들을 중용하여 요군을 최강의 군대로 양성했다. 또 전국을 상경(上京), 동경(東京), 남경(南京), 중경(中京) 등 4경(京) 중심의 행정체제를 완성하여 제국의 면모를 갖추었다. 요나라의 부국강병을 이룬 소태후는 송나라를 침략할 구실을 찾기 시작했다.

요나라 통화(統和) 22년(1004) 가을 소태후와 요성종은 와교관(瓦橋關: 지금의 하북성 웅현·雄縣 구남관·舊南關)을 수복한다는 명분으로 대군을 이끌고 남침했다. 선봉장 소달름(蕭撻凜)이 이끈 정예기병이 파죽지세로 수성(遂城), 정주(定州), 운주(雲州) 등 전략적 요충지를 연이어 공략했다. 송나라 장수 왕선지(王先知)와 운주관찰사 왕계충(王繼忠)이 필사적으로 저항했으나, 두 사람 모두 포로로 잡히는 치욕을 당했다.

송나라 조정이 충격에 빠졌다. 북방의 방어선이 무너지면 도성 변경도 안전을 장담할 수 없었다. 요나라 기병이 얼마나 용감하고 잔인한지 누구보다 잘 알고 있었던 송진종은 도성을 포기하고 남쪽으로 천도하고 싶었다. 참지정사 왕흠약(王欽若)은 승주(升州: 지금의 남경·南京), 추밀부사 진요수(陳堯叟)는 익주(益州: 지금의 성도·成都) 천도를 각각 주장했다. 조정 대신들이 천도 문제로 설왕설래하고 있을 때, 재상 구준(寇准·961~1023)이 송진종에게 호소했다.

"누가 폐하를 대신하여 천도 계획을 세우고 있습니까? 마땅히 그의 죄를 물어 참수형으로 다스려야 합니다. 지금 폐하께서는 위엄과 무력을 겸비하셨으며, 장수들과 문신들은 일치단결하고 있습니다. 만약 폐하께서 친히 군사를 거느리시고 출정하신다면, 적들은 폐하의 위엄에 놀라 저절로 달아날 것입니다. 폐하께서 친히 출정하실 수 없다면 기묘한 계책을 내어 적의 음모를 차단하고 성을 굳건하게 지켜서 적을 지치게 한 뒤에 역공을 펴면 승산이 있습니다. 그런데 어찌하여 폐하께서는 종묘 사직을 버리시고 머나먼 초(楚) 지방, 촉(蜀) 지방 등으로 떠나시려고 합니까? 적들이 민심이 이반한 틈을 타서 내지 깊숙이 쳐들어온다면, 어찌 송나라 천하를 보전할 수 있겠습니까?"

송진종은 문약했으나 시시비비는 가릴 줄 아는 군주였다. 구준의 거듭된 간청에 친히 대군을 거느리고 출전하기로 결심했다. 사실 송진종은 싸움에는 문외한이었다. 그럼에도 구준이 그에게 친정(親征)을 단행하라고 조언한 까닭은 황제로서 위엄을 보이고 솔선수범하면 군사와 백성의 사기가 크게 올라 전황을 유리하게 이끄는 데 큰 도움이 된다고 생각했기 때문이다. 만약 황제가 도성을 버리고 달아났다는 소문이 전국의 방방곡곡에 퍼지면 송나라는 제대로 한 번 싸워보지도 못하고 망할 것이라고 보았다. 황금갑옷을 입은 송진종이 장졸들 앞에 등장하자, 장졸들은 모두 만세를 부르며 기뻐했다. 구준의 예상대로 송나라 군사의 사기가 하늘을 찔렀다.

구준은 양사(楊嗣), 양연랑(楊延朗) 등 요나라와의 싸움에서 승리를 거둔 적이 있었던 장수들에게 희망을 걸었다. 같은 해(1004) 11월 양군은 정주(定州), 삭주(朔州), 영주(瀛州) 등지에서 일진일퇴의 치열한 공방전을 벌였다. 요나라의 주력군이 덕청(德淸: 지금의 하남성 청풍현·淸豊縣)을 공략한 후, 전주(澶州: 지금의 하남성 복양·濮陽)를 포위 공격했다. 송나라 장수 이계륭(李繼隆)이 성 안에서 결사 항전했다.

송나라와의 싸움에서 한 번도 패배한 적이 없었던 요나라의 명장, 소달름은 아무리 맹공을 가해도 전주성을 함락하지 못하자 초조한 마음을 감출 수 없었다. 기병 수십 명만 대동하고 전주성 아래를 시찰했을 때, 송나라 장수 장환(張環)이 쇠뇌로 쏜 화살에 맞아 즉사했다. 송나라 침략의

송나라 역대 황제 평전

선봉에 선 소달름이 전사하자, 요나라 장졸들은 크게 동요하기 시작했다. 소태후는 그의 죽음에 충격이 얼마나 컸던지 5일 동안 조회를 열지 않고 그를 추모했다.

송진종은 요나라 군사가 전주성 포위를 풀은 틈을 타서 성안으로 들어갔다. 구준은 송진종에게 성루로 올라가 장졸들을 격려하게 했다. 황제의 모습을 본 성안의 군민들은 모두 만세를 부르며 감격의 눈물을 흘렸다. 황제가 전주성에서 친히 장졸들을 지휘하여 침략군을 물리쳤다는 소식을 들은 인근의 백성 10여 만 명이 전주성으로 몰려와 결전의 의지를 불태웠다. 그 동안 수세에 몰려있었던 송나라 군사는 일시에 사기가 충천했다.

한편 소태후는 공성(攻城) 여부를 놓고 깊은 고민에 빠졌다. 송나라 내지로 너무 깊숙이 들어와 보급로가 차단되지 않을까 두려워했다. 원래 요나라 군사는 유린한 지방에서 보급품을 약탈하는 것이 전통이었다. 하지만 송나라 백성들이 모두 달아나 현지 약탈이 쉽지 않았다. 만약 후방에서 송나라 군사에게 일격을 당하면 고립무원의 처지에 빠질 수 있었다. 소태후는 아주 영리하고 현실적인 여자였다. 싸움에 승산이 없으면 과감하게 물러날 줄 알았다.

포로로 잡힌 송나라 장수 왕계충은 소태후의 이런 마음을 간파하고 송나라와의 화의를 건의했다. 그는 이미 변절하여 소태후의 마음을 사로잡고 있었다. 가려운 곳을 대신 긁어주는 모양이었다. 소태후는 송진종에게 사자를 보내 화의를 청했다. 송진종은 기쁨에 겨워 덩실덩실 춤을 추고 싶은 심정이었다. 즉시 숭의부사 조이용(曹利用)에게 담판을 준비하게 했다.

그런데 재상 구준이 강하게 반발했다. 원정길에 지친 요나라 군사의 보급로를 차단하고 역공에 나서면 섬멸할 수 있으므로 이 천재일우의 기회를 절대 놓쳐서는 안 된다고 주장했다. 하지만 송진종은 하루라도 빨리 전쟁을 끝내고 싶은 마음뿐이었다. 대신들도 마찬가지였다. 그들은 구준이 무리수를 두고 있다고 비난했다. 구준이 전방을 지키고 있는 장수들에게 자꾸 싸움을 독려하는 행위가 군권을 장악하려는 의도라고 모함했다. 송진종은 구준을 의심하지 않았으나 화의를 주장하는 대신들과 한통속이 되었다. 외톨이가 된 구준은 자신의 의견을 철회하는 수밖에 없었다. 송진종은 사신으로 떠나는 조이용에게 당부했다.

"거란(契丹)의 남하는 토지를 빼앗으려는 목적이 아니라 단지 재물을 얻고자 함이오. 삼관(三關: 와교·瓦橋, 익진·益津, 어구·淤口) 이남 지역은 아주 오래 전부터 중국의 영토에 귀속되었으므로 절대 거란에게 양보해서는 안 되오. 한나라 때 선우(單于)에게 옥과 비단을 준 이야기를 참고하기 바라오."

한나라(漢·기원전 202~서기 220) 때 북방의 기마민족, 흉노족은 끊임없이 한나라의 변경 지방을 침입했다. 대체적으로 그들은 땅을 빼앗고자 침략한 게 아니고 중원 지방의 엄청난 물자를 약탈하기 위해서였다. 흉노족의 호전성과 야만성에 공포를 느낀 한나라의 역대 황제들은 그들의 왕, 선우에게 온갖 재물을 하사함으로써 전란을 피했다.

삼관 이남은 오늘날의 하북성 지역이다. 송진종은 한나라 황제들이 그랬던 것처럼 요나라(거란)에 공물을 바치고 영토를 지키고 싶었다. 요나라의 만행에 비분강개한 조이용이 말했다.

"저들이 토지를 빼앗고자 탐욕을 부린다면, 신은 절대 살아서 돌아오지 않겠습니다."

송진종은 그의 비장한 각오에 감동했다. 조이용은 적진으로 들어가 소태후를 접견하고 협상을 시작했다. 송진종의 예상과는 다르게, 소태후는 삼관 이남 지역의 소유권을 강하게 주장했다. 그 후 양측은 서로 사신을 여러 차례 파견하여 치열한 언쟁을 벌였다. 영토만 지킬 수 있다면 거액의 돈을 주는 것도 아깝지 않다고 생각한 송진종은 조이용에게 말했다.

"거란이 토지 할양을 요구하지 않으면 거금을 주어도 무방하오."

조이용이 황제가 생각하는 거금이 얼마인지 물어보자, 송진종은 즉시 대답했다.

"협상이 여의치 않으면 100만 냥을 주기 바라오."

구준이 두 사람의 대화 내용을 전해 듣고 조이용을 조용히 불러 말했다.

"황상께서 100만 냥을 주겠다고 약속했지만, 만약 30만 냥을 넘으면 내가 당신의 목을 자르겠소."

조이용도 목숨을 걸고 담판을 짓겠다고 맹세했다. 경덕(景德) 2년(1005) 1월 양측은 우여곡절 끝에 합의에 도달할 수 있었다. 그 내용을 요약하면 이렇다.

"송나라와 요나라는 형제국가이다. 현재 요성종은 나이가 어리므로 송진종을 형으로 칭한다. 후세에는 나이를 기준으로 형, 동생을 칭한다. 송나라와 요나라는 백구하(白溝河: 하북성에서 발해만으로 흘러들어가는 강)를 경계로 삼는다. 요나라는 수성(遂城) 및 탁주(涿州), 영주(瀛州), 막주(莫州) 등 삼주(三州)를 송나라에 양보하며 양국은 군대를 철수한다. 향후 도적이나 범인이 국경을 넘어 달아나면 양국은 서로 숨겨주지 않는다. 양국 국경 지역의 성읍(城邑)은 예전처럼 각자 소유하며 더 이상 새로운 성곽을 건설하지 않는다. 매년 송나라는 요나라 군대에서 필요한 비용으로 은 10만 냥과 비단 20만 필을 제공한다. 양국은 변경 도시에 각장(権場: 거란, 여진과 무역을 하는 시장)을 설치하고 무역을 시작한다."

조이용이 돌아와 기쁜 마음으로 알현을 청했다. 황제를 보필하고 있던 한 시종이 그에게 물었다.

"거란에게 얼마를 주기로 약속했습니까?

조이용은 아무 말도 하지 않고 손가락 세 개를 펼쳐 보였다. 30만 냥이란 뜻이었는데 시종은 3백만 냥으로 착각했다. 시종의 보고를 받은 송진종은 깜짝 놀라 말했다.

"너무 많은 금액구나! 조이용에게 100만 냥 이상은 안 된다고 했는데……."

진노한 송진종은 조이용을 만나자마자 심하게 꾸짖었으나 30만 냥이라는 사실을 알고 순식간에 기쁜 표정을 지으며 말했다.

"겨우 30만 냥으로 거란 군사를 물러나게 했다고? 대단한 능력이야, 경은 참으로 일을 잘 처리했구나!"

양국은 전주(澶州: 지금의 하남성 복양·濮陽. 당시 전연군·澶淵郡이라고 칭하기도 했다.)에서 이른바 '전연(澶淵)의 동맹'을 맺고 25년 동안 지속된 전쟁을 끝낼 수 있었다. 송나라가 요나라에 보낸 공문에는 "대송황제(大宋皇帝)가 대거란황제(大契丹皇帝) 각하에게 삼가 맹세문을 보낸다."라는 표현이 있다. 이는 송진종이 중원의 황제들이 언제나 야만인 취급을 했던 거란의 군주를 자신과 동급으로 인정했다는 의미이다.

송나라는 영토를 지켰지만 해마다 요나라에 막대한 세폐(歲幣)를 바치는 굴욕을 당했다. 종묘사직을 수호하기 위한 어쩔 수 없는 선택이었다. 요나라는 이 시기부터 송나라와 대등한 지위를 확보했으며, 1125년에 여진족 완안아골타(完顏阿骨打·1068~1123)가 세운 금(金·1115~1234)나라에 멸망을 당할 때까지 북방의 명실상부한 최강자로 군림했다.

송진종이 돈으로 산 '평화'는 그 후 100여 년 동안 송나라 번영의 밑바탕이 되었으나, 송나라로 하여금 지나치게 문치주의에 빠지게 하여 국방력을 약화시킨 후과를 낳았다.

4. 동봉서사: 인생 말년에 봉선의식에 빠져 재정을 낭비하다

송진종이 요나라와 전연의 동맹을 맺은 근본적인 이유는, 그가 성격적으로 전쟁을 싫어했고 백성을 전쟁의 참화에 빠지게 하여 망국의 길로 가는 비극을 막기 위해서였다. 그는 요나라와 전연의 동맹을 맺은 이후부터 더 이상 요나라의 침략 위협에 시달리지 않고 내치에 전념할 수 있었다. 농업이 천하의 근본이라는 사실을 한시도 잊지 않았다. 농민이 많은 농작물을 거두어들여야 배불리 먹고 살 수 있으며, 잉여 농산물로 세금을 납부하면 국가의 재정이 튼튼해지는 '선순환구조'를 이해하고 있었다.

경덕(景德) 3년(1006) 송진종은 지방의 고위관리들에게 '권농사(勸農使)' 또는 '권농(勸農)'이라는 별도의 직함을 수여함으로써 농민들의 농사를 적극적으로 돕게 했다. 또 농업에 관한 전문법규인 「경덕농전편칙(景德農田編敕)」을 지어 널리 반포하게 했다. 이러한 일련의 중농정책은 곡물 생산량의 증가로 나타났다. 당나라 때 1 무(畝: 1무는 대략 667㎡)당 2석(石: 송나라 때 1석은 대략 59㎏)에 불과했던 생산량이 송진종 시대에는 3석으로 늘어났다.

송진종은 백성들의 삶이 예전에 비해 크게 윤택해진 모습을 보고 기쁜 마음을 금할 수 없었다. 사형을 언도 받은 사형수조차도 함부로 죽이지 말라는 어명을 내렸을 정도로, 심성이 어진 군주였다. 또 궁녀들의 처지를 동정하여 궁궐에서 꼭 필요한 인원을 제외하고는 사가(私家)로 돌아가게 했다. 그는 근검절약이 몸에 배어 있었다. 관부의 창고에 쌓아놓은 양식을 잘못 관리하여 조금이라도 손실을 입힌 관리가 있으면 엄중하게 문책했다. 송진종의 인덕과 지도력을 칭송하지 않는 백성은 없었다.

송진종은 자기가 천하를 잘 다스려 태평성대가 도래했다는 자부심을 가졌다. 특히 전연의 동맹이 천조(天朝)의 자존심을 상하게 했으나 결과적으로 싸우지 않고 요나라의 침략을 막은 올바른 선택이었다고 생각했다. 재상 구준의 계책을 따른 게 천만다행이었다. 구준 같은 충신이 자신을 보필하고 있으니 더 바랄 나위가 없었다. 태평성대를 이룬 성취감에 도취되었다.

지추밀원사 왕흠약(王欽若)은 남의 공적을 자신의 것으로 가로채고 충직한 신하를 모함하는 데 능수능란한 자였다. 또 아부를 잘하여 송진종의 환심을 사고 있었다. 그는 자신의 상관인 재상 구준을 모함하여 쫓아내고 싶었다. 어느 날 왕흠약은 송진종의 자존심을 건드리는 말을 했다.

"요나라와 동맹을 맺은 일은 『춘추(春秋)』에서 언급한 성하지맹(城下之盟)

이옵니다. 제후들은 이런 동맹을 치욕으로 생각하는데도, 폐하께서는 오히려 공적으로 생각하시니 신은 마음속으로는 받아들일 수 없습니다."

『춘추』에서 나오는 '성하지맹'이란 도성의 성(城) 아래까지 적군의 공격을 받아 어쩔 수 없이 적과 굴욕적인 강화를 맺었다는 뜻이다. 천조의 송나라가 오랑캐 요나라의 침공에 굴복하여 동맹을 맺은 것은 참으로 치욕적인 일인데도 어찌하여 황제, 당신은 부끄러움을 모르냐는 뜻이었다. 사실 그가 이런 무례한 말을 한 까닭은 요나라와의 협상에서 공을 세운 구준에게 '성하지맹'의 책임을 물어 그를 쫓아내려고 한 의도에서 나왔다. 송진종이 너그러운 군주가 아니었다면, 당장 왕흠약을 내쳤을 것이다. 그는 처량한 표정을 짓고 말했다.

"그러면 어떻게 해야 좋겠소?"

왕흠약은 송진종이 평소에 군사를 일으키는 일을 좋아하지 않음을 잘 알고 있었다. 그래서 일부로 황제의 뜻에 어긋나는 말을 했다.

"폐하께서 군사를 일으키시어 유연(幽燕: 지금의 북경, 천진, 하북성 일대)의 땅을 되찾으시면 치욕을 씻을 수 있사옵니다."

송진종이 말했다.

"북방에 거주하는 백성들이 이제 겨우 징집에서 면제되어 생업에 종사하고 있는데도, 짐이 어찌 또 군사를 동원하여 그들에게 고통을 줄 수 있겠소? 다른 방안을 생각해보시오."

송진종은 백성의 안위를 진심으로 걱정해서 이런 말을 했다. 왕흠약이 말했다.

"오직 태산에서 봉선의식을 거행해야 만이 온 세상의 백성들을 복종시킬 수 있으며 외국에 천자의 위엄을 과시할 수 있습니다. 하지만 자고이래로 봉선은 하늘이 내린 상서로운 조짐이 나타난 연후에 비로소 거행할 수 있는 지극히 성스럽고 드문 의식입니다. 따라서 어찌 하늘이 내린 상서로운 조짐이 쉽게 나타나겠습니까? 옛날에는 대체적으로 사람의 힘으로 상서로운 조짐을 나타나게 했습니다. 오직 군주가 상서로운 조짐이 나타났다고 굳게 믿고 그것을 숭배하여 천하에 널리 알린다면, 하늘이 내린 상서로운 조짐과 다를 바 없을 것입니다."

지금의 산동성 태안시에 있는 태산은 한족이 가장 숭배하는 신령스러운 산이자, 오악(五岳) 가운데 독존(獨尊)이다. 중국 고대의 제왕들은 태산에서 천신(天神)과 지신(地神)에게 제사를 지내는 봉선 의식을 일생일대 최고의 영광으로 간주했다. 진(秦)에서 청(淸)에 이르는 2,300여 년 동안 진시황제 영정(嬴政), 한무제 유철(劉徹), 한광무제 유수(劉秀), 당고종 이치(李治), 당현종 이륭기(李隆基), 송진종 조항 등 제왕 6명만이 친히 등정하여 이 장엄한 의식을 거행할 수 있었다.

그런데 봉선은 하늘이 내린 상서로운 조짐이 나타나야 거행할 수 있다. 천명(天命)을 받은 천자가 하늘에서 내린 천서(天書)를 받아야 한다. 천서는 하도(河圖)와 낙서(洛書)를 지칭한다. 하도는 심오한 천문(天文) 현상을, 낙서는 하늘과 땅 사이의 변화와 조화를 그린 그림이다. 따라서 천서는 삼라만상의 비밀을 밝힌 도서라고 할 수 있다.

왕흠약은 송진종에게 하늘이 상서로운 조짐을 내릴 때까지 기다리지 말고 사람의 힘으로 상서로운 조짐을 나타나게 하여 봉선의식을 거행하자고 설득했다. 쉽게 말해서 자기가 천서를 조작하겠다는 얘기였다. 그가 태산에서 봉선의식을 거행하자고 주장한 이유는 송진종의 허영심을 만족시켜줌으로써 재상 구준을 몰아내고 자신이 재상의 자리를 차지할 속셈이었다.

송진종은 한참을 생각하더니 왕흠약의 건의를 받아들이겠다고 말했다. 사실 예전에 송진종이 자기 비위를 잘 맞추는 왕흠약에게 슬며시 이런 말을 한 적이 있었다.

"어젯밤 꿈속에서 한 신인(神人)을 만났소. 그가 짐에게 '내가 너에게 태산(泰山)에서 천서(天書)를 하사겠노라.'고 말했소. 짐은 무슨 뜻인지 모르겠소."

왕흠약은 이미 송진종이 마음속으로 무엇을 원하고 있는지 정확하게 꿰뚫고 있었다. 그래서 서둘러 봉선의식을 거론한 것이다. 그런데 송진종은 대쪽 같은 성품을 지닌 동중서문하평장사 왕단(王旦)이 반대하지 않을까 걱정이었다. 왕흠약이 말했다.

"신이 폐하의 성지(聖旨)를 그에게 알아듣게 설명하면, 그도 감히 반대하지 못할 것입니다."

왕흠약은 왕단을 찾아가 왜 봉선을 거행해야 하는지 설명했다. 왕단은 황제가 봉선에 집착하고 있다는 사실을 알고 마지못해 왕흠약의 결정에 따르는 수밖에 없었다. 송진종은 왕단이 반대하지 않을 것이라는 얘기를 듣고 그를 별도로 불러 함께 술을 마시며 말했다.

"이 술은 천하의 제일가는 미주(美酒)이오. 경이 이 술항아리를 가지고 가서 처와 함께 마시도록 하오."

왕단은 집으로 돌아와 술항아리를 열어보니 진귀한 보석이 가득 들어 있었다. 송진종은 혹시라도 왕단이 반대하지 않을까 걱정하여 보석으로 매수한 것이다. 얼마 후 왕흠약이 날조한 『천서재강상서도(天書再降祥瑞圖)』가 송진종에게 봉헌되었다. 송진종은 이것을 보자마자 연호 경덕(景德)을 대중상부(大中祥符)로 바꾸게 했다.

'대중(大中)'은 지나침도, 부족함도 없는 중정(中正)의 도(道)를 가리키며, '상부(祥符)'는 하늘에서 내린 상서로운 부적이라는 뜻이다. 쉽게 말해서 황제가 천하를 잘 다스려서 하늘에서 상서로운 부적을 내려주었다는 의미이다. 송진종이 '자아도취'에 빠졌음을 알 수 있다.

대중상부(大中祥符) 원년(1008) 10월 송진종은 문무백관과 시종들을 거느리고 동쪽 태산으로 출행했다. 황제를 뒤따르는 행렬이 수십 리에 달했으며, 의식에 필요한 각종 도구와 장식품을 가득 실은 수레가 일렬로 연이어진 모습이 장관을 이루었다. 지나가는 길마다 수많은 백성들이 연도에 몰려와 거대하고 웅장한 황제의 행차를 보며 만세를 외쳤다. 도성을 떠난 지 17일 만에 태산에 도착했다. 산 아래에서 3일 동안 재계(齋戒)한 후 태산의 주봉인 옥황정(玉皇頂)에 올라가서 천신(天神)에게 제사를 지냈다. 또 다음 날에는 태산 자락의 사수산(社首山)에서 지신(地神)에게 제사를 지냈다.

송진종은 태산신(泰山神)을 천제인성제(天齊仁聖帝)로, 태산의 여신(女神)을 천선옥녀벽하원군(天仙玉女碧霞元君)으로 책봉했다. 또 친히 「등태산사천서술이성공덕지명(登泰山謝天書述二聖功德之銘)」이라는 긴 제목의 명문(銘文)을 지어 태산의 덕성암(德星岩)에 새기게 했다. 자기가 천명을 받아 천하를 태평성대로 이끈 위대한 업적을 자화자찬한 내용이다.

송진종은 봉선을 거행할 만큼 위대한 업적을 남긴 군주는 아니었지만, 어쨌든 태산에서 봉선의식을 거행한 최후의 황제가 되었다. 그는 동쪽으로 행차한 김에 태산에서 가까운 공자의 고향 곡부(曲阜)로 가서 공자를 숭배하는 제사를 지내고 현성문선왕(玄聖文宣王)으로 추증했다.

송진종이 도성을 떠나 태산에서 봉선의식을 거행하고 곡부에서 공자에게 제사를 지낸 이 일련의 장엄하고 거대한 의식을 '동봉(東封)'이라고 한다. 그는 이 시기에 초심을 잃고 도교의 신선사상에 매료되었다. 자기가 도교의 조사(祖師) 황제(黃帝)와 노자(老子)를 잘 섬기면 그들처럼 장생불사할 수 있다고 믿었다.

송진종이 신기하고 상서로운 일을 좋아한다는 소문이 전국 각지에 퍼졌다. 송진종에게 도교의 비전(祕傳)을 전하거나 거짓으로 상서로운 일을 꾸며 아룀으로써 출세하려는 자들이 들끓었다. 어떤 자는 하늘이 송진종의 선정(善政)에 감동하여 또 천서(天書)를 내려 보냈으므로 봉선의식을 재차 거행해야 한다고 주장했다. 걸핏하면 천서가 발견되었다는 소식이 궁궐에 끊이질 않고 전해졌다. 임금과 신하뿐만 아니라 일반 백성들도 모두 천서 찾기에 혈안이 되었다.

대중상부 4년(1011) 송진종은 또 분음(汾陰: 지금의 산서성 만영현·萬榮縣)으로 행차하여 토지의 신 후토(后土)에게 제사를 지낸 후 천하에 대사면을 반포했다. 도교에서 천계(天界)를 주재하는 신을 옥황대제(玉皇大帝), 지계(地界)를 관장하는 신을 후토라고 칭한다. 옥황대제는 남자신이며 후토는 여성신이다. 후토는 음양을 관장하고 만물을 양육하므로 '대지의 어머니'라고 칭하기도 한다. 송진종이 후토에게 제사를 지낸 것을 '서사(西祀)'라고 칭한다.

이른바 '동봉서사(東封西祀)'는 송진종이 도교의 교리에 따라 천신(天神)과 지신(地神)에게 봉선의식을 거행한 것을 말한다. 그는 유교와 불교를 동시에 선양하는 정책을 펼친 군주였다. 그렇지만 마음속으로는 도교를 숭배했다. 불로장생을 추구하는 도교는 미신의 요소가 강했지만 황제의 장생의 욕망을 만족시키고 초법적 지위와 절대적 위엄을 꾸미는 데 더없이 좋은 종교이다. 중국의 역대 황제들 가운데 도교의 이러한 마법에 걸려들어 몸을 망친 자가 부지기수였다.

송진종은 인품이 어질고 능력이 뛰어난 군주였다. 요나라와 불평등조약인 전연의 동맹을 맺은 까닭도 백성의 안락한 삶을 보장해주기 위해서였다. 하지만 '오랑캐'의 나라 요나라에 당한 굴욕을 극복하기가 쉽지 않았다. 그는 중국 역대 황제들 특유의 '정신 승리법'인 봉선의식으로써 치욕을 씻었다. 인생 말년에는 오로지 천지의 신에게 제사를 지내고 도교의 사원을 건축하는 일로 세월을 보냈다. 엄청난 재원이 소요되었다.

일례로 대중상부 2년(1009) 황궁 밖에서 옥청소응궁(玉淸昭應宮)을 지으면서 백은 1억 냥을 썼다. 당시 송나라 2년 조세 수입에 해당하는 엄청난 금액이었다. 금과 은으로 장식한 건물이 2,610동(棟)이나 되었다. 진시황이 지은 아방궁보다 훨씬 크고 호화로웠다고 한다. 국고에 쌓아놓은 재화가 점차 고갈되었으며, 백성들의 부역이 가중되었다. 전국 각지에서 백성들의 원성이 자자했다.

대중상부 연간(1008~1016) 이후, 송진종은 젊었을 때 민생고를 살피던 송진종이 아니었다. 왕흠약(王欽若), 정위(丁謂), 임특(林特), 진팽년(陳彭年), 유승규(劉承珪) 등 이른바 '오귀(五鬼)'의 감언이설에 속아 국정을 내팽개치고 도교의 신선사상에 빠져들었다. 인생 말년에 이르러서는 정신분열증에 시달렸다. 더 이상 정무를 관장할 수 없을 정도로 병세가 악화되었다. 장헌명숙황후(章獻明肅皇后) 유씨(劉氏)가 남편을 대신하여 정사를 돌보았다.

천희(天禧) 2년(1018) 중추절 송진종의 여섯째 황자 조정(趙禎·1010~1063)이 태자로 책봉되었다. 그가 곧 4대 황제 송인종(宋仁宗)이다. 건흥 원년(1022) 2월 송진종은 황궁의 연경전(延慶殿)에서 재위 25년, 향년 54세를 일기로 붕어했다. 원나라 말기의 유명한 정치가 탈탈(脫脫)은 『송사(宋史)』에서 송진종을 이렇게 평가했다.

"송진종은 영리한 군주였다. 그가 처음 황위를 계승했을 때 재상 이항(李沆)은 황제가 너무 총명하여 반드시 인위적인 일을 많이 벌일 것이라고 걱정했다. 따라서 이항은 여러 차례 천재지변을 아룀으로써 황제의 사치를 좋아하는 마음을 억눌렀다. 이는 송진종의 앞날을 예견한 것이었다. 요나라와 전연의 동맹을 맺은 이후에는 봉선의식이 흥기했다. 또 상서로운 징조가 연이어 나타났으며, 천서(天書)가 하늘에서 여러 차례 내려왔다고 했다. 그럴 때마다 송진종은 그것들을 장중하게 맞이하고 성대한 제사를 지냈다. 온 나라의 군주와 신하들은 모두 이런 행위를 광적으로 거행하였다. 참으로 괴상한 일이었다."

송진종이 전연의 동맹 이후에 봉선의식을 자주 지냈으며 도교의 술법에 빠져 기이한 일을 행한 것에, 탈탈은 아주 부정적인 평가를 내렸음을 알 수 있다. 조금도 틀리지 않은 평가이지만, 이는 어디까지나 송진종 인생 후반부에 대한 부정적 인식일 뿐이다. 적어도 그는 백성의 안위를 진정으로 걱정했으며 선정을 펴고자 노력한 어진 군주였다.

| 제4장 | 송인종 조정

제4장

송인종 조정

1. 출생 비밀과 황위 계승

송진종 조항의 첫 번째 부인은 북송 초기의 명장 반미(潘美)의 여덟 번째 딸, 장회황후(章懷皇后) 반씨(潘氏·968~989)이다. 그녀는 조항이 즉위하기 전에 사망했으며 훗날 황후로 추증되었다. 두 번째 부인은 선휘남원사 곽수문(郭守文)의 둘째딸, 장목황후(章穆皇后) 곽씨(郭氏·976~1007)이다. 그녀는 조항이 즉위한 직후에 황후로 책봉되었으나, 경덕 4년(1007) 31세의 나이에 병사했다. 반씨와 곽씨는 모두 명문가 출신으로서 송진종의 부인이 되었지만 젊은 나이에 사망한 까닭에 부귀영화를 누리지 못했다.

세 번째 부인은 장헌명숙황후(章獻明肅皇后) 유씨(劉氏·969~1033)이다. 그녀는 송진종 사후에 북송을 10여 년 동안 실질적으로 통치한 유명한 여걸이다. 촉(蜀) 지방의 빈천한 가정에서 태어난 그녀는 어렸을 적에 부모를 여의고 외가에서 자랐다. 가무와 악기에 능하여 가녀(歌女)가 되었다. 외가

송나라 역대 황제 평전

친척들이 돈을 받고 그녀를 은세공 장인, 공미(龔美)에게 시집보냈다. 공미는 아내를 데리고 촉 지방을 떠나 도성으로 가서 생계를 도모했다. 그런데 입에 풀칠하기도 어렵게 되자, 아내를 남에게 팔 생각을 했다.

한왕(韓王) 조항(趙恒: 훗날의 송진종)의 측근, 장기(張耆)가 우연한 기회에 예쁘장하게 생긴 유씨가 길거리에서 노래를 부르는 모습에 반했다. 그는 그녀가 조항의 노리갯감으로 손색이 없다고 생각했다. 그녀를 한왕부로 데리고 왔다. 조항은 그녀를 보자마자 마음이 동하여 시녀로 삼았다. 유씨는 간드러진 노랫가락과 현란한 춤사위로 조항을 유혹했다. 조항이 즉위한 후에 정사품(正四品)에 해당하는 미인(美人)으로 책봉되었다.

유미인은 온갖 교태를 부려 송진종의 마음을 사로잡았다. 그녀는 하루가 멀다 하고 시침을 들었다. '용'의 씨앗을 받아 황자를 낳으면 황후의 자리도 엿볼 수 있었다. 하지만 유미인은 아무리 방사(房事)의 비법을 써도 임신조차 되지 않았다. 선천적인 불임이었다. 그녀는 수시로 사찰에 가서 부처님께 황자를 점지해달라고 간절하게 기도했으나 효과가 없었다.

어느 날 유미인은 사찰에서 용모가 반반하고 공손한 비구니, 이씨(李氏·987~1032)를 우연히 만났다. 이씨에게 무슨 사연이 있었기에 머리를 깎고 비구니가 되었냐고 물었다. 자기는 항주(杭州) 사람이며 관리 집안에서 태어났는데 어린 나이에 부모를 여의고 출가했다고 대답했다. 유미인은 그녀를 궁궐로 데리고 들어와 시녀로 삼았다.

경덕 4년(1007) 장목황후 곽씨가 병사했다. 유미인에게는 황후로 책봉될 수 있는 절호의 기회였다. 송진종의 품속에서 아양을 떨며 자기를 황후로 책봉해달라고 간청했다. 송진종도 황후의 자리를 마냥 비워둘 수 없다는 이유를 들어, 그녀를 황후로 책봉하려고 했다. 하지만 구준(寇準), 이적(李迪) 등 조정 중신들이 격렬하게 반대했다. 그녀가 미천한 집안 출신이고 더구나 황자를 낳지 못했기 때문에 황후 책봉은 어불성설이라고 주장했다.

가급적이면 대신들과의 갈등을 피하고자 했던 송진종은 자신의 뜻을 접을 수밖에 없었다. 하지만 유미인은 달랐다. 어떻게 해서라도 황자를 낳아 완고한 대신들의 반발을 무마해야 했다. 이른바 '차복생자借腹生子'의 방법이 생각났다. 다른 여자의 배(자궁)를 빌려 아들을 낳는 방법이었다. 송진종도 흔쾌히 윤허했다. 유미인은 은밀하게 일을 진행했다. 자기가 사찰에서 데려온 이씨가 대상자였다. 이씨는 유미인이 죽으라면 죽는 시늉이라도 할 정도로 그녀에게 순종했다.

이씨는 유미인의 치밀한 계획에 따라 송진종의 씨받이가 되었다. 대중상부(大中祥符) 3년(1010) 5월, 그녀는 마침내 황궁의 은밀한 곳에서 송진종의 여섯째 황자를 낳았다. 송진종은 갓난아이의 이름을 조수익(趙受益·1010~1063)이라고 지었다. 조수익은 여섯째 황자였으나 사실상 장남이었다. 조수익이 태어나기 전에 송진종의 다섯 아들이 모두 요절했기 때문이다. 송진종이 다섯 아들을 잃고 조수익을 얻은 기쁨이 얼마나 컸는지 짐작할 수 있다.

조수익이 바로 4대 황제 송인종(宋仁宗) 조정(趙禎)이다. 송진종은 유미인이 조수익을 낳았다고 선포하게 했다. 생모가 뒤바뀐 상황을 철저하게 비밀에 부쳤다. 산파 역할을 맡은 극소수의 궁녀이외에는 아무도 몰랐다. 설사 진실을 알고 있었더라도 발설하면 멸족의 화를 당할 수 있다는 두려움 때문에 섣불리 혀를 놀리지 못했다.

송진종은 유미인을 덕비(德妃)로, 이씨를 숭양현군(崇陽縣君)으로 책봉했다. 유미인을 황후로 책봉하기 위한 사전 조치였다. 조수익은 유덕비를 생모로 알고 어린 시절을 보냈다. 생모 이씨는 친아들을 먼발치에서 지켜보며 숨을 죽이고 살아야 했다. 친아들을 그리워하는 마음을 조금이라도 드러내면 감당할 수 없는 불행이 닥칠 거라는 두려움이 그녀로 하여금 더욱 전전긍긍하게 했다.

장목황후 곽씨가 병사한지 5년만인 대중상부 5년(1012)에 송진종은 대신들의 반발을 누르고 유덕비를 황후로 책봉했다. 국모가 된 유황후는 비빈들의 위계질서를 바로 잡고 후궁의 사소한 일을 처리하는 데 만족하는 여자가 아니었다. 남편 송진종에게 바른말을 거침없이 했으며 국정현안에 대해서도 자기 의견을 피력하는 데 조금도 주저하지 않았다. 심지어 송진종이 집무를 마친 이후에도, 그녀는 신하들이 올린 주장(奏章)들을 밤 늦도록 일일이 읽어보고 시시비비를 가렸다.

이처럼 유황후가 국정 전반을 좌지우지하자, 조정 중신들은 불안한 기색을 감추지 못했다. 황후가 천하의 일을 간섭하는 것을, 그들은 망국의 징조로 보았다. 송진종도 조씨(趙氏)의 강산이 유황후에게 넘어가지 않을까 두려워했다.

하지만 유황후는 모든 일을 공정하고 정확하게 처리했으며 국정 운영에 조금의 빈틈도 없었다. 더구나 송진종은 날로 몸이 쇠약해져서 그녀에게 의지하지 않을 수 없는 상황이었다. 송진종이 인생 말년에 봉선의식에 빠져있을 때, 송나라는 사실상 유황후가 통치했다.

천희(天禧) 2년(1018) 중추절 송진종의 여섯째아들 조정이 8세의 어린 나이에 태자로 책봉되었다. 당시 그가 유일한 황자였으므로 태자 책봉에 선택의 여지가 없었다. 건흥 원년(1022) 2월 송진종은 황궁의 연경전(延慶殿)에서 재위 25년, 향년 54세를 일기로 붕어했다. 이에 따라 황위 계승권을 가진 태자 조정이 12세의 나이에 즉위했다. 이때부터 황태후가 된 유황태후가 어린 황제를 대신하여 수렴청정을 시작했다.

2. 임조칭제: 유황태후가 수렴청정하다

'임조칭제(臨朝稱制)'란 황제가 너무 어리거나 또는 다른 이유로 국가를 다스릴 수 없을 때, 황태후가 황제를 대신하여 조회(朝會)에 임석하여 황제의 명령을 의미하는 제(制)를 칭한다는 뜻이다. 수렴청정(垂簾聽政)과 비슷한 의미이다.

정위(丁謂)는 충신 구준(寇准)을 모함하여 조정에서 몰아내고 재상의 자리를 차지한 권신이었다. 송진종 붕어 직후에 철부지 황제를 농락하고 권력을 장악했다. 환관 뇌윤공(雷允恭)과 결탁하여 황제의 조서를 조작하는 대담함을 보이기도 했다.

당시 임조칭제를 준비하고 있던 유황태후에게 그는 눈엣가시였다. 섣불리 그를 제거하려다간 오히려 역공을 당할 처지였다. 그녀는 치밀한 여자였다. 정위의 국정농단을 모르는 척하며 은밀하게 친위세력을 구축했다. 실권자를 제거하려면 먼저 그의 과오를 들추어내고 대신들의 지지를 얻어야 했다.

유황태후는 송진종의 황릉을 조성하기 위하여 정위에게 산릉사(山陵使)를 겸직하게 했다. 산릉사는 조정 중신이 겸직하는 일종의 명예직이었다. 황릉공사를 실제로 담당한 부서는 도감(都監)이었다. 일반적으로 도감은 환관이 맡았으므로 환관 뇌윤공이 도감의 직책을 맡았다.

당시 황릉이 들어설 명당자리가 이미 정해져 있었는데도, 뇌윤공은 사천감(司天監) 형중화(邢中和)의 말만 믿고 황릉을 다른 장소에 조성하려고 했다. 봉건왕조 시대에 황릉이 들어설 장소를 결정하는 일은 국가적으로 대단히 중요했다. 만약 풍수가의 잘못된 판단으로 흉지(凶地)에 조성하면 종묘사직이 위태로울 수 있다고 믿었던 시절이었다.

유황태후는 뇌윤공의 아뢰는 말을 듣고 망설였지만, 정위가 뇌윤공의 의견에 동조하자 마지못해 황릉 부지의 이전을 윤허했다. 그런데 땅파기 공사가 시작되자마자, 크고 작은 돌들이 무더기로 나왔으며 심지어 수맥이 드러나 물이 용솟음쳤다. 대신들은 이구동성으로 뇌윤공의 과오를 꾸짖었다. 정위의 정적 예부상서 왕증(王曾)이 정위를 탄핵하는 상소를 올렸다. 그는 유황태후의 임조칭제를 강력하게 지지한 대신었다.

유황태후는 정위를 제거할 기회가 왔다고 판단했다. 조회를 열고 대신들이 지켜보는 가운데 정위의 죄상을 낱낱이 밝히게 했다. 정위를 죽이려고 했지만 대신들의 만류로 삭탈관직하고 머나먼 애주(崖州: 지금의 해남도)로 유배를 보냈다. 환관 뇌윤공은 사약을 마시고 죽었다.

건흥(乾興) 원년(1022) 6월 유황태후는 53세의 나이에 승명전(承明殿)에서 문부백관이 도열한 가운데 정식으로 수렴청정을 시작했다. 철부지 송인종은 그녀의 왼쪽에 앉아 어명을 묵묵히 들었다. 유황태후는 수렴청정을 시작하자마자, 남편 송진종이 인생 말년에 황당무계한 내용이 가득한 천서(天書)에 집착하여 국고를 탕진한 폐단을 바로잡고자 했다. 천서를 모조리 거두어들이게 하고 그것을 송진종의 황릉에 배장한 후, 봉선의식을 더 이상 거행하지 못하게 했다.

송진종의 우유부단한 성격과 신하들에 대한 지나친 관용이 관리들의 업무태만과 부정부패를 일으켰다고 유황태후는 생각했다. 법령을 엄격하게 시행하고 신상필벌을 분명히 해야 만이 이런 병폐를 근절할 수 있었다. 그녀는 법도에 어긋난 일을 아주 싫어했다. 당시 황제가 대신들에게 차(茶)를 하사하는 관례가 있었다. 하루는 차에 용봉(龍鳳)의 장식이 있는 모습을 보고 말했다.

"어찌 신하된 자가 용봉의 장식이 있는 차를 얻을 수 있겠는가?"

용과 봉황은 제왕의 상징이었기 때문이다. 향이 첨가된 경정차(京挺茶)를 만들어 대신들에게 하사하게 했다. 유황태후의 친족에게 궁궐의 음식을 하사할 때도 황실에서 사용하는 그릇을 사용하지 못하게 했다.

"상방(尚方)에서 만든 그릇은 우리 친족의 집안에 들여놓지 마라!"

상방은 제왕이 쓰는 물건을 제조하는 관서이므로 이렇게 말한 것이다. 이처럼 유황태후가 솔선수범하고 여느 황제보다 강한 면모를 보이자, 대신들은 긴장하지 않을 수 없었으며 감히 망령된 행동을 하지 못했다.

천성(天聖) 2년(1024) 유황태후를 지지한 공로로 재상으로 승진한 왕증은 권력의지가 워낙 강한 그녀가 수렴청정이나 하는 황태후로 만족하지 않고 천자의 위엄을 천하에 떨치고 싶어 한다고 생각했다. 적당한 구실을 잡아 그녀에게 곤룡포를 입으라고 권유했다. 곤룡포는 황제만이 착용하는 의복이 아닌가. 그녀는 조정 중신들의 간곡한 청원을 마지못해 윤허하는 방법으로 곤룡포를 몸에 둘렀다. 불만을 품은 신하가 없지 않았지만, 그녀의 위세에 눌려 감히 반대하지 못했다.

유황태후는 당나라(618~907) 때 중국 최초의 여황제로 등극하여 천하를 호령한 무측천(武則天·624~705)에 대해 강한 호기심을 느꼈다. 어쩌면 그녀도 무측천처럼 여황제를 꿈꾸었는지도 모른다. 어느 날 그녀가 간의대부 노종도(魯宗道)에게 물었다.

"당나라 때 무후(武后)는 어떤 군주였는가?"

노종도의 대답은 이러했다.

"그녀는 당나라의 죄인입니다. 종묘사직을 거의 망하게 했지요."

노종도는 강직하고 직언을 서슴지 않는 신하였다. 유황태후의 속마음을 알아차리고 이렇게 말했을 것이다. 행여나 무측천처럼 여황제가 될 생각은 꿈도 꾸지 말라는 간접적인 충고였다. 유황태후는 그의 말을 듣고 아무 말도 하지 않았다. 충신의 간언을 받아들이지 못하는 어리석은 황태후가 아니었다.

그런데 유황태후를 여황제로 추대하여 부귀영화를 누리려는 자들이 있었다. 전중승(殿中丞) 방중궁(方仲弓)이 유황태후에게 무측천의 업적을 자세히 기록하고 유씨의 칠묘(七廟)를 조성해야 한다는 상소를 올렸다. 칠묘는 천자의 종묘가 아닌가. 사실상 유황태후에게 천자로 등극하라는 아부의 극치였다.

태상박사 정림(程琳)도 무측천이 조회(朝會)에서 무릎을 꿇고 있는 대신들에게 조칙을 반포하는 모습을 그린「무후임조도(武后臨朝圖)」를 그녀에게 바쳤다. 유황태후는 회심의 미소를 지었다. 조정 중신들이 반대하지 않으면 밀어붙일 생각이었다. 그녀가 그들의 생각을 넌지시 떠보자, 감히 반대하는 자가 없었다. 하지만 노종도가 또 강하게 반대했다.

"유씨의 칠묘를 세운다면 장차 황위를 계승하는 일은 어떻게 처리하시겠습니까?"

조씨의 송나라에서 유씨가 황위를 절대로 계승할 수 없다는 충고였다. 기분이 상한 유황태후는「무후임조도」를 땅바닥에 내동댕이치고 말했다.

"나는 선황제들을 배신하는 일은 절대 하지 않겠소."

노종도가 또 그녀의 야망을 꺾은 것이다. 어느 날 유황태후와 송인종은 불공을 드리기 위하여 자효사(慈孝寺)로 행차할 준비를 했다. 유황태후는 천자의 어가인 대안련(大安輦)을 타고 송인종의 어가보다 선행하려고 했다. 노종도가 분기탱천했다. 송인종이 아무리 어려도 천자는 천자가 아닌가? 그는 목숨을 걸고 간언했다.

"남편이 죽으면 아들을 따르는 것이 부녀자의 도리입니다."

대신들은 머리를 조아린 채 유황태후의 진노를 예상했다. 뜻밖에도 유황태후는 자신의 과오를 인정하고 즉시 황태후가 타는 가마를 준비하게 했다. 이처럼 노종도라는 충직한 신하가 있었기 때문에 그녀의 야망은 번번이 좌절되었다.

하지만 그녀는 인생 말년에 이르러서도 여황제로 등극하려는 욕망을 여전히 포기하지 않은 것 같다. 그녀가 세상을 떠나기 직전인 명도(明道) 2년(1033) 2월에 천자의 곤룡포와 면류관을 착용하고 태묘에서 송나라의 역대 황제들에게 제사를 지내려고 했다. 예부시랑 설규(薛奎)가 간했다.

"태후께서 천자의 복장을 입는 것은 있을 수 없습니다. 만약 뜻대로 하신다면 어떻게 선황제들을 배알할 수 있겠습니까?"

하지만 유황태후는 끝까지 고집을 꺾지 않았다. 이때는 노종도가 이미 세상을 떠났다. 그녀를 제어할 강직한 신하가 없었다. 마침내 그녀와 대신들의 타협 끝에 곤룡포의 12개 문양 가운데 충효를 상징하는 종이(宗

彝)와 청결을 상징하는 조(藻), 두 문양을 수놓지 않은 곤룡포를 착용하기로 결정했다. 아울러 남자 제왕의 상징인 장검(長劍)을 몸에 지니지 않기로 했다. 유황태후는 태묘 참배를 마친 직후에 향년 64세를 일기로 세상을 떠났다. 그녀의 죽음을 지켜본 송인종은 흐느껴 울며 신하들에게 말했다.

"황태후께서 중병에 걸리셨을 때 아무 말씀도 하지 못하셨소. 그런데 손으로 황태후의 곤룡포를 여러 번 당기셨는데 짐에게 무슨 부탁하실 말씀이 있었던 것 같소. 짐은 그 의미를 모르겠소."

설규가 아뢰었다.

"태후께서 착용하신 천자의 곤룡포를 벗기라는 뜻이었습니다. 그래서 그런 행동을 하셨습니다. 천자의 곤룡포를 입고 어찌 지하에 계신 선황제를 알현할 수 있겠습니까?"

송인종은 크게 깨달은 바가 있어서 유황태후의 시신에 황태후의 복식을 입히고 장례를 치르게 했다. 유황태후는 살아생전에 천자로 등극하여 천하의 진정한 주인이 되고 싶었지만, 당나라의 종묘사직을 없애고 무주(武周·690~705)를 건국한 중국의 유일무이한 여황제 무측천을 추종하지는 않았던 것 같다. 무측천은 자신의 권력 기반을 강화하고 여황제로 등극하기 위하여 조정 중신들은 말할 것도 없고 심지어 친자식들, 며느리들도 닥치는 대로 죽였다. 물론 그녀가 당나라의 번영에 획기적인 공적을 쌓았지만, 인륜과 도덕의 관점에서 볼 때 천하의 악녀였다. 유황태후는 11년 동안 수렴청정을 하면서 어린 송인종을 보필하는 고명대신들에게 이런 말을 했다.

"황제가 정사를 처리하면서 한가한 시간이 생기면, 경들은 학문이 뛰어난 유학자를 초청하여 황제에게 유가의 경전과 역사서를 가르치게 하여서 황제의 어진 공덕을 기르게 해야 하오."

유황태후는 송인종이 성인이 되면 황제의 옥좌를 물려줄 생각에 이런 부탁을 했을 것이다. 사실 송인종은 그녀의 친아들이 아니었다. 권력욕이 강한 유황태후가 흑심을 품으면 얼마든지 그를 제거하고 유씨(劉氏)의 천하를 이룰 수 있었을 것이다. 하지만 그녀는 송인종이 성군이 되기를 진심으로 바랐다.

유황태후가 붕어하기 1년 전인 명도 원년(1032)에 송인종의 생모 이씨(李氏)가 중병에 걸려 병석에서 일어나지 못했다. 얼마 후 유황태후는 그녀가 임종 직전이라는 얘기를 듣고 그녀를 신비(宸妃)로 승격시켰다. 한평생 자기에게 복종한 이씨에 대한 예우였다. 이씨는 책봉된 직후에 향년 45세를 일기로 세상을 떠났다. 참으로 그녀는 불행한 여자였다. 씨받이가 되어 송인종 조정을 낳았지만 공식적으로 조정이 유황태후의 아들이었기 때문에 평생 아들을 먼발치에서 바라만 보고 숨을 죽이고 살다가 생을 마감한 것이다.

유황태후는 이신비의 장례를 궁궐 밖에서 후궁의 장례의식으로 조용히 치르려고 했다. 이씨가 송인종의 생모인 사실이 밝혀지면 엄청난 정치적 혼란이 야기될 게 분명했기 때문이다. 그런데 재상 여이간(呂夷簡)이 유황태후에게 이런 말을 했다.

"궁중의 비빈 한 명이 죽었다는 소문을 들었습니다."

송인종의 생모인 이신비가 세상을 떠났는데, 왜 그녀의 장례식을 격에 맞지 않게 조용히 치르려고 하냐는 얘기였다. 유황태후는 깜작 놀라 말했다.

"재상은 궁중의 일도 간여하는가. 어찌하여 우리 모자 사이를 이간질 하려고 하는가?"

황제의 여자들이 거주하는 육궁(六宮)에서 일어난 일은 황태후가 관장하는 게 법도인데도, 재상이 감히 여자의 일에 간여한다는 불만이었다. 여이간이 대답했다.

"태후께서는 훗날 유씨 일가가 멸족당하는 참상을 원하십니까?"

유황태후의 폐부를 찌르는 직언이었다. 그녀의 사후에 송인종이 친정을 펼칠 때 이신비가 생모라는 사실을 알게 되면, 유씨 일족은 멸문의 화를 당할 수 있다는 섬뜩한 충고였다. 유황태후는 자기가 송인종의 생모가 아니라는 것을 대신들도 이미 알고 있고 있다는 사실에 큰 충격을 받았다. 그녀는 현명한 여자였다. 즉시 이신비를 황후로 예우하고 장례식을 장중하게 치르게 했다.

유황태후가 세상을 떠난 후 송인종이 친정을 시작했을 때 비로소 생모가 이신비라는 사실을 알게 되었다. 송인종은 며칠 동안 조회를 열지 않고 통곡했다. 이신비를 황태후로 추존하고 어머니의 묘를 다시 조성하게 했다. 묘를 이장할 때 황후의 복장을 한 시신이 살아있는 사람처럼 깨끗하고 시신 주위에 부패 방지를 위해 수은을 넣은 모습을 보고 감격했다. 만약 유황태후가 이신비의 시신을 비밀리에 처리했다면, 송인종은 유황태후의 일족에게 어떤 보복을 가했을지도 모를 일이다.

유황태후는 한때 여황제를 꿈꾸었지만 충신들의 충언을 받아들인 현명한 여자였다. 송인종은 유황태후를 진심으로 존경했다. 유황태후 사후에 그녀에게 미움을 받고 쫓겨난 대신들이 조정에 복귀하여 그녀를 격하시키려고 했다. 하지만 송인종은 유황태후에 대한 어떤 비난도 용납하지 않았다. 그녀가 생모는 아니었으나 사리를 분별할 줄 알았고 송인종에게 '대권'을 물려주었기 때문일 것이다.

근대의 역사학자이자 소설가 채동번(蔡東藩·1877~1945)은 유황태후를 이렇게 평가했다.

"유황태후는 한(漢)나라 여후(呂后: 한고조 유방의 황후 여치·呂雉)와 당(唐)나라 무측천의 재능은 있었으나, 여후와 무측천의 사악함은 없었다."

3. 성품이 인자하고 간언을 받아들이며 관용을 베풀다

12세의 나이에 황제로 즉위한 송인종 조정은 유황태후가 붕어한 직후인 명도(明道) 2년(1033), 23세 때 비로소 친정을 시작했다. 유황태후가 수렴청정을 한 11년 동안, 그는 제왕의 수업을 철저하게 받았다. 성품이 워낙 인자하였으며 도량이 넓었고 신하의 간언을 진심으로 받아들였으며 사치를 싫어한 까닭에, 집권 초기부터 이미 성군의 자질을 드러내기 시작했다.

감찰어사 포증(包拯·999~1602)은 성격이 지나치게 강직하여 관리들의 악행을 보면 반드시 척결하였고 공정한 법률 집행으로 백성들의 신망을 한 몸에 받았다. 심지어 황제가 조금이라도 잘못 생각하는 게 있으면, 그의 면전에서 거친 언사를 서슴지 않고 썼다. 그가 직언을 거침없이 퍼부을 때면 침방울이 황제의 얼굴에 튀기도 했다. 신하의 이런 행위는 봉건왕조 시대에 절대 용납할 수 없는 무례였다. 아마 목숨이 열 개라도 살아남기 어려웠을 것이다. 하지만 송인종은 옷소매로 침방울을 닦고 묵묵히 포증의 간언을 새겨들었다.

송인종은 권문세가 출신인 황후 조씨(曹氏·1016~1079)를 싫어하고 미인(美人) 장씨(張氏·?~1028)를 지나치게 총애했다. 장씨에 대한 애정 표현으로 그녀의 큰아버지 장요좌(張堯佐)를 삼사사(三司使)로 임용하려고 했다. 삼사사는 국가의 재정(財政)을 총괄하는 막중한 자리였다. 오늘날의 '기획재정부 장관'에 해당한다.

포증은 송인종이 사적인 감정으로 관직을 하사하려는 결정에 반대했다. 송인종은 포증의 반발을 억누를 자신이 없었다. 고민 끝에 장요좌에게 삼사사보다 직급이 낮은 절도사의 직책을 하사하려고 했다. 그런데 포증이 대신들을 데리고 어전으로 와서 갑론을박을 벌였다. 화가 난 송인종이 말했다.

"경들은 또 장요좌의 일을 거론하고 싶은가. 절도사는 무관(武官)이 아니오? 짐이 그에게 품계가 그다지 높지 않은 무관의 직책을 하사하는 게 무슨 대수란 말이오?"

포증과 전중시어사 당개(唐介)가 이구동성으로 말했다.

"태조, 태종 두 선황제께서 절도사를 역임하지 않으셨습니까? 절도사가 그리 보잘 것 없는 직책은 아닌가 합니다."

송인종은 크게 깨닫고 후궁으로 돌아와 장씨에게 말했다.

"너는 네 백부에게 선휘사(宣徽使)의 관직을 하사하려는 것만 알았지, 포증이 어사인 줄은 몰랐구나."

감찰어사 포증의 반대로 장요좌에게 고위관직을 하사할 수 없다는 뜻이었다. 포증이 그 유명한 포청천(包靑天)이다. 중국역사에서 가장 청렴결백하고 법집행을 공정하게 하여 관리의 표상으로 숭배되는 인물이다. 충신의 직언을 듣고 그를 가까이 하는 송인종이 있었기 때문에 포청천, 당개 등과 같은 유능하고 충직한 관리들이 백성들을 위하여 마음껏 자신의 정치적 포부를 펼 수 있었다.

가우(嘉祐) 연간(1056~1063) 당송팔대가의 한 명으로 유명한 문인이자 정치인, 소철(蘇轍)이 과거에 응시했다. 그는 시험지에 이런 글을 썼다.

"나는 길에서 들었다네. 궁중에는 미녀가 수천 명이며, 황상께서는 하루 종일 음주가무를 즐기며 호화롭고 사치스러운 생활에 빠져 지내고 있다네. 백성들의 고통은 안중에도 없으며, 대신들과 치국(治國)의 도(道)를 논하지도 않는다네."

예나 지금이나 일부 지식인들은 '비판을 위한 비판'을 하는 경우가 많다. 매사를 부정적인 시각으로 평가함으로써 자기의 '지적 우월성'과 고고함을 드러낸다. 소철도 마찬가지였다. 사실이 아닌데도 떠도는 소문을 듣고 황제를 악의적으로 비판했다. 그의 시험지를 읽어 본 시험관들은 분노했다. 황제에게 당장 그를 엄벌에 다스려야 한다고 상주했다. 송인종이 말했다.

"짐이 과거시험을 확대한 목적은 거리낌 없이 말하는 선비들을 등용하기 위해서였소. 소철은 지방의 하급 관리인데도 짐을 나무라는 직언을 하였구려. 특별히 그에게 높은 관직을 하사해야 하오."

송인종이 여느 황제와 같은 군주였다면, 소철은 목이 열 개라도 살아 남지 못했을 것이다. 사천 지방에 한 늙은 유생이 있었다. 입신양명의 뜻 을 품었으나 과거시험에 번번이 낙방하자 불만분자가 되었다. 하루는 그 가 성도 태수에게 시 한 수를 지어 바쳤다. 이런 시구가 있었다. "검문(劍 門: 사천성으로 들어가는 관문)을 끊고 잔교(棧橋)와 누각을 불태워서 성도를 또 다 른 천하로 만들고 싶다네."

성도 태수는 이 반란을 선동하는 시를 읽고 기겁했다. 자칫하다간 구 족이 멸족을 당할 수 있었다. 즉시 그 유생을 잡아 도성으로 압송하게 했 다. 대신들은 대역죄를 지은 그를 참수형으로 다스려야 한다고 말했다. 송인종이 말했다.

"그 늙은 유생이 얼마나 벼슬길에 나가고 싶었으면 그처럼 울분이 가 득한 시를 지었겠소? 그의 죄를 다스리는 것보다는 그에게 벼슬을 내리 는 게 좋겠소."

그 늙은 유생은 사호참군(司戶參軍)에 제수되었다. 송인종은 평생 과거 시험만 보다가 늙어버린 유생들이 있으면 그들을 별도로 불러서 그들의 능력에 맞는 관직을 하사했다. 중국역사에서 송인종처럼 지식인을 우대 한 군주는 아마 거의 없었을 것이다.

어느 날 송인종은 머리가 너무 가려웠다. 곤룡포를 벗지도 않고 황급 히 황제의 머리카락을 손질하는 환관에게 빗으로 머리를 빗게 했다. 환관 들 가운데 황제의 머리를 빗는 직책을 담당한 환관은 일반적으로 황제와 친근했다. 오늘날 대통령과 전용이발사의 관계 같았을 것이다. 환관이 황제의 머리를 빗을 때 곤룡포 안에 상주문이 들어있는 모습을 보고 황제에게 무슨 상주문이냐고 물어보았다. 두 사람이 나눈 대화는 이러했다.

"간관(諫官)이 궁궐의 궁녀와 시종을 줄이라는 상소문이구나."

"대신들은 집안에 많은 하인과 기생을 두고 있습니다. 그들은 품계가 높아지면 더 많은 시종을 거느리려고 합니다. 천하의 주인이신 폐하께서는 시종들이 많지 않은데도 오히려 간관의 요구를 받아들이셔서 시종의 숫자를 줄이시려는 것은 좀 지나친 일이 아닌가 하옵니다."

송인종이 아무 말도 하지 않자, 환관이 또 물었다.

"정녕 폐하께서는 간관의 요구를 윤허하시려고 합니까?"

"간관의 건의이니, 짐은 당연히 받아들여야 하지 않겠느냐?"

환관이 경솔하게 말했다.

"그렇다면 저를 제일 먼저 쫓아내시기 바랍니다."

그는 황제의 총애를 믿고 설마하니 황제가 자기를 쫓아내겠냐는 생각에서 이렇게 마음에도 없는 말을 내뱉었다. 송인종은 즉시 환관의 우두머리를 불러 꼭 필요하지 않는 업무를 맡은 궁인 29명과 그 환관을 궁궐 밖으로 내보내 일반 백성이 되게 했다. 그 환관은 하루아침에 출궁할 수밖에 없었다. 얼마 후 황후가 송인종에게 물었다.

"그 폐하의 머리를 빗어주었던 환관은, 폐하께서 평소에 각별하게 총애하시지 않으셨습니까. 그런데도 어찌하여 쫓아냈는지요?

송인종이 대답했다.

"짐에게 간관의 직언을 받아들이지 말게 한 그를 짐의 곁에 둘 수 없었소."

송인종이 얼마나 간관의 말을 중시했는지 알 수 있는 일화이다. 어느 무더운 여름날 송인종이 시종들을 거느리고 산책을 나갔다. 그런데 그는 자꾸 시종들을 힐끗힐끗 돌아보았다. 시종들은 황제가 왜 그런 행동을 하는지 의아하게 생각했다. 송인종은 내전으로 돌아오자마자 비빈에게 황급히 말했다.

"목이 너무 마르구나. 얼른 물 한 사발을 가져오너라!"

황제가 물을 벌컥벌컥 마시는 모습을 본 비빈이 말했다.

"폐하께서는 산책을 나가셨을 때 어찌하여 시종들에게 물을 가져오게 하지 않으시고 갈증을 참으셨습니까?"

송인종이 말했다.

"짐이 시종들을 여러 번 살펴보니, 그들은 물을 준비하지 않았소. 만약 짐이 왜 물을 준비하지 않았냐고 질책하면 반드시 처벌을 받아야 하는 시종이 있을 것이오. 그래서 갈증을 참고 돌아왔소."

하루는 송인종이 밥을 먹다가 쌀알처럼 생긴 딱딱한 알갱이를 씹어 심한 치아통증을 느꼈다. 자칫하다간 이가 부러질 뻔했다. 곁에서 시중을 들고 있던 궁녀가 너무 놀라 몸을 부들부들 떨었다. 황제의 옥체를 조금이라도 손상시키면 죽음을 면할 수 없는 시대였다. 송인종은 아무 일도 없었다는 듯이 태연자약하며 그 궁녀에게 말했다.

"다른 사람에게 절대로 발설하지마라! 이 번 일로 너의 과실을 추궁하고 싶지 않구나."

이처럼 미천한 사람도 감싸준 황제가 중국역사에서 송인종 이외에 또 있었을까?

송인종은 근검절약이 몸에 밴 황제였다. 어느 날 연회석에서 접시에 담긴 크고 살찐 꽃게를 보았다. 먼 바닷가에서 힘들게 운반한 비싼 꽃게임이 분명했다. 마릿수를 세어보니 무려 28마리나 되었다. 한 마리당 1천 냥의 거금을 주고 구입한 사실을 알고 내심 불쾌한 표정을 지으며 말했다.

"짐이 너희들에게 국고를 낭비하지 말라고 그토록 타일렀는데도 말을 듣지 않았구나. 2만8천 냥이나 되는 꽃게요리를 어찌 먹을 수 있겠느냐."

송인종은 끝내 단 한 마리도 먹지 않았다. 하루는 신하들이 올린 상주문을 밤늦게까지 꼼꼼히 읽고 처리했다. 업무가 어느 정도 마무리될 무렵에 몹시 배가 고팠다. 양고기를 넣어 끓인 탕 한 그릇을 밤참으로 먹고 싶었으나 허기를 참고 잠자리에 들었다. 다음 날 아침 황후가 말했다.

"폐하께서 양고기탕을 드시고 싶으면 수라간의 궁녀에게 음식을 올리라고 말씀하시면 그만인데도, 왜 허기를 억지로 참으셨습니까? 소첩은 폐하의 옥체가 상하지 않을까 걱정입니다."

송인종의 대답은 이러했다.

"천자라고 해서 멋대로 요구하는 것이 있으면 나쁜 관례가 될 수 있소. 짐이 어젯밤에 배가 고파 양고기탕을 먹고 싶었던 것은 사실이오. 궁녀에게 부탁했으면 수라간에서 황급히 양을 잡아 탕을 올렸을 것이오. 그렇지만 황후는 한 번 생각을 해보시오. 천자가 늦은 밤에도 양고기탕을 원한다는 것을 궁녀들이 알게 되면 수라간에서 매일 밤 양을 도축하고 탕을 준비할 게 아니겠소? 일 년이면 수백 마리 양이 도축되고 아울러 적지 않은 비용이 소요될 것이오. 그래서 짐은 차라리 하룻밤의 배고픔을 견디는 게 낫다고 생각한 것이오."

송인종도 황제로서 천하의 산해진미를 마음껏 먹고 사치스러운 생활을 하고 싶었을 것이다. 하지만 그것은 백성의 고통과 희생을 수반할 수밖에 없다는 사실을 깨닫고 있었다. 그가 백성을 진정으로 사랑하지 않았다면, 이런 사려 깊은 행동을 하지 않았을 것이다.

송인종이 세상을 떠나기 얼마 전의 일이다. 중서문하와 추밀원의 대신들이 복녕전(福寧殿)의 서문(西門)에서 송인종에게 정사를 아뢸 때, 황제의 침전을 두른 휘장(揮帳)과 침구(寢具)가 너무 낡아 색이 바랜 모습을 보았다. 오랫동안 새것으로 바꾸지 않았던 것이다. 대신들은 이구동성으로 황제의 처소를 다시 새롭게 꾸미기를 바랐다. 송인종은 재상 한기(韓琦) 등 대신들을 바라보며 말했다.

"짐은 궁중에 거처하면서 언제나 이렇게 검소하게 생활할 뿐이오. 궁중의 물건들은 모두 백성의 고혈을 짜내어 만든 것이오. 어찌 함부로 사용할 수 있겠소?"

조정(趙禎) 사후에 묘호(廟號)를 어질 '인(仁)' 자로 정한 까닭은 바로 그의 애민정신과 어진 정치를 높이 평가했기 때문이다. 훗날 송인종은 '천고인군(千古仁君)'이라는 극찬을 받았다. 아울러 역대 황제들이 가장 본받고 싶은 황제들의 한 명으로 자리매김했다. 청나라 시대에 '건륭성세(乾隆盛世)'를 이끌었던 건륭제 홍력은 자기보다 위대한 군주는 없다고 생각했을 정도로 자부심이 강했다. 그가 한평생 존경한 제왕은 세 명뿐이었다. 그의 조부 강희제 현엽, 당태종 이세민 그리고 송인종 조정이었다. 중국역사에서 송인종보다 어진 황제는 없었던 게 아닌가 한다.

4. 이른바 '인종성치' 시대를 열다

'인종성치(仁宗盛治)'란 송인종 시대에 송나라의 번영을 개괄적으로 표현한 용어이다. 군주가 어질고 근검절약하며 학문을 숭상하고 선정을 베풀면 충신, 올곧은 사대부, 뛰어난 문인, 인재들이 무더기로 쏟아져 나오는 법이다. 송인종 시대가 그랬다.

송인종은 인재양성을 대단히 중요한 국가사업으로 간주했다. 먼저 지화(至和) 2년(1055)에 공자의 적장자손을 연성공(衍聖公)으로 책봉했다. 그 후이 세습 봉호(封號), 연성공은 중화민국 24년(1935)까지 880년 동안 역대 왕조의 흥망과 관계없이 면면히 이어져 내려왔다. 대만에서 거주한 공자의 77대 손자 공덕성(孔德成·1920~2008) 교수가 31대 마지막 연성공이다.

송인종이 공자의 후손을 우대한 것은 유가사상을 국시로 삼고 만천하에 널리 알리는 교육정책을 펴겠다는 의지의 표현이었다. 이에 따라 전국 방방곡곡에 수많은 서원이 설치되었으며 인재양성에 박차를 가했다.

범중엄(范仲淹), 포청천 등 중국역사상 유명한 정치가들이 송인종 시대에 활약했다. 또 중국문학사에서 찬란한 문학적 업적을 이룬 유종원, 한유, 구양수, 소순, 소식, 소철, 왕안석, 증공 등 이른바 '당송팔대가(唐宋八大家)' 가운데 당나라 때의 인물인 유종원과 한유를 제외한 나머지 6명이 모두 송인종 때 활약한 것을 보면, 그 시대가 문화적으로 얼마나 융성했는지 짐작할 수 있다.

송나라 초기에 북방의 최강국은 요나라였다. 요나라는 송나라의 변경 지방을 끊임없이 침략했다. 송나라는 송인종의 부친, 송진종 조항의 집권 기간인 경덕 2년(1005)에 이르러서야 요나라와 전연(澶淵)의 동맹을 맺고 비로소 전쟁의 참화를 피할 수 있었다.

그런데 송인종 시대에 들어와서는 날로 세력을 키운 서하(西夏·1038~1227)가 문제였다. 요나라 성종은 하서(河西) 지방에서 송나라의 세력을 저지할 목적으로 서북 지방의 군벌, 당항족 출신 이계천(李繼遷·963~1004)을 정난절도사로 임명했다. 요나라 통화 8년(990) 이계천은 하(夏)나라 왕으로 책봉되었으며, 하서회랑(河西回廊) 일대를 장악하고 세력을 키웠다.

이계천 사후에 그의 아들 이덕명(李德明·981~1032)이 왕위를 물려받았다.

이덕명은 요나라와 송나라에 스스로 신하를 칭함으로써 두 나라에 복종하는 외교 전략을 폈다. 두 나라와 자웅을 겨루기에는 아직 힘이 부쳤기 때문이다. 그는 토번, 회흘 등 주변 국가의 침략을 물리치고 서역으로 가는 통로를 장악했다.

부친 이덕명의 왕위를 계승한 이원호(李元昊·1003~1048)는 대단한 야심가였다. 송나라와 요나라의 속박에서 벗어나 진정한 황제가 되고 싶었다. 천수예법연조(天授禮法延祚) 원년(1038) 황제를 칭하고 국호를 대하(大夏), 도성을 흥경부(興京府: 지금의 영하회족자치구 은천·銀川)로 정했다. 중국역사에서는 대하를 '서하(西夏)'라고 칭한다. 이원호는 할아버지 이계천을 태조, 아버지 이덕명을 태종으로 추존했다. 황제로 즉위한 직후에 송나라로 사신을 파견했다. 서하 황제의 칙서를 받아 본 송인종은 기가 막혔다.

'신하국의 왕이 감히 황제를 참칭하고 천조(天朝)의 천자와 동등한 대우를 해달라고?'

조정 대신들은 이구동성으로 서하를 정벌해야 한다고 아뢰었다. 서하에서 온 사신 일행을 모조리 처단하고 싶었으나, 서하와의 마찰을 두려워하여 그들을 돌려보냈다. 다만 서하의 왕을 절대 황제로 인정할 수 없다는 입장을 분명히 했다. 아울러 해마다 은 1만 냥, 비단 1만 필, 동전 2만 관 등의 물자를 서하에 하사하던 관례를 없앴다. 또 소금, 가축, 가죽제품 등 서하의 특산물과 식량, 농기구 등 송나라의 생산품을 교역하는 시장을 폐지해버렸다.

서하 백성들에게는 일대 타격이 아닐 수 없었다. 양국 간의 무력 충돌이 불가피했다. 강정(康定) 원년(1040)부터 경력(慶曆) 2년(1042)에 이르는 3년 동안, 두 나라는 삼천구(三川口: 지금의 섬서성 연안·延安), 호수천(好水川: 지금의 영하회족자치구 융덕·隆德), 정천채(定川寨: 지금의 영하회족자치구 고원·固原) 등에서 격렬한 전투를 벌였다. 개전 초기에는 송나라군이 우세했으나, 지루한 공방 끝에 마침내 서하군에게 대패를 당했다.

하지만 서하도 송나라의 봉쇄 전략으로 인해 심각한 물자 부족에 시달렸다. 더구나 서하를 황제국가로 인정하지 않은 요나라와도 심각한 갈등을 빚었다. 궁지에 몰린 이원호는 두 대국을 동시에 대적하기가 너무 벅찼다. 먼저 송나라와 화의를 모색해야 했다. 정예군이 전멸을 당한 송나라도 마다할 이유가 없었다. 유목민 특유의 실리주의와 한족의 체면 의식이 교묘하게 맞아떨어졌다.

경력 4년(1044) 10월 양국은 화의를 맺었다. 이른바 '경력화의(慶曆和議)'이다. 평화조약의 핵심 내용은 이렇다. 서하가 예전처럼 북송에게 신하를 칭하겠다. 다시 말해서 이원호가 황제를 칭하지 않고 송인종을 황제로 모시겠다는 뜻이다. 송인종의 체면을 살려준 파격적인 결정이었다.

그 대신 송나라는 서하에 막대한 경제적 이익을 안겨주어야 했다. 해마다 은 7만 냥, 비단 15만 필, 차(茶) 3만 근을 황제가 신하의 국가에 하사하는 형식으로 서하에 제공했다. 또 각종 명절을 맞이할 때마다 은 2만 2천 냥, 비단 2만3천 필, 차 1만 근을 별도로 하사했다. 이 밖에도 포로로 잡힌 백성들을 교환하였고 국경선을 확정했으며 다시 변경 무역을 시작했다.

하지만 이원호는 송나라의 황제에게 공문을 보낼 때만 신하를 칭했을 뿐이지 서하에서는 여전히 황제 행세를 했다. 송나라의 사신이 서하에 오면 도성으로 들어오지 못하게 했다. 변방의 도시에서 사신 업무를 처리하고 돌아가게 했다. 자기가 송인종의 신하를 칭했다는 사실을 서하 백성들이 눈치 채지 않을까 두려워했기 때문이다. 송나라도 그가 겉으로만 신하 행세를 하고 있었음을 알고 있었으나 모르는 척했다.

천수예법원조 11년(1048) 이원호는 둘째아들 이녕령가(李寧令哥·?~1048)에게 살해당했다. 서하를 북송, 요나라와 병립할 수 있도록 국력을 키웠으나, 의심이 가면 사람을 닥치는 대로 살해했으며 너무 오만방자했기 때문에 친아들에게 살해당한 비극적 최후를 맞이했다.

이 '경력화의'는 중원 한족의 왕조가 북방 유목민족이 세운 왕조에게 침탈을 당했을 때 침략자에게 막대한 경제적 이익을 제공함으로써 황제 국가의 체면을 살리고 변란을 종식시키는 전형적인 방법이었다. 물론 무력으로 주변 국가를 지배했을 때는 '돈'으로 평화를 사지 않았지만, 참패를 당했을 때는 이런 방법으로 국난을 극복했다. 이는 아주 오랜 세월 동안 한족 왕조의 '정신 승리법'으로 굳어지고 말았다.

송인종은 백성들을 전쟁터로 내모는 일을 극도로 경계했다. 백성이 하늘이며 국가의 근본이라는 사실을 한시도 잊지 않았다. 그래서 국태민안을 위해서라면 '야만국'으로 간주한 서하와도 협상을 통해 전쟁을 종식시키고자 했다. 송인종의 이런 애민정신은 참으로 높이 평가할 만하다.

하지만 송나라 개국 초기부터 국방력을 키우지 않고 문치(文治)에 치중했으며 오로지 외교 전략으로써 북방의 왕조를 상대한 것은 훗날 송나라 역사 전체를 통하여 굴욕과 비극으로 점철되는 결과를 낳았다.

어쨌든 송나라는 송인종 시대에 들어와 서하와의 평화조약 덕분에 향후 50여 년 간 외침에 시달리지 않고 번영을 구가한다. 송인종이 통치할 때 송나라의 인구는 이미 1천2백만 호(戶)에 달했다. 북송 시대의 일호(一戶)를 최소 5명으로 계산해도 총 인구가 6천여 만 명에 달했음을 짐작할 수 있다. 이는 중국역사에서 최고의 전성기를 누렸던 당나라 개원(開元) 연간의 8백만 호를 훨씬 초과한다.

역대 한족 왕조는 전통적으로 농업을 중시하고 상업을 억누르는 정책을 폈다. 유가의 올곧은 선비조차도 농업을 천하의 근본으로 보았을 뿐,

활발한 교역을 통한 상업 발전을 중요하게 생각하지 않았다. 심지어 상인은 속임수에 능한 자들이므로 상대하지 말아야 한다고 주장하기도 했다. 따라서 중국 고대 사회는 서구에 비해 상대적으로 상업이 발전하지 못했고, 이에 따라 도시 중심의 시민사회가 형성되지 못했다.

하지만 송인종은 달랐다. 야간 통행금지를 해제하고 시장을 활성화함으로써 백성들의 자유로운 상거래 활동을 보장했다. 또 천성(天聖) 원년(1023)에 사천(四川) 지방의 성도(成都)에서 세계 최초의 종이돈인 교자(交子)를 발행하여 화폐 중심의 경제체제를 구축했다.

개봉부(開封府: 지금의 개봉), 하남부(河南府: 지금의 낙양), 응천부(應天府: 지금의 남경), 대명부(大名府: 지금의 북경) 등 이른바 북송 4경(京)을 중심으로 대도시가 번성했다. 인구 50만 이상의 도시가 무려 40여 곳이나 되었다. 중국역사에서 시민사회 중심의 도시문명이 바로 이 시기에 나타났다. 자연스럽게 조세 수입도 폭발적으로 늘어났다. 해마다 은 1억 냥 이상이 국고로 들어왔다.

과학분야의 발전도 엄청났다. 경력 연간(1041~1048) 인쇄공 필승(畢昇)이 활자 인쇄술을 발명했다. 이는 서적을 대량으로 찍어내어 유통하는 데 지대한 공헌을 했다. 또 이 시기에 화약이 본격적으로 무기로 사용되기도 했다.

물론 송인종도 단점이 없지 않았다. 성격이 유약하여 지나치게 관용을 베풀었으며 결단력이 강하지 못했다. 대력 3년(1043) 그는 당시 심각한 사회문제였던 지배계급의 토지 독점과 이른바 '삼용(三冗)'을 해결하고자 했다. 삼용이란 쓸데없이 많은 관리와 군인 그리고 재화의 낭비를 뜻한다. 범중엄, 구양수 등에게 신정(新政)을 추진하게 했으나 기득권 세력의 거센 반발로 실패하고 말았다. 송인종이 강한 개혁 의지를 끝까지 관철하지 못했기 때문이다.

하지만 송나라는 송인종 시대에 전성기를 누렸음은 분명하다. 당시 청백리로 유명했던 포청천은 "하나라, 상나라, 주나라 이래로, 한나라와 당나라의 전성기를 뛰어넘고 오늘날처럼 융성했던 시대는 아직 없다."고 단언했다.

현대 중국의 유명한 역사학자 진인각(陳寅恪·1890~1969)도 "화하(華夏) 민족의 문화는 수천 년 동안 진전을 거듭하면서 조씨의 송나라 때 최고조에 달했다."라고 극찬했다. 송인종의 업적을 염두에 두고 나온 말이다.

5. 세 아들을 잃고 조종실을 양아들로 받아들인 후 붕어하다

송인종 조정은 지독하게도 아들복이 없는 군주였다. 12세 때 즉위한 후 원기 왕성한 성년이 되었으나 슬하에 황자를 두지 못했다. 훗날 황위를 계승할 황자가 없으면 정국의 불안이 야기될 수밖에 없었다. 경우(景佑) 2년(1035) 송인종은 대신들의 건의를 수용하여 송태종 조광의의 증손자이자 복왕(濮王) 조윤양(趙允讓)의 13번째 아들 조종실(趙宗實·1032~1067)을 양자로 받아들였다.

그 후 세 아들이 연이어 태어났다. 하지만 불행하게도 장남 조방(趙昉·1037)은 태어나자마자 죽었으며, 둘째아들 조흔(趙昕·1039~1041)과 셋째아들 조희(趙曦·1041~1043)도 모두 태어난 지 2년 만에 요절했다. 세 아들을 잃은 송인종은 극심한 우울증에 시달렸다. 몸이 날로 쇠약해졌으며 간혹 실성하기도 했다. 그토록 영명했던 송인종의 병세를 지켜본 대신들은 참담한 마음이었다. 황제가 붕어하기 전에 하루라도 빨리 황위를 계승할 황자를 정해야 했다. 양아들 조종실 외에는 대안이 없었다. 가우(嘉祐) 7년(1062) 송인종은 조종실을 정식으로 황자로 세우고 그에게 서(曙)라는 이름을 하사했다. 이 조서(趙曙)가 5대 황제 송영종(宋英宗)이다.

후계자 문제를 가까스로 해결한 송인종은 가우 8년(1063), 황제로 등극한 지 41년 만인 향년 53세를 일기로 황궁의 복녕전(福寧殿)에서 조용히 숨을 거두었다. 황제가 붕어했다는 소식을 들은 백성들을 거리로 몰려나와 미친 듯 울부짖었다. 그들에게는 친부모의 죽음이나 다름이 없었다. 망자를 떠나보낼 때 불에 태우는 지전(紙錢)에서 나는 연기가 도성의 하늘을 덮어 태양이 안 보일 정도였다. 송나라의 사신이 요나라로 가서 송인종의 죽음을 알렸다. 요도종(遼道宗) 야율홍기(耶律洪基 · 1032~1101)는 침통한 표정을 지으며 말했다.

"송나라 황제의 어진 정치 덕분에, 짐은 42년 동안 전쟁을 모르고 지냈소. 요나라 땅에 그의 의관이라도 모신 의관총(衣冠塚)을 지어 추모하겠소."

그 후 요나라의 역대 황제들은 송인종의 존영을 조상을 섬기듯 했다고 한다. 송인종은 적국 요나라 황제의 존경을 받을 정도로 성군의 면모를 지니고 있었던 것이다.

5

| 제5장 | **송영종 조서**

제5장

송영종 조서

1. 성장 과정과 황위 계승

5대 황제 송영종(宋英宗) 조서(趙曙 · 1032~1067)의 성장 배경을 이해하기 위해서는 먼저 송인종 조정과 그의 부인들의 관계를 알아야 한다. 천성(天聖) 2년(1024) 송인종이 14세 때의 일이다. 당시 수렴청정을 했던 적모(嫡母) 유황태후는 송인종의 배필감으로 좌효위상장군 장미(張美)의 증손녀, 장씨(張氏)와 평로절도사 곽숭(郭崇)의 손녀, 곽씨(郭氏 · 1012~1035)를 선발하여 입궁하게 했다.

송인종은 용모가 뛰어나고 마음씨가 고운 장씨를 좋아하여 그녀가 황후가 되기를 은근히 기대했다. 그런데 유황태후는 자기에게 알랑거리는 곽씨를 총애했다. 황후 책봉을 앞두고 송인종은 유황태후에게 자신의 솔직한 심정을 알리고 싶었다. 하지만 행여 눈밖에 날까봐 감히 말하지 못했다.

천성 2년(1024) 겨울 곽씨는 유황태후의 뜻대로 송인종의 황후로 책봉되었다. 송인종으로서는 사랑하지 않는 여자와 결혼한 셈이었다. 곽황후는 질투심이 무척 강한 여자였다. 유황태후의 총애를 등에 업고 남편으로 하여금 자기 이외에는 어떤 비빈도 접촉하지 못하게 했다. 송인종은 분노했으나 유황태후가 너무 무서워 분노를 삭일 수밖에 없었다.

한편 송인종의 마음을 사로잡았던 장씨는 천성 6년(1028)에 미인(美人)으로 책봉되었으나 책봉된 지 5일 만에 병으로 사망했다. 송인종이 친정을 시작한 직후에 황후로 추증되었다.

명도(明道) 2년(1033) 유황태후가 세상을 떠났다. 이제 그녀가 없는 세상에서 진정으로 명실상부한 황제가 된 송인종은 끈 떨어진 곽황후를 노골적으로 멸시하기 시작했다. 그는 비빈들 가운데 상미인(尚美人 · ?~1050: 사후에 충의 · 充儀로 추증됨)과 양미인(楊美人 · 1019~1072: 사후에 덕비 · 德妃로 추증됨)을 총애했다.

곽황후는 두 비빈을 눈엣가시로 여겼다. 특히 상미인과는 자주 다투기도 했다. 유황태후가 세상을 떠난 직후, 곽황후는 육궁의 안주인으로서 비빈들을 모질게 다루기 시작했다. 수시로 상미인의 꼬투리를 잡아 그녀를 심하게 질책했다. 상미인도 만만하지 않았다. 황후에게 대들기 일쑤였다.

어느 날 송인종이 상미인의 거처에 갔다. 상미인은 황제에게 곽황후에 대한 험담을 늘어놓았다. 곽황후는 상미인이 자기를 헐뜯고 있다는 얘기를 듣고 달려와 부채로 상미인을 때렸다. 두 사람은 황제의 면전에서 머리끄덩이를 잡고 싸우기 시작했다. 송인종이 싸움을 말리는 황당한 일이 벌어졌다. 그런데 곽황후는 너무 흥분한 나머지 황제의 목을 때리고 말았다. 목에 선명한 손자국이 날 정도로 세게 맞았다. 도저히 용납될 수 없는 일이 벌어졌다.

송인종은 분노를 참지 못하고 그녀를 폐위하려고 했다. 재상 여이간(呂夷簡)과 곽황후는 평소에 사이가 나빴다. 여이간은 이 사건을 곽황후 폐위의 빌미로 삼았다. 조정에서 한바탕 찬반양론이 들끓었다. 간관 범풍(范諷)은 곽황후가 황자를 낳지 못한 이유를 들어 그녀를 폐위해야 한다고 주장했다. 하지만 우사간 범중엄(范仲淹)은 반대의사를 표명했다.

"황후 폐위는 불가합니다. 하루빨리 이 사건을 종결하시어 외부에 알려지지 않게 해야 합니다."

곽황후 폐위 문제는 조정 대신들의 당파싸움으로 변질되었다. 송인종이 최종 결정을 내려야 했다. 명도 2년(1033) 11월 곽황후를 폐위하는 조서가 반포되었다.

"황후는 아들을 낳지 못하여 도관(道觀)으로 들어가 수도하기를 원한다. 이에 짐은 특별히 그를 정비(淨妃)와 옥경충묘선사(玉京冲妙仙師)로 봉하며, 법명 청오(淸悟)를 하사한다."

곽황후에게 도교의 도사로 은인자중하며 살라는 송인종의 뜻이었다. 그런데 일부 간관들이 또 황후 폐위의 부당함을 주장했다. 진노한 송인종은 곽황후, 상미인, 양미인 등 세 사람을 모두 궁궐에서 쫓아냈다. 곽황후와 양미인은 도교사원 요화궁(瑤華宮)에서, 상미인은 또 다른 도교사원 동진궁(洞眞宮)에서 거주하게 했다.

곽씨는 한을 품은 채 요화궁에서 지내다가 경우(景祐) 2년(1035), 한창 젊은 나이인 23세 때 사망했다. 곽씨가 사망한 직후에 송인종은 다시 그녀를 황후로 추증했다. 그녀를 미워했지만 한때 국모였던 그녀의 죽음을 안

타깝게 생각해서 그렇게 했을 것이다.

송인종이 친정을 시작한 후 황후의 자리를 마냥 비워둘 수는 없었다. 그런데 육궁(六宮)의 일은 황제가 간여할 수 없었다. 송인종의 양모 장혜양태후(章惠楊太后·984~1036)는 평소에 태사 조기(曹玘)의 딸, 조씨(曹氏·1016~1079)를 황후로 점지해 놓고 있었다. 그녀가 심성이 곱고 부덕이 있었으며 경사(經史)를 통독했을 뿐만 아니라 귀족가문의 출신이었으므로 송나라 천하의 국모로서 조금도 손색이 없다고 생각했다.

경우(景祐) 원년(1034) 조씨는 장혜양태후의 결정에 따라 송인종의 두 번째 황후로 책봉되었다. 그런데 송인종은 용모가 빼어나지 않은 조황후를 가까이하지 않았다. 아마 그는 여자의 외모를 무척 중시했던 것 같다. 아무리 부덕을 갖춘 황후라도 못생긴 결점 때문에 그녀와 함께 침전으로 들어가지 않았다. 운우지정을 나눌 수 없었으므로 황자를 낳을 리 없었다.

조황후는 남편 송인종의 사랑을 받지 못했으나 황후의 풍격을 조금도 잃지 않았다. 육궁의 안주인으로서 매사를 공평하게 처리했으며 아랫사람에게는 언제나 자애를 베풀었다. 또 농사, 양잠 등 부녀자가 해야 할 일에 몸소 모범을 보임으로써 백성들을 감복하게 했다. 남편이 비빈들을 총애할 때도 투기하지 않았다. 훗날 그녀는 남편의 사랑을 받지 못했지만 송영종(宋英宗) 시대에 황태후로 추존되었으며, 송신종(宋神宗)이 즉위한 직후에는 태황태후로 추존되었다. 따지고 보면 송인종의 황후들 중에서 그녀가 가장 행복한 여생을 보냈다.

어시(御侍)로 선발되어 입궁한 장씨(張氏·1024~1054)는 미모가 출중하고 가무에 능한 궁녀였다. 더구나 총명하고 남자를 홀리는 데 탁월한 재능이 있었다. 송인종은 그녀를 보자마자 사랑에 빠졌다. 그녀는 안수공주(安壽公主), 보화공주(寶和公主), 제국공주(齊國公主) 등 세 공주를 낳아 황제의 사랑을 독차지했다. 송인종은 그녀를 귀비(貴妃)로 승격시킨 후 기회를 봐서 황후로 책봉하려고 했다. 하지만 조황후가 어떤 결점도 없었으므로 황후를 바꿀 수 없었다.

송인종은 장귀비를 황후처럼 대우했다. 하지만 그녀는 황우(皇佑) 6년(1054)에 30세를 일기로 세상을 떠났다. 만약 그녀가 황자를 낳았다면, 그녀의 아들이 황위를 계승했을 것이다. 송인종은 상심한 마음을 달랠 길이 없었다. 그녀를 황후로 추증함으로써 그녀에 대한 애정을 나타냈다.

사후에 황후로 추존된 인물까지 포함하면 송인종에게는 4명의 황후가 있었음을 알 수 있다. 그런데 그들은 모두 황자를 낳지 못했으므로 송인종에게는 황위를 물려줄 아들이 없었던 것이다.

이러한 송인종의 황후들과의 관계를 배경으로 5대 황제 송영종(宋英宗) 조서(趙曙·1032~1067)가 등장한다. 원래 이름은 조종실(趙宗實)이다. 송태종 조광의의 증손이자 복왕 조윤양(趙允讓·995~1059)의 13번째 아들이다. 조윤양은 송인종의 당형(堂兄)이므로 송인종은 조종실의 당숙이 된다.

앞서 얘기했듯이 송인종은 아들이 없었기 때문에 경우 2년(1035)에 세 살배기 조종실을 양자로 입적한 후 조황후에게 양육하게 했다. 성품이 곱고 인자했던 조황후는 조종실을 지극정성으로 키웠다. 아들을 낳지 못한 조황후가 적모(嫡母)로서 조종실에게 얼마나 많은 기대를 걸고 키웠는지 짐작이 간다.

다행히도 조종실은 성품이 온순하며 효성이 지극하고 독서에 열중하여 조황후를 기쁘게 했다. 더구나 어린 나이에도 불구하고 또래의 아이들과 어울려 노는 일보다는 스승의 가르침을 받들고 예의를 실천하기를 좋아했다. 스승을 만날 때면 언제나 예복을 입고 스승에게 경의를 표했다. 어린아이가 고상한 선비와 같은 풍격이 있었다. 송인종도 조종실에게 우우림군대장군, 의주자사 등의 고위직을 하사했다.

경우 4년(1037) 송인종과 유덕비(俞德妃) 사이에서 장남 조방(趙昉)이 태어나 송인종을 기쁘게 했다. 하지만 조방은 태어난 지 며칠 만에 죽었다. 보원(寶元) 2년(1039) 송인종은 묘귀비(苗貴妃)로부터 둘째아들 조흔(趙昕·1039~1041)을 얻었다. 장남을 잃은 송인종은 조흔을 애지중지했다.

송인종에게 아들이 생겼으므로 조종실은 자연스럽게 황제의 관심 밖으로 밀려났다. 황궁에서 나와 생부 조윤양의 저택으로 돌아갔다. 송인종과의 부자 인연은 여기서 끝나는 듯했다. 그런데 누가 알았겠는가. 둘째아들 조흔은 태어난 지 2년 만에 요절했다. 불행은 여기서 그치지 않았다. 장소용(張昭容) 사이에서 얻은 셋째아들 조희(趙曦·1041~1043)도 요절했다.

이때 송인종의 나이 33세였다. 송인종이 이 장년의 나이에 황위를 이어받을 황자를 두지 못하게 되었으니, 황실은 말할 것도 없고 조정의 대소 신료들은 불안한 마음을 감출 수 없었다. 자고이래로 태자를 뜻하는 '국본(國本)'이 정해지지 않으면 반드시 정국의 혼란으로 이어졌기 때문이다.

송인종은 여러 비빈들과 잠자리를 번갈아가며 아들이 태어나기를 간절히 바랐다. 친아들에게 황위를 물려주고 싶은 마음뿐이었다. 하지만 비빈들이 '용'의 씨앗을 받아 잉태하여 출산할 때마다 하나같이 딸이었다. 송인종은 일생 동안 공주 13명을 두었으니, 얼마나 아들 '기근'에 시달렸는지 짐작할 수 있다.

지화(至和) 연간(1054~1056) 송인종이 중병에 걸렸다. 아들 셋을 잃은 상실감이 그의 심신을 피폐하게 했다. 혼자의 힘으로는 어전(御殿)에 나갈 수 없을 정도로 건강 상태가 나빴다. 포증(包拯), 범진(范鎭) 등 대신들은 하루라도 빨리 태자를 책봉해야만 황제의 갑작스러운 유고에 대비할 수 있다고 주장했다. 지극히 옳은 주장이었다.

하지만 송인종은 묵묵부답으로 일관하며 차일피일 미루었다. 눈치 빠른 대신들은 송인종이 아직 후계자를 결정할 생각이 없음을 간파하고 입을 달았다. 이렇게 5~6년의 세월이 흘렀다. 송인종의 병세는 회복될 기미가 보이지 않았다. 재상 한기(韓琦)가 역린을 각오하고 상소했다.

"천하의 안정과 위태는 황위를 계승하는 자에게 달려있습니다. 옛날부터 재앙과 난리는 모두 태자 책봉을 미리 결정하지 못했기 때문에 발생했습니다. 폐하께서는 춘추(春秋)가 많으신 데도 아직 태자를 책봉하시지 않으셨습니다. 어찌하여 종실(宗室) 가운데 현명한 자를 선택하시어 종묘사직을 위해 계책을 내지 않으십니까?"

송인종이 대답했다.

"지금 임신한 후궁이 있소. 조만간에 분만할 것이오. 조금만 기다려보시오."

후궁이 자기 아들을 낳으면 그때 가서 태자책봉 문제를 거론해도 늦지 않을 것이라는 얘기였다. 하지만 또 딸이었다. 송인종은 실망이 이만저만이 아니었으나 여전히 책봉을 서두르지 않았다. 한기가 『한서 · 공광전(漢書 · 孔光傳)』을 들고 가서 또 진언했다.

"한(漢)나라 성제(成帝 · 기원전 51~기원전 7)는 황위를 물려 줄 황자를 두지 못했기 때문에 동생의 아들을 태자로 책봉했습니다. 사실 성제는 자질이 뛰어난 군주가 아니었습니다. 그럼에도 과감하게 동생의 아들을 후계자로 내세웠습니다. 무능한 군주도 종묘사직을 위해 결단을 내렸습니다. 하물며 폐하처럼 성군의 칭송을 듣는 군주는 더 말할 나위가 있겠습니까? 폐하께서 태조의 마음으로 생각하시면 이루어지지 못할 일은 없을 것입니다."

한나라 12대 황제 성제 유오(劉驁)는 원래 아들 넷을 두었는데 아들들이 모두 요절했다. 그래서 동생 유강(劉康)의 아들 유흔(劉欣·기원전 25~기원전 1)을 태자로 책봉했다. 유흔이 13대 황제 애제(哀帝)이다. 유오는 주색에 빠져 지내고 정사를 돌보지 않다가 서한(西漢)을 망국의 길로 접어들게 한 혼군이다.

한기는 이런 어리석은 군주도 후계자 문제만큼은 확실하게 해결했는데, "어찌하여 성군의 칭송을 듣는 당신은 우물쭈물하고 있느냐."는 간접적인 비난이었다. 또 송나라를 건국한 태조 조광윤도 동생에게 황위를 물려주었는데도 "당신은 무엇을 망설이냐."는 얘기였다. 송태조의 마음을 송인종의 마음으로 삼으면 해결되지 못할 문제가 없다는 충고였다. 두 사람이 나눈 대화는 이러했다.

"짐도 오랫동안 고심하고 있었소. 누가 황자로 적임자인가?"

"이 일은 신(臣)들이 결정할 수 없습니다. 오로지 황상께서 선택하셔야 합니다."

"궁중에서 두 양자를 기른 적이 있소. 작은아이는 너무 천진난만하고 식견이 좁아 지혜롭지 못하오. 큰아이가 제왕의 자질을 타고 났소."

큰아이가 바로 조종실이다. 대신들은 평소에 조종실의 어진 인품을 잘 알고 있었으므로 모두 찬동해마지 않았다. 송인종은 조종실에게 서(曙)라는 이름을 친히 하사하고 환궁하여 황자가 되게 했다.

당시 조서는 악주(岳州: 지금의 호남성 악양·岳陽)의 단련사(團練使)였다. 단련사는 지방의 군사조직을 담당하는 직책인데 일종의 명예직이었다. 조서는 황제가 자신을 황자로 선택했다는 이야기를 듣고 깜짝 놀랐다. 이 일이 있기 전에 관직을 여러 차례 하사받았지만 돌아가신 아버지 조윤양(趙允讓·995~1059)의 3년 상(喪)을 치른다는 명목으로 사양했다. 그는 권력욕이 강하지 않았다. 자칫하다간 황위를 놓고 종실 간에 암투가 일어나 패가망신할 수 있다는 두려움이 밀려왔다.

실제로 종실 원로 조윤필(趙允弼)이 조서가 황자로 간택되었다는 얘기를 듣고 분노하여 한기에게 달려가 따졌다.

"어찌 단련사가 천자가 될 수 있단 말이오. 왜 항렬이 가장 높은 종친을 황자로 세우지 않는 거요?"

조서는 자기가 성품이 어질지 못하고 덕행을 쌓지 못했기 때문에 절대 황자가 될 수 없다고 간곡하게 여러 차례 상소했다. 하지만 송인종은 끝내 윤허하지 않았다. 어쩔 수 없이 환궁하게 된 조서는 저택을 떠나면서 집안 하인들에게 신신당부했다.

"내 집을 잘 관리하기 바란다. 황상께서 후사를 얻으시면 나는 반드시 집으로 돌아오겠다."

가우 7년(1062) 조서는 황자로 책봉되었다. 이때부터 하루에 두 번 송인종을 배알했으며, 때에 따라서는 황제의 침전에서 직접 시중을 들기도 했다. 죽음을 앞둔 송인종은 조서를 친자식처럼 아꼈다. 조서도 극진하게 효도했다. 두 사람은 여느 부자지간처럼 돈독한 정을 나누었다.

가우 8년(1063) 3월 송인종이 붕어했다. 조서를 양육한 조황후가 송인종의 유지를 반포했다. 예상대로 조서에게 황위를 물려준다는 내용이었다. 며칠 후 송영종 조서는 나이 31세 때 마침내 동전(東殿)에서 문무백관을 접견하고 5대 황제로 등극했다.

2. 조황태후가 수렴청정하다

대체적으로 봉건왕조 시대에 권력 쟁취는 피비린내 나는 투쟁을 통해 얻어진 산물이다. 더구나 후계자가 정통성을 확보하지 못했을 때는 더 말할 나위가 없다. 일반 세상과 단절된 구중궁궐에서 황제의 옥좌를 차지하고자, 얼마나 많은 사람들이 치열하게 암투를 벌이다가 멸문의 화를 당했는가. 중국역사를 음모와 모략의 역사라고 정의해도 아주 잘못된 편견만은 아닐 것이다.

송영종은 황위를 계승하는 대업에 지나치게 전전긍긍했다. 송인종의 적장자가 아니었고 또 심리적으로 권력투쟁 자체를 피하지 않고 권력을 쟁취할 만한 배짱과 용기가 부족했다. 유가의 고상한 선비와 같았던 그는 효심이 지극했고 유가 경전과 시문(詩文)에 심취했으며 군자의 도를 실천하며 안빈낙도의 삶을 추구하고자 했다.

하지만 송영종은 철부지 어린 시절에 자신의 의지와 관계없이 송인종의 양자로 들어가야 했다. 성년이 되어서는 적장자가 아니었음에도 비교적 순탄하게 황위를 계승할 수 있었다. 송인종이 친아들을 두지 못했으며 아울러 죽음을 앞두고 송영종을 황자로 책봉한 결단이 송영종이 황제로 등극한 가장 큰 원인이었다. 더구나 송영종은 인품이 훌륭하고 학식이 뛰어나, 당대의 양심적인 조정 대신들의 적극적인 지지를 받은 것도, 그로 하여금 본인의 의지와는 무관하게 송나라 천하의 주인이 되게 했다.

송영종은 31세 때 등극하자마자 송인종의 3년 상을 치른다는 명목으로 한기, 구양수, 사마광 등 조정 중신들에게 국정을 맡기려고 했다. 남자의 나이 31세이면 가장 정력적으로 일할 나이이며 인생의 황금기이다. 그런데 왜 그는 신하들에게 권력을 넘기려고 했을까. 앞서 언급했듯이 권력 의지가 약했다. 황제로서 천명을 받들어 송나라 천하를 다스릴 책무가 있었으나 잦은 병치레가 그의 심신을 약하게 했다. 몸이 아픈 황제에게 선정을 베풀어 국태민안을 이루라고 강요할 수는 없는 노릇이다.

젊은 황제의 병약한 모습을 본 조정 대신들은 깊은 고민에 빠졌다. 그들은 대부분 과거급제를 통해 관계에 진출한 관료이자 문인이었다. 송나라는 유가의 문치주의가 성행했던 왕조가 아닌가. 신하로서 본분을 지키고 대의명분에 충실했다. 그래서 송영종이 그들에게 자기를 대신하여 국정을 돌보라고 요구했을 때 그들은 천부당만부당한 일이라고 아뢰었다.

황제가 너무 어리거나 병에 걸려서 국사를 다스릴 수 없으면 황태후의 수렴청정이 관례였다. 송영종의 적모이자 그를 키웠던 조황태후(1016~1079)가 대임을 맡을 수밖에 없었다. 그런데 그녀는 권력에 눈이 먼 여자가 아니었다. 남편 송인종에게 사랑을 받지 못했지만 여자로서 지녀야 할 부덕을 최고의 가치로 여기고 있었다. 조정 대신들도 그녀를 무척 존경하고 있었다. 그녀는 황제가 건강을 회복할 때까지만 수렴청정을 하겠다고 선포했다. 또 대신들에게 이런 말을 했다.

"천하의 계책은 한 사람에게서만 나오는 게 아니오. 나는 경들과 함께 국사를 논하여 결정하고 싶소."

조황태후 자신이 모든 일을 독단적으로 처리하지 않겠다는 의미였다. 수렴청정은 그녀에게 권력 행사가 아니라 일종의 '책임'이었던 것이다. 그녀가 이처럼 열린 마음으로 대신들을 대하자, 대신들은 국사를 처리할 때면 언제나 그녀와 상의하여 결정했다. 황태후와 신하들 간의 보기 드문 '협치'였다.

그런데 송영종에게 가끔 정신질환 증세가 나타났다. 그럴 때마다 그를 수발하는 환관과 궁녀들의 고통이 이만저만이 아니었다. 실성한 송영종은 그들을 난폭하게 다루었다. 그들은 황제를 정신이상자로 여기고 은밀히 비난하기 시작했다. 황제에 대한 좋지 않은 소문이 궁궐 전체에 퍼졌다.

조황태후도 송영종의 병세를 우려하지 않을 수 없었다. 송영종은 조황태후가 자신을 미워한다고 오해했다. 황제와 황태후 사이에 불편한 기류가 감돌았다. 시간이 흐를수록 오해가 오해를 낳는 상황이 전개되었으며 급기야는 갈등의 골이 깊어졌다.

모자지간의 갈등을 크게 우려한 한기와 구양수는 황태후전으로 조황태후를 찾아가 자기들이 걱정하고 있는 바를 솔직하게 아뢰었다. 조황태후는 눈물을 흘리며 말했다.

"천자의 병세가 심하여 궁녀와 환관들이 심한 고통을 받고 있다고 들었소. 시종들을 학대하기도 한다고 하오. 장차 이 일을 어떻게 하면 좋겠소?"

한기가 아뢰었다.

"천자는 고질병을 앓고 있습니다. 하루아침에 치유될 병이 아닙니다. 아들이 질병에 시달리고 있는데도, 어머니가 아들을 감싸주지 않을 수 있겠습니까?"

정신질환을 앓고 있는 아들이 가끔 난폭한 행동을 한다고 해서, 어찌 어머니된 자가 아들을 동정하고 감싸주지 않느냐는 얘기였다. 구양수도 지금 황제의 병을 치료하는 게 중요하지, 황제를 의심해서는 안 된다고 완곡하게 아뢰었다.

조황태후는 자신의 사려 깊지 못한 생각을 후회했다. 두 대신에게 앞으로는 황제를 의심하는 일은 절대 없을 것이니 안심하라고 말했다. 만약 그녀가 권력을 탐했으면 두 사람을 내치고 송인종을 정신병자로 몰아 폐위시켰을 것이다. 정말로 그녀는 충신의 진언을 기꺼이 받아들이고 자신의 잘못을 진정으로 고칠 줄 아는 황태후였다.

며칠 후 한기가 송영종을 배알했다. 이번에는 황제의 황태후에 대한 오해를 풀어 줄 생각이었다. 송영종은 그를 보자마자 다짜고짜 말했다.

"태후께서 짐에게 은혜를 베풀지 않소."

조황태후가 황제인 자기를 함부로 대하고 월권을 하고 있다는 불만이었다. 한기가 아뢰었다.

"자고이래로 현명한 군주는 적지 않았습니다. 그런데 후대의 사람들은 오로지 순(舜)임금만이 진정한 효자라고 칭송하고 있습니다. 어찌 다른 군주들도 부모에게 효도를 다하지 않았겠습니까. 부모가 자애롭고 아들이 효도하는 일은 당연하므로 새삼스럽게 거론할 바가 못 됩니다. 부모가 자애를 베풀지 않는데도, 아들이 효도하는 일만을 칭찬할 수 있습니다. 폐하께서 진정으로 효도하시면, 부모가 어찌 자애를 베풀지 않겠습니까?"

부모에게 문제가 있어도 자식된 도리로 효도를 다하면 결국 부모도 자식에게 자비와 사랑을 베풀 거라는 얘기이다. 송영종은 대오각성했다. 한기의 설득 능력은 참으로 뛰어났다. 조황태후에게는 송영종을 두둔하고, 송영종에게는 조황태후를 두둔함으로써 두 사람이 서로 자신을 반성하고 오해를 풀며 화합할 수 있는 기회를 만들었다.

한기, 구양수 등 충신들의 진언 덕분에 황제와 황태후 사이의 반목은 눈 녹듯 사라졌다. 한기는 사후에 위군왕(魏郡王)으로 추증되었으며 북송 시대를 대표하는 충신으로 자리매김했다. 구양수는 한유, 유종원, 소식 등과 함께 '천고문장사대가(千古文章四大家)'라는 극찬을 듣는 위대한 문인으로 역사에 족적을 남겼다.

3. 생부의 호칭 문제를 놓고 당쟁을 벌이다

치평(治平) 원년(1064) 5월 송영종은 건강을 회복했다. 1년여 동안 정국을 별다른 문제없이 이끈 조황태후는 약속대로 수렴청정을 거두고 송영종에게 황제의 권력을 돌려주었다. 조정 대신들은 황태후의 결단에 감읍했다. 훗날 그녀는 6대 황제 송신종(宋神宗) 조욱(趙頊·1048~1085)이 즉위한 후 태황태후로 추존되었으며, 원풍(元豐) 2년(1079)에 향년 63세를 일기로 세상을 떠났다.

송영종의 생부 조윤양(趙允讓·995~1059)은 종실이었다. 인품과 학문이 뛰어나고 성격이 차분하여 그를 존경하는 사람이 많았다. 송인종도 그의 인품과 능력을 알아보고 그에게 여주방어사, 화주관찰사, 영강군절도사, 동평장사 등 고위관직을 하사했다. 조윤양은 13번째 아들 조종실(훗날의 송영종 조서)을 송인종 조정의 양자로 보낸 후에도 더욱 승승장구했으나 기고 만장하지 않고 매사에 빈틈이 없이 처신했다. 행여 자기가 사소한 과오라도 저지르면 아들에게 불행이 닥치지 않을까 두려워했기 때문이다.

가우(嘉祐) 4년(1059) 조윤양이 세상을 떠났다. 송인종은 그를 복왕(濮王)으로 추증했다. 살아생전에 재상의 직위까지 오른 조윤양은 사후에는 마침내 왕으로 추증되는 영광을 누린 것이다.

그런데 송영종이 친정을 시작하자마자 이미 세상을 떠난 생부 조윤양의 호칭 문제가 논쟁거리가 되었다. 송영종이 생부를 어떻게 불러야 하는지에 대한 고민이었다. 송영종은 생부를 '황고(皇考)'로 부르고 싶었다. 황고란 돌아가신 친아버지를 부르는 호칭이다. 황제가 선황제(先皇帝)를 부르는 호칭이기도 하다.

하지만 송영종은 법적으로는 엄연히 송인종 조정의 아들이므로 조윤양을 황고로 칭할 수 없었다. 유가의 종법사상에 의하면 조윤양은 송인종의 당형이므로, 송영종은 조윤양을 '황백(皇伯)'으로 칭해야 한다. 하지만 친아버지를 황백으로 부르는 것은 송영종에게는 아주 어색한 일이었다. 또 효성이 지극했던 그가 생부를 황제로 추증하고 싶은 마음이 간절했을 것이다.

재상 한기는 송영종이 황위를 계승하고 황제의 권력을 강화하는 데 가장 큰 공을 세운 총신이었다. 송영종의 황권(皇權)을 강화하고 조정의 여론이 황제에게 유리하게 돌아가도록 하기 위하여 이 문제를 처음으로 거론했다. 사실은 그가 사전에 송영종과 은밀히 짜고 추진했다.

송영종은 송인종의 대상(大喪)이 아직 끝나지 않았다는 이유를 들어 논의를 중단하게 했다. 당시 대상 기간은 3년이었다. 대상이 끝난 이후에 태상예원(太常禮院)에서 논의하도록 했다. 만약 대상 기간에 생부의 시호(諡號) 문제를 논의하게 하면 유가의 종법사상에 투철한 대신들의 거센 반발이 일어날 게 분명했으므로 일부러 그렇게 시간을 끌었다.

치평 2년(1065) 4월 한기, 구양수 등 대신들이 또 조윤양의 시호를 결정하자는 상소문을 올렸다. 송영종은 마지못해 대신들의 의견을 수렴하는 척하면서 상소문을 태상예원으로 보내 본격적으로 논의하게 했다.

왕규(王珪)와 사마광(司馬光)을 중심으로 하는 한림학사와 중서사인들은 복왕 조윤양이 송인종의 당형이므로 송영종은 그를 황백(皇伯)으로 칭해야 법도에 맞는다고 주장했다. 그들은 주로 황제의 조칙을 반포하고 국가의 법령을 제정하는 일을 담당했다. 법과 원칙에 아주 민감할 수밖에 없었다. 왕규가 상소했다.

> "폐하께서는 선황제(송인종)의 아들이 되어 황위를 계승했습니다. 그런데도 어찌하여 생부를 그리워하십니까. 선황제께서 어진 덕을 베풀지 않았다면 폐하께서 어찌 천자의 지위에 오를 수 있었겠습니까. 폐하의 옥좌는 도대체 누가 준 것입니까. 폐하의 아버님은 선황제 조정이지, 복왕 조윤양이 아닙니다."

왕규의 주장은 유가의 종법사상에 의하면 전혀 틀린 말이 아니었다. 이와 반면에 한기, 구양수 등 국정 운영을 맡은 조정 중신들은 조윤양이 송영종의 생부이므로 인정(人情)을 생각하면 그를 황고(皇考)로 칭해도 문제가 없다고 주장했다. 송영종과 한기, 구양수 등 조정의 실권을 장악한 조정 중신들은 대대수의 신하들이 황제에게 아부하여 출세하기 위하여 자신들의 주장에 동조할 것으로 기대했다.

하지만 유가의 대의명분을 목숨처럼 여기는 신하들이 왕규의 주장을 지지하며 벌떼처럼 일어났다. 그들은 인륜이 무너지면 천하대란이 온다고 경고했다. 조정은 순식간에 찬반양론으로 분열되었다.

조황태후는 황태후전에서 조정의 정치에 일정한 거리를 두고 관여하지 않고 있었다. 하지만 복왕 조윤양 문제로 논쟁을 벌이고 있다는 소식을 듣고 진노했다. 이 논쟁은 그녀와도 밀접한 관계가 있었다.

송영종이 생부를 황고로 칭하면 그의 생모 선유현군(仙游縣君) 임씨(任氏)도 신분이 달라질 수밖에 없었다. 조황태후는 송영종을 낳지 않았지만, 법적으로는 엄연하게도 그의 어머니가 아닌가. 송영종이 친부모의 호칭 문제를 거론하는 일 자체가 조황태후의 권세를 약화시킬 수밖에 없는 상황이었다.

조황태후는 송영종이 불순한 의도를 품고 있지 않을까 의심했다. 조황태후와 송영종 사이에 또 불편한 관계가 형성되었다. 조황태후는 송영종의 암묵적인 동의 아래 일을 꾸민 한기를 엄하게 꾸짖었다. 황실의 종법에 따라서 송영종이 복왕을 황고로 칭할 수 없음을 분명히 밝혔다.

송영종은 조황태후의 결정에 크게 실망했으나 노골적으로 반발할 수 없었다. 아무리 황제라도 황태후의 권위를 무시할 수 없었다. 더구나 황태후를 진심으로 존경하는 신하들이 적지 않았다. 그런데 시간이 흐를수록 조윤양의 호칭 문제는 당쟁으로 변질되었다. 조황태후를 옹호하는 어사대 대신들과 송영종을 지지하는 중서문하 대신들이 서로 당파를 결성하여 대립했다.

어사 여해(呂海)와 범순인(范純仁)이 한기, 구양수 등을 탄핵하는 상소를 연이어 올렸다. 그들을 조정에서 몰아내지 않으면 자기들이 사직하겠다고 했다. 송영종은 조황태후의 눈치를 살피며 소극적인 자세로 일관했다. 한기와 구양수도 반격에 나섰다. 구양수가 상소했다.

"어사들은 신(臣)들의 견해를 받아들일 수 없다고 합니다. 만약 폐하께서 신들에게 죄가 있다고 판단하시면 어사들을 유임시키시기 바랍니다. 신들에게 죄가 없다고 생각하시면 성지(聖旨)를 취하시기 바랍니다."

'성지'는 송영종이 생부 조윤양을 황고로 부르라는 어명이 아니겠는가. 요컨대 원칙과 명분만을 따지는 어사들을 쫓아내라는 의미였다. 송영종은 자기를 지지하는 총신 구양수의 권고를 받아들였다. 이에 따라 여해, 범순인 등 어사들은 지방으로 쫓겨났다. 중서문하 대신들의 승리였다.

이제 조황태후를 설득하는 일만 남았다. 한기와 구양수가 그녀를 알현했다. 두 사람은 조황태후의 어진 덕이 송나라 천하를 태평성대로 이끌었다고 찬양했다. 그녀는 두 사람이 자신을 칭찬하는 의도가 무엇인지 알았다.

치평(治平) 3년(1066) 1월 조황태후는 송영종이 생부 조윤양을 황고로 칭할 수 있게 하였다. 또 시호 복안의왕(濮安懿王)을 복안의황(濮安懿皇)으로 고치는 것을 윤허했다. 송영종에게는 엄청난 기쁨이었다. 생부가 사후에 정식으로 황제로 추증되지 못했으나, 시호의 왕(王) 자를 황(皇) 자로 바꾸었다. 황제 대우를 받은 것이나 다름이 없었다.

조황태후가 왜 갑자기 마음을 바꾸었는지 알 수 없다. 이미 정치적으로 고립된 상태에서 선택의 여지가 없었을 것이다. 하지만 그녀는 자신의 권세보다는 송나라 조정의 안정을 원했던 것 같다. 송영종이 원하는 대로 해주어야 만이 갈등을 끝낼 수 있었기 때문이다.

이 사건을 '복의(濮議)'라고 칭한다. 복왕 조윤양의 신분 문제를 의논했다는 뜻이다. 이는 중요한 의미를 지닌다. 이 시기부터 문신의 문치주의가 국정의 전반을 지배했다. 권력을 장악한 문신이 황제와 더불어 국가를 다스린 것도 의미심장하다. 중국은 전통적으로 황제의 권력이 강한 국가였다. 하지만 이 시기에는 신하의 권력이 황제의 권력에 비견할 만큼 성장했다.

문신의 권력 장악은 붕당(朋黨)으로 발전했다. 구양수는 그 유명한 「붕당론(朋黨論)」에서 "소인은 붕당이 없고, 군자만이 붕당이 있다."고 말하여 붕당의 정당성을 주장했다.

붕당은 오늘날 '정당(政黨)'과 같은 개념이다. 민주적 의사결정의 정치 집단으로 긍정적인 면이 있지만, 훗날 붕당이 국가를 망치는 당쟁의 원인이 되었다. 오늘날에도 중국뿐만 아니라 우리나라도 이 폐해에서 벗어나지 못하고 있는 게 아닌가 한다.

송영종은 생부를 황고로 칭하는 데 성공했지만 집권 초기 국정에 전념해야 할 시기에, 이 호칭 문제로 18개월 동안 정치투쟁을 하며 허송세월을 보냈다. 그가 정치적 위기에서 벗어나 새롭게 국정을 돌보고자 했다. 하지만 또 그의 병세가 발목을 잡았다. 중병에 걸린 것이다.

치평 3년(1066) 11월 송영종은 병석에서 일어나지 못했다. 살날이 얼마 남지 않음을 직감한 그는 재상 한기의 건의를 받아들여 장남 조욱(趙頊·1048~1085)을 태자로 책봉했다. 조욱이 6대 황제 송신종(宋神宗)이다. 치평 4년(1067) 송영종은 향년 34세를 일기로 세상을 떠났다. 황제로 등극한 지 4년 만이었다.

송영종은 재위 기간이 짧았고 정치적으로 무능했다. 별다른 업적을 남기지 못했다. 그는 황제보다는 유가의 선비에 어울리는 인물이었다. 효성이 지극했고 군자의 도를 실천하려고 노력했다. 어쩔 수 없이 황위를 계승했으나 제왕의 도를 실천할 능력이 없었다. 다만 치평 3년(1066)에 사마광에게 『자치통감(資治通鑑)』을 편찬하게 한 업적을 남겼다. 송영종은 장구한 중국역사를 통해 통치의 교훈을 얻으려고 했을 것이다.

6

제6장

송신종 조욱

1. 성장 과정과 황위 계승

송영종 조서가 악주의 단련사였을 때인 경력(慶曆) 7년(1047)에 박주(亳州) 몽성(蒙城: 지금의 안휘성 몽성현) 출신 고씨(高氏·1032~1093)를 배필로 맞이했다. 고 씨는 조황태후 언니의 딸이다. 조황태후가 자기 조카를 법적인 아들 송영 종의 배필로 간택한 것이다. 고씨는 경력 8년(1048)에 조서의 장남, 조욱(趙 頊·1048~1085)을 낳았다. 조욱의 원래 이름은 조중침(趙仲鉞)이다.

훗날 고씨는 송영종의 둘째아들 오영왕(吳榮王) 조호(趙顥), 셋째아들 윤 왕(潤王) 조안(趙顏), 넷째아들 익단헌왕(益端獻王) 조군(趙頵)과 서국공주(舒國公 主), 덕녕공주(德寧公主), 보안공주(寶安公主), 수강공주(壽康公主) 등 네 딸을 낳 았다. 송영종의 4남 4녀가 모두 고씨의 소생이며, 송영종이 즉위한 직후 에 고씨도 황후로 책봉되었다. 송영종 시대에 그녀가 유일한 황후였던 것 으로 보아, 두 사람의 부부 관계가 좋았던 것 같다.

송영종은 즉위 초기부터 병약하여 정사를 제대로 돌보지 못했다. 조황태후의 근심이 이만저만이 아니었다. 젊고 아름다운 처녀 몇 명을 후궁으로 간택하여 아들의 회춘을 돕고 싶었다. 하지만 자기 며느리이자 조카인 고황후가 여자들을 황제 주변에 얼씬도 못하게 했다. 고황후가 조황태후의 조카가 아니었다면 투기한 죄로 폐위를 당하고 쫓겨났을 것이다.

어느 날 조황태후가 고황후의 처소로 시종을 보내 이런 말을 전하게 했다.

"황상이 즉위한 지 꽤 시간이 흘렀고 아픈 몸도 많이 좋아졌다고 들었다. 그런데 어찌하여 황상 주변에 시중을 드는 후궁이 단 한 명도 없단 말인가?"

고황후는 아주 불쾌한 표정을 지으며 말했다.

"이모의 뜻은 알겠지만, 나는 남편이 단련사였을 때 시집을 갔을 뿐이지 황제로 즉위한 후에 시집간 것이 아니다."

자기가 송영종의 조강지처라는 얘기이다. 이모에게 조강지처의 의견을 무시하고 후궁을 간택하는 일은 하지 말라는 완곡한 표현이었다. 그런데 송영종은 몸이 날이 갈수록 쇠약해졌다.

치평(治平) 3년(1066) 고황후는 조황태후의 결정에 불만이 많았지만 어쩔 수 없이 수용(修容) 장씨(張氏), 소의(昭儀) 포씨(鮑氏), 귀의(貴儀) 장씨(張氏) 세 명을 특별히 간택하여 남편의 침전으로 보내는 수밖에 없었다. 그런데 송영종이 선천적으로 여색을 밝히지 않았던지, 아니면 아내 고황후가 무서워 그랬는지는 모르겠으나, 세 후궁을 가까이하지 않았다. 그래서 그들 사이에는 자식을 얻지 못했다.

가우(嘉佑) 8년(1063) 조욱은 15세 때 아버지 조서와 함께 입궁하여 경녕궁(慶寧宮)에서 거주했다. 같은 해 3월 송인종이 붕어하자, 조서가 황위를 계승했다. 이때 조욱은 안주관찰사(安州觀察使)에 제수되었다. 안주(安州: 지금의 광서자치구 흠주·欽州)로 가서 관찰사 직책을 맡은 것은 아니며 일종의 명예직이었다. 아울러 광국공(光國公)으로 책봉되었으며 동궁에 거주했다.

조욱은 용모가 범상치 않았으며 행동거지도 보통 사람과 달랐다. 더구나 천성이 배우기를 좋아한 까닭에 자주 침식을 잊고 밤늦도록 공부에 전념했다. 송영종은 장남의 지나친 향학열이 몸을 해칠까 걱정하여 내시를 수시로 동궁으로 보내 그에게 저녁식사를 마치면 바로 잠자리에 들게 했다. 조욱은 또 아무리 무더운 여름 날씨일지라도 의관을 법도에 맞게 착용했으며 결코 부채를 부치지 않았다. 스승을 만날 때면 언제나 제자의 예의를 깍듯이 갖추고 가르침을 받았다.

송영종은 그런 장남을 무척 총애했다. 장차 자신의 후계자가 될 그가 제왕의 자질을 타고났을 뿐만 아니라 인격과 학문에도 뛰어난 모습을 보여주었기 때문이다. 그래서 나이 어린 조욱에게 충무군절도사, 동중서문하평장사 등의 고위관직을 연이어 하사했으며, 얼마 후 또 회양군왕(淮陽郡王)으로 책봉했다.

조욱은 어린 시절에 선황제들이 유주(幽州: 지금의 북경), 계주(薊州: 지금의 북경과 천진 일대), 영무(靈武: 지금의 영하회족 자치구 영하) 등 서북방 변경 지역을 병탄하려고 했다가 번번이 실패한 사실을 알고 이런 결심을 했다.

'왜 대송제국이 요나라와 서하에게 패배했을까. 내가 뜻을 얻으면 반드시 여러 세대에 걸친 치욕을 씻겠다.'

그는 송나라가 오랑캐 나라라고 무시한 요나라와 서하에게 능욕을 당한 역사적 사실에 분개하고 복수심을 품었다. 특히 송인종 시대에 송나라가 서하에게 대패한 후 경력화의(慶曆和議)를 맺고 매년 막대한 세폐(歲幣)를 하사하고 있는 것에 치욕을 느꼈다. 말이 천조(天朝)가 신하의 나라에게 은전을 베푸는 것이지, 사실은 패전국 송나라가 승전국 서하에게 굴복하여 어쩔 수 없이 엄청난 양의 재물을 바친 것이다.

조욱이 어린 나이임에도 이런 생각을 한 것은, 훗날 그가 주도한 서하 정복전쟁의 단초가 되었다. 가우 3년(1058) 탁지판관(度支判官) 왕안석(王安石)이 1만여 글자로 이루어진 장문의 상소문, 「만언서(萬言書)」를 올려 조야에 큰 충격을 주었다. 국가의 재정이 바닥나고 백성이 빈곤에 시달리는 근본적 이유는 법률이 제대로 정비되지 못하고 위정자들이 실정을 일삼기 때문이라고 그는 주장했다. 따라서 법과 제도를 새롭게 고치고 인재를 양성해야만 부국강병을 이룰 수 있다는 것이다.

조욱은 왕안석의 개혁의지가 반영된 변법(變法)과 정치사상에 심취하였다. 언젠가 황제로 등극하게 되면 반드시 왕안석을 중용하여 적폐를 일소하고 일대 혁신을 이루겠다는 포부를 가졌다. 그는 유가의 예치(禮治)와 덕치(德治)보다는 법가의 법(法), 술(術), 세(勢) 등 통치술에 더 많은 관심을 가졌다. 춘추전국 시대에 법가사상으로 강력한 통치력을 발휘하여 부국강병을 도모한 인물들을 존경했다.

"제(齊)나라의 관중(管仲), 진나라(秦)의 상앙(商鞅), 초(楚)나라의 오기(吳起)는 옛날에 공을 세워 천하에 이름을 날린 자들이다. 그들은 모두 강력한 정령(政令)을 반드시 실행하게 했다."

관중, 상앙, 오기 등 법가사상에 기반을 두고 통치한 인물들을 본받아

부유한 국가와 강한 군대를 건설하겠다는 조욱의 의지를 담은 내용이다.

치평 3년(1066) 11월 송영종이 중병에 걸렸다. 조정 중신들은 황위를 계승할 태자를 아직 책봉하고 있지 않음을 우려했다. 재상 한기가 송영종에게 태자 책봉을 간곡하게 건의했다. 누가 봐도 제왕의 수업을 착실하게 받고 있는 적장자 조욱이 태자로 책봉되는 게 순리였다.

송영종도 가쁜 숨을 몰아쉬며 윤허했다. 태자로 책봉된 조욱은 매일 부친의 침전을 지키며 효도를 다했다. 치평 4년(1067) 송영종이 향년 34세를 일기로 세상을 떠난 직후에 마침내 송신종(宋神宗) 조욱이 19세의 나이에 6대 황제로 등극했다. 결코 어리다고 할 수 없는 나이에 황제가 된 송신종은 뜨거운 열정과 넘치는 의욕으로 적폐를 일소하고 새 시대를 열고자 했다.

2. 왕안석의 변법을 통해 개혁을 시도했으나 실패하다

송신종은 시시비비를 가릴 줄 아는 군주였다. 송나라를 대표하는 시인이자 정치가 소식(蘇軾·1037~1101: 소동파·蘇東坡라고 칭하기도 함)이 하늘로 높이 솟은 전나무 두 그루를 감상하고 지은 시가 있다.

늠름히 서로 마주하고 있으니 누가 감히 업신여길까   凜然相對敢相欺
하늘로 곧게 솟은 나뭇가지는 기이한 모양이 아닐세   直幹凌空未要奇
뿌리는 땅속 깊은 곳까지 곧게 뻗어있다네   根到九泉無曲處
세상에서 오직 숨어있는 잠룡만이 알겠지   世間惟有蟄龍知

희녕 5년(1072) 소식이 항주에서 관직생활을 할 때 과거시험을 준비하고 있던 수재 왕복(王復)의 집에서 전나무 두 그루를 보고 그 늠름하고 기품이 있는 모습에 반하여 이 시를 지었다. 자기도 전나무처럼 속세에 물들지 않고 고고한 자태를 드러내며 올곧게 살겠다는 뜻을 표현한 것이다. 하지만 이 시가 그를 궁지에 몰아넣을지 누가 알았으랴.

왕규(王珪), 심괄(沈括) 등이 "뿌리는 땅속 깊은 곳까지 뻗어있다네, 세상에서 오직 숨어있는 잠룡만이 알겠지."라는 시구에 반역의 의미가 있다고 주장했다. 그들에 의하면 천자는 하늘을 나는 천룡(天龍)인데도, 소식은 천룡을 부정하고 구천에 숨어있는 잠룡을 찬양했다는 것이다. 따라서 그가 딴마음을 먹고 있음이 분명하니 당장 그를 반역죄로 다스려야 한다는 것이다. 소식은 졸지에 멸문의 화를 당할 위기에 빠졌다. 송신종은 그 시구를 읽고 왕규 등 신하들에게 말했다.

"시인이 전나무를 보고 읊조린 시가 짐과 무슨 관계가 있단 말인가. 경들은 견강부회하지 마오."

만약 송신종이 올바른 판단을 내리지 못했다면 중국문학사에서 거대한 족적을 남긴 소식은 이때 목이 달아났을 것이다.

송신종이 즉위할 때 송나라의 재정 상황은 아주 열악했다. 송나라는 건국 초기부터 요나라, 서하와 끊임없이 싸웠다. 세 나라 모두 서북방의 광활한 지역에 대한 지배권을 놓고 치열한 접전을 벌였다. 물론 송나라가 승리한 싸움도 있었으나 대체적으로 요나라와 서하에게 대패를 당했다.

송나라는 두 나라에게 막대한 세폐를 제공함으로써 서북방 국가의 중원 침략을 막았다. 쉽게 말해서 돈으로 평화를 산 것이다. 북송은 이런 방법으로 서북방 변경 지역의 안정을 찾았지만 세폐 때문에 국고의 손실이 막대했다. 더구나 지역 토호세력이 막대한 토지를 소유하고 관료주의가 팽배하여 가렴주구에 시달리는 백성들이 넘쳐났다.

젊은 송신종은 변법을 시행하여 일대 개혁을 이루는 길만이 부국강병을 달성할 수 있다고 생각했다. 희녕(熙寧) 원년(1068) 강녕지부(江寧知府) 왕안석(王安石·1021~1086)을 궁궐로 불러들였다. 송신종은 오래 전부터 왕안석의 변법사상에 심취하였으며 그의 명성을 흠모하고 있었다. 왕안석을 접견하자마자 부국강병책에 대하여 물었다.

왕안석은 정치, 경제, 군사 등의 여러 분야에서 적폐를 청산하고 혁신을 이루는 구체적인 방법을 자세하게 아뢰었다. 송신종은 그의 주장에 깊은 감동을 받았다. 임금과 신하 두 사람은 의기투합하여 일대 혁신 운동을 일으키기로 결심했다.

희녕 2년(1069) 송신종은 왕안석을 참지정사로 임명하고 변법운동을 주도하게 했다. 이와 동시에 조정의 인사권을 부여하고 내각을 새롭게 짜게 했다. 왕안석에게 실권을 준 것이다. 왕안석은 백성들의 안락한 삶을 보장하고 국가의 재원을 늘리며 군대를 강하게 하는 방법을 중심으로 변법을 시도했다. 이른바 '희녕변법(熙寧變法)'의 시작이다.

하지만 유가의 인의사상을 바탕으로 국가를 다스려야 한다고 주장하는 수구세력이 거세게 반발했다. 동지간원 범순인(范純仁)이 상소했다.

"왕안석은 부국강병의 술책으로써 폐하의 성심(聖心)을 눈앞의 성공과 이익에만 급급하게 했으며 아울러 폐하께서 지난 날 배우신 성현의 학문을 잊게 하고 있습니다. 그가 법령을 숭상함은 법가의 상앙(商鞅)을 칭찬하는 것이며, 재물의 이익을 공공연히 말함은 맹자(孟子)의 사상에 위배되는 것입니다. 그는 또 국가의 원로들을 낡은 사상을 답습하는 자라고 깔보며, 공론(公論)을 천박한 의견으로 여기고 저버립니다. 자기와 다른 의견을 가진 자는 우매한 자라고 하며, 자기와 의견이 같은 자는 현명한 자라고 합니다.”

상앙은 전국시대에 활약한 대표적인 법가사상가이다. 강력하고 통일된 법령을 시행해야만 국가를 부국강병으로 이끌 수 있다고 주장했다. 그가 주장한 변법은 진(秦)나라가 중국 최초의 통일국가를 이루는 데 초석이 되었다. 인정(仁政)을 통치의 근본으로 생각하는 유가의 관점에서는, 그는 천리(天理)를 거역하는 이단아였다.

맹자는 공자 다음으로 유가 사대부들이 숭배하는 사상가이다. 그래서 ‘아성(亞聖)’이라는 표현이 나왔다. 그는 “백성이 가장 귀하고 국가는 그 다음이며 군주가 마지막이다.”라는 파격적인 주장을 했다. 요컨대 백성은 국가나 군주보다 더 귀한 존재이므로, 군주는 마땅히 백성을 하늘로 생각하고 받들어야 한다. 만약 군주가 폭정을 일삼으면 그를 타도해도 된다. 군주는 인정(仁政)을 바탕으로 백성들이 농사에 전념하여 배불리 먹고 살 수 있도록 해야 한다. 그들을 엄격한 법률과 잔인한 형벌로 다스리면 절대 안 된다.

법가사상에 대하여 강한 반감을 가지고 있었던 범순인은 왕안석의 변법을 아주 위험한 행위로 간주하여 이처럼 비난했다. 그는 송신종과 왕안석이 조종(朝宗)의 법도를 훼손한다고 은연중에 비난했다. 사실 여러 대에 걸친 적폐를 청산하기 위해서는 왕안석의 변법이 정확한 처방전이었다. 하지만 수구세력이 기득권을 보호하고자 강하게 반발했다. 송신종은 그들에게 일침을 가했다.

“신하들이 도덕만 따지고 공명(功名)의 실체를 논하지 않는 행위는 국가

를 다스리는 일에 아무런 도움도 되지 않는다.”

공리공담만 늘어놓지 말고 왕안석처럼 국가와 백성을 위한 실질적인 대책을 내놓으라는 얘기였다. 송신종은 어사중승 여공저(呂公著) 등 변법에 반대한 신하들을 지방의 한직으로 좌천시키고 왕안석에게 힘을 실어 주었다.

희녕 3년(1070) 송신종은 왕안석을 재상의 관직에 해당하는 동중서문하 평장사로 파격 발탁했다. 왕안석은 송신종의 적극적인 지원 아래 농전수리법(農田水利法), 청묘법(靑苗法), 균수법(均輸法), 보갑법(保甲法), 모역법(募役法), 시역법(市易法), 보마법(保馬法) 등 일련의 신법들을 3년여 동안 제정하고 시행했다.

농전수리법은 수리시설을 확충하고 토지를 개간하는 법률이다. 농업 생산성을 높이는 데 초점을 맞추었다. 청묘법은 춘궁기에 농민들에게 낮은 이자로 곡식을 빌려 주고 수확철에 되갚게 했다. 대지주의 고리채 때문에 빈곤에서 벗어날 수 없는 농민들에 대한 일종의 저금리 정책이다. 이와 동시에 정부의 세입 증가도 기대할 수 있었다. 모역법은 농민이 돈을 내면 노역을 면제해주며, 정부는 그것을 재원으로 삼아 실업자를 고용하는 법률이다.

시역법은 정부에서 시장의 물가를 인위적으로 조정하고 중소상인들에게 연 2할의 저리로 대출해주는 법률이다. 이는 대상인이 폭리를 취하는 행위를 근절하고 물가를 안정시키기 위한 목적이었다. 균수법은 각 지방에서 부담하는 조세와 운송비를 균등하게 하는 법률이다. 일종의 세제 개혁안이다. 보갑법은 군비 절감을 목적으로 농민들이 스스로 농촌의 치안을 담당하게 하는 법률이다. 보마법은 전마(戰馬)로 사용할 말을 기르고 공급하는 일을 농민에게 맡기는 법률이다.

이러한 신법들은 기본적으로 농민, 중소상인 등 서민을 위한 정책이었다. 이는 관료집단, 대지주, 대상인 등 기득권층의 이익과 상충되었다.

그들은 거세게 반발했다. 수구파와 개혁파 간의 충돌이 일어났다.

희녕 6년(1073) 전국 각지에 큰 가뭄이 들어 백성들이 굶어죽고 유랑하는 사태가 속출했다. 시인 정협(鄭俠)이 유리걸식하는 백성들의 비참한 모습을 그린 「유민도(流民圖)」를 조정에 바치고 왕안석을 탄핵했다.

"왕안석이 국정을 농단하여 가뭄이 들었습니다. 그를 파직하면 하늘은 반드시 비를 내리게 할 것입니다."

보수파 대신들도 왕안석이 시행한 면행전(免行錢: 현물과 인력 대신 돈으로 조세를 납부하는 것) 때문에 가뭄이 들어 백성들이 전국을 떠도는 처지가 되었다고 송신종에게 아뢰었다.

"왕안석이 조종의 법도를 무시하고 혹세무민의 악법을 시행했기 때문에 하늘이 노하여 가뭄을 일으켰습니다. 왕안석을 파직하면 하늘이 반드시 비를 내리게 할 것입니다."

그들은 또 육궁의 큰 어른이자 황제가 진심으로 존경한 조황태후(曹皇太后)에게 변법의 폐해를 부풀려 아뢰었다. 조황태후와 고태후(高太后)는 눈물을 흘리며 송신종에게 변법 중지를 간곡하게 요청했다. 심지어 소철, 한기, 사마광 등 양심적인 대신들조차 왕안석을 비난하고 나섰다.

송신종은 초심이 흔들리기 시작했다. 조회에서 탄식을 하며 대신들의 지탄을 받는 일부 법률을 폐지하려고 했다. 왕안석이 아뢰었다.

"홍수와 가뭄은 요(堯)임금, 탕(湯)임금도 피할 수 없는 천재지변입니다. 폐하께서는 이번 가뭄 때문에 심려하실 필요가 없습니다. 관리들을 적재

적소에 배치하여 가뭄을 극복하게 하면 됩니다."

송신종이 말했다.

"이번 가뭄이 어찌 사소한 일이겠소? 짐은 관리들이 변법을 잘못 적용하여 부작용이 속출하고 있는 것을 두려워하고 있소. 지금 짐과 가까운 신하부터 황후의 친족에 이르기까지 변법의 폐단을 말하지 않는 자가 없소. 황태후와 황후도 눈물을 흘리며 도성에서 혼란이 일어나지 않을까 우려하고 있소. 가뭄의 피해가 심각한 상황에서 인심을 잃지 않을까 걱정이오."

송신종은 기득권 세력과 황실의 이익을 보호하지 않으면 자신의 통치기반이 흔들릴 수 있다고 판단했다. 점차 왕안석을 멀리하기 시작했다. 왕안석은 송신종이 예전과는 다르게 자신의 의견을 더 이상 듣지 않자 실망을 금할 수 없었다.

"천하의 일이란 국을 끓이는 것과 같다. 불을 지피고 난 후 다시 찬물을 부어버리면 언제나 국을 끓일 수 있을까?"

개혁은 일관되게 진행되어야 하는데도 송신종이 중도에 포기하려는 태도에 대한 불만이었다. 송신종의 신임을 잃은 왕안석은 더 이상 개혁을 밀고 나갈 수 없었다.

희녕 7년(1074) 송신종은 왕안석을 파면했다. 하지만 그에 대한 신임을 완전히 저버리지는 않았다. 그를 관문전대학사(觀文殿大學士)로 임명하여 비난의 화살을 피하게 했다. 그런데 송신종은 개혁에 대한 미련을 버리지 못하고 1년 후에 그를 재상으로 다시 중용했으나 여전히 눈치만 볼 뿐 그에게 실권을 주지 않았다.

왕안석은 황제가 또 좌고우면하는 태도에 크게 실망했다. 희녕 9년(1076) 왕안석은 병을 핑계로 여러 차례 사직을 청했다. 마침 장남 왕방(王雱)이 한창나이에 세상을 떠나자 정신적으로 큰 충격을 받았다. 장남도 아버지와 함께 한 시대를 풍미한 사상가이자 정치가였다.

송신종은 심신이 피폐해진 왕안석의 사직 청원을 윤허할 수밖에 없었다. 왕안석은 지금의 남경인 강녕부(江寧府)에서 은거하다가 원우(元祐) 원년(1086)에 개혁의 꿈을 이루지 못한 채 사망했다.

왕안석이 송신종의 적극적인 지원 아래 추진한 '희녕변법'은 왜 실패했을까.

첫째, 서민을 위한다는 정책이 막상 시행되자 부작용이 속출했다. 청묘법의 경우, 농민들은 관청의 개입과 탐관오리의 부패로 인하여 대지주에게 곡식을 빌리고 갚을 때보다도 오히려 더 많은 이자를 지불해야 했다. 시역법도 집행기관인 시역사(市易司)에서 물건의 가격이 고가일 때 사들이고 저가일 때 팔아서 시장의 안정을 도모하는 원칙을 지키지 않았다. 오히려 비싸고 잘 팔리는 품목만 집중적으로 매입하여 막대한 이윤을 챙겼다. 국가의 금고에는 재화가 넘쳐났으나, 백성들의 삶은 조금도 나아지지 않았다. 보마법도 재정 부족으로 인하여 국가에서 키워야 하는 전마를 백성들에게 맡겨 그들의 생계에 지장을 초래한 문제가 있었다.

둘째, 보수파의 집단 반발에 굴복했다. 왕안석을 중심으로 하는 개혁파는 신진관료들이었다. 이와 반면에 보수파는 사마광, 구양수, 소식, 한기 등 조정의 실권자들이었다. 보수파도 개혁의 필요성을 인정했으나 왕안석처럼 급진적으로 변법을 시행하면 오히려 사회질서를 혼란에 빠트린다고 생각했다. 보수파는 개혁파가 변법을 급하게 밀고 나가면서 생긴 부작용을 빌미로 개혁파를 공격했다.

셋째, 송신종의 우유부단한 태도가 개혁을 좌초하게 했다. 그가 초심을 잃지 않고 끝까지 왕안석을 지원했다면 개혁이 성공했을지도 모른다. 하지만 그는 보수파와 개혁파 사이에서 좌고우면하면서 자신의 실리만을 챙겼다.

이밖에도 왕안석의 강한 개성과 고집스러운 성격도 실패의 원인이라고 생각한다. 그가 말했다는 이른바 '삼부족(三不足)'이 그의 성격을 대변한다.

"하늘의 변화를 두려워할 필요가 없으며, 조상의 법도도 반드시 따를 필요가 없고, 다른 사람들의 의견도 신경 쓸 필요가 없다."

하늘을 경외하고 조상의 법도를 신주처럼 받드는 유가 선비들의 관점에서는, 왕안석은 난신(亂臣)이자 패륜아로 보였을 것이다. 이런 이유 때문에 처음에 그의 개혁을 지지했던 구양수마저도 그에게 등을 돌렸다. 또 일찍이 그의 천재성과 뛰어난 업무능력을 알아본 사마광도 훗날 그를 격렬하게 비난한 것이다.

왕안석의 변법은 훗날 중국뿐만 아니라 조선에서도 논쟁거리가 되었다. 오늘날까지도 그의 공과(功過)를 놓고 논쟁을 벌이고 있다. 한 가지 분명한 사실은 그가 혁신사상을 가진 개혁가였다는 것이다. 개혁가는 언제나 수구파의 거센 저항을 극복해야 하는 운명을 타고 난 사람이다. 개혁에 성공하면 역사의 진부한 흐름을 바꾸어 영웅이 될 수 있지만, 실패하면 세상을 어지럽힌 난신(亂臣)으로 전락한다. 왕안석은 영웅과 난신 사이의 경계인이었다.

3. 서하를 정벌했으나 참패를 당하다

서하(西夏·1038~1227)의 경종(景宗) 이원호(李元昊·1003~1048)는 천수예법연조(天授禮法延祚) 원년(1038)에 황제를 칭하고 송나라와 동등한 황제국가임을 선포했다. 송나라가 서하를 황제국가로 인정하지 않자, 양국은 국경 지대에서 3년 동안 격렬한 전투를 벌였다.

경력(慶曆) 4년(1044) 10월 이른바 '경력화의(慶曆和議)'를 맺고 전쟁을 끝냈다. 표면적으로는 이원호가 다시 신하를 칭하여 송나라의 체면을 살려주었으나, 사실은 송나라가 서하에게 대패를 당하여 해마다 막대한 세폐(歲幣)를 주는 조건으로 맺은 굴욕적인 평화조약이었다.

송신종은 젊은 시절부터 황제국가가 신하국가에게 굴종하여 국고를 유출하는 것에 대해 몹시 분개했다. 선황제들이 왜 그렇게 서하를 무력하게 상대했는지 도무지 이해할 수 없었다. 자기가 황제가 되면 반드시 설욕하겠다는 맹세를 했다.

치평 4년(1067) 송나라의 장수 종악(種諤)이 예전에 서하에게 빼앗긴 수주성(綏州城: 지금의 섬서성 수덕현·綏德縣)을 수복했다는 소식이 조정에 전해졌다. 바로 그 시기에 황제로 등극한 송신종은 흥분을 감출 수 없었다. 즉시 종악에게 병사를 조련하여 서하를 정벌할 만반의 준비를 갖추게 했다. 희녕 4년(1071) 종악은 나올(囉兀: 지금의 섬서성 미지현·米脂縣)에서 서하군을 격퇴한 후 병사 2만여 명을 동원하여 나올성을 쌓았다.

송나라는 수주성과 나올성을 거점으로 서하와 경계를 이루는 횡산(橫山: 지금의 섬서성 유림·榆林) 일대에서 무녕성(撫寧城)과 여러 산채를 지었다. 방어 진지를 구축한 후 기회를 틈타 서하를 정벌할 계획이었다. 송나라 군사가 변경 지역에서 활발하게 움직인다는 첩보를 입수한 서하는 선제공격을 단행하기로 결정했다.

양군은 순녕채(順寧寨), 무녕성 등지에서 치열한 접전을 벌였다. 서하군의 대승으로 끝났다. 송나라가 몇 년 동안 힘들게 쌓은 성곽과 산채는 모두 서하의 수중으로 들어갔다.

양국은 그 후에도 국경 지방에서 자주 마찰을 빚었으나 대규모의 병력을 동원하여 싸우지는 않았다. 송나라는 왕안석의 변법 시행과 그에 따른 부작용으로 서하를 토벌할 여력이 없었다.

한편 서하 공화(拱化) 5년(1067)에 서하의 2대 황제 의종(毅宗) 이량조(李諒祚·1047~1068)가 21세의 젊은 나이에 세상을 떠났다. 송나라와의 싸움에서 중상을 입은 것이 사망원인이었다. 건도(乾道) 원년(1068) 그의 아들 혜종(惠宗) 이병상(李秉常·1061~1086)이 7세의 나이에 황위를 계승했다. 나이가 너무 어렸으므로 모후 양태후(梁太后·?~1085)가 섭정을 시작했다.

양태후는 권력욕이 강하고 권모술수에 능한 여걸이었다. 섭정을 시작하자마자 남동생 양을매(梁乙埋)를 재상으로 발탁하고 양을매의 딸을 이병상의 황후로 삼아 친위세력을 구축했다. 그런데 그녀는 한족 출신이었다. 서하의 주류세력인 당항족(黨項族)을 회유하고 조정을 통제하기 위하여 망맹와(罔萌訛) 등 당항족 귀족을 중용했다.

양태후는 자신의 권위에 도전하는 자는 무자비하게 탄압했다. 또 성격이 아주 호전적이어서 수시로 기병을 동원하여 송나라의 변경 지방을 유린했다. 징집된 백성들의 원성이 자자했다. 대안(大安) 2년(1076) 혜종의 나이가 만 15세가 되었다. 혜종이 친정을 시작해야 한다는 여론이 일부 대신과 장수들 사이에서 일어났다.

양태후는 여론을 무시할 수 없었다. 일단 섭정을 거두고 막후에서 혜종을 꼭두각시 황제로 부렸다. 양씨 일족의 권력 농단이 날로 심해졌다. 한족 출신 장수 이청(李淸)이 혜종에게 은밀히 아뢰었다.

"여러 해 동안 송나라와의 전쟁으로 백성이 도탄에 빠지고 국고가 텅 비었습니다. 종묘사직을 수호하고 백성을 구원하기 위해서는 황하 이남 지역을 송나라에 돌려주고 황하를 양국의 경계로 삼아 화의를 맺어야 합니다."

이청은 또 송나라와 연합하여 '전쟁광' 양태후를 퇴진시켜야 한다고 주장했다. 혜종은 포로로 끌려 온 한족 출신 문인들의 영향을 받아 한족 문명을 어느 정도 이해하고 있었다. 양태후가 모후였지만 어머니의 잔인한 성격을 몹시 두려워했다. 두 사람은 의기투합했다.

하지만 궁중 내시를 통해 두 사람의 은밀한 계획을 알아 챈 양태후는 양을매, 망맹와 등 측근들과 궁중정변을 일으켰다. 먼저 이청을 유인하여 살해한 후, 혜종을 궁궐 흥경부(興慶府: 지금의 영하회족자치구 은천·銀川)에서 5리(里) 밖에 있는 목책(木柵) 안에 가두고 감시했다. 황제가 감금되었다는 소식이 전국으로 퍼졌다.

황제를 지지하는 장수들이 양태후에게 반기를 들었다. 보태감군사통군 우장화마(禹藏花麻)는 원래 토번의 수령이었다. 서하 공화 원년(1063) 서사성(西使城: 지금의 감숙성 유중·楡中)을 서하에 바치고 귀부했다. 의종 이량조는 그에게 종실 여자를 시집보내고 그를 부마로 삼았다. 우장화마는 양태후의 사위인 셈이다. 평소에 양태후 일족의 전횡에 불만을 품고 있었다. 황제가 구금되었다는 첩보를 접한 후 송나라에 밀서를 보냈다.

"서하 황제와 태후 사이에 불화가 생겼습니다. 태후가 황제의 중신을 살해하여 분노의 민심이 들끓고 있습니다. 지금 송나라가 군사를 일으켜 태후를 징벌하면 서하의 군민들이 송나라에 호응할 것입니다."

서하에서 내분이 일어났다고 판단한 송신종은 출병을 결정했다. 송나라는 20만 대군을 동원하여 다섯 갈래의 길에서 정벌에 나섰다. 개전 초기에는 송나라 군사가 연전연승을 거두었다.

양태후는 청야(清野) 작전을 전개하면서 송나라 군사를 서하 내륙 깊숙이 끌어들였다. 승리에 도취된 송나라 군사는 흥경부를 향해 진격하다가 서하군의 기습 공격에 허를 찔리고 말았다. 보급로가 차단된 송나라 군사는 병사 수만 명을 잃고 영락성(永樂城: 지금의 섬서성 미지현·米脂縣)에서 고립되었다.

원풍(元豊) 5년(1082) 서하군은 마침내 영락성을 함락했다. 이렇게 송나라의 서하 원정은 대참패로 끝났다. 희생된 장졸과 역부가 무려 20여 만 명에 달했다. 군수물자 손실은 이루 다 헤아릴 수 없을 만큼 심각했다. 한밤중에 패전 소식을 들은 송신종은 잠을 이루지 못하고 통곡하며 날을 샜다. 그의 서하 정벌에 대한 집착이 결국은 송나라를 쇠퇴의 길로 접어들게 했다.

서하도 장정 10명 가운데 9명이 징집되어 싸움터에 나갔다. 백성의 생업이 파괴되고 경제가 붕괴했다. 서하 대안(大安) 11년(1085) 2월 재상 양을매가 병으로 사망했다. 양태후는 양을매의 아들 양을포(梁乙逋)를 재상으로 임명하고 계속 실권을 장악했다. 민심을 수습할 목적으로 아들 혜종을 황제로 복위시킨 후 같은 해 10월 병으로 사망했다. 그녀는 18년 동안 섭정의 방법으로 서하를 다스리면서 백성을 전쟁의 참화로 몰아넣은 통치자였다. 혜종도 복위했지만 황제로서 권력을 행사하지 못하고 우울증에 시달리다가 25세의 젊은 나이에 세상을 떠났다.

한편 참패의 충격에서 벗어나지 못한 송신종은 날이 갈수록 기력이 쇠잔해졌다. 원풍 8년(1085) 1월 병석에 누워 일어나지 못했다. 조정 대신들은 태자를 아직 책봉하지 않은 상황에서 황제가 급서하면 큰 혼란이 일어나지 않을까 두려웠다. 재상 왕규(王珪) 등 중신들이 송신종에게 자신들의 의견을 간곡하게 아뢰었다.

송신종도 자기의 마지막 소임은 태자를 책봉하는 일이라고 생각했다. 마침내 여섯째아들 조용(趙傭·1077~1100)을 태자로 책봉하고 그의 이름을 후(煦)로 개명하게 했다. 조후가 7대 황제 송철종(宋哲宗)이다. 같은 해 3월 송신종은 재위 18년, 37세의 나이에 세상을 떠났다.

송신종은 부국강병을 실현하려는 의욕이 앞선 군주였다. 왕안석을 중용하여 일대 혁신을 이루고 싶었으나 실패했다. 또 서하를 정벌하여 송제국의 영광을 실현하고 싶었으나 오히려 국가를 누란의 위기로 몰고 갔다. 그의 주도면밀하지 못하고 우유부단한 성격이 그를 실패한 군주로 만들었다.

역사학자 왕재충(王才忠)은 "송신종은 변법파의 후원자였다. 하지만 그는 기백이 부족하고 사상이 깊지 못했으며 성격도 강직하지 못했다."라고 평가했다.

7

제7장

송철종 조후

1. 성장 과정과 황위 계승

치평(治平) 3년(1066) 송신종 조욱이 영왕(潁王)이었을 때 재상 향민중(向敏中)의 증손녀 향씨(向氏·1046~1101)를 본부인으로 맞이했다. 조욱과 향씨 사이에서 넷째아들 조신(趙伸)이 태어났으나 갓난아이 때 죽었다. 향씨는 조욱이 황제로 등극한 후 황후로 책봉되었으며 더 이상 황자를 낳지 못했다.

송신종은 후궁들 사이에서 장남 조일(趙佾), 둘째아들 조근(趙僅), 셋째아들 조준(趙俊), 다섯째아들 조한(趙佪) 등 네 아들을 낳았다. 그런데 네 아들 모두 요절했다.

송신종은 젊었을 적에 난 다섯 아들을 모두 잃고 무척 상심했다. 우연히 궁녀 주씨(朱氏·1052~1102)를 하룻밤의 노리개로 삼았다. 뜻밖에도 주씨가 희녕(熙寧) 9년(1077)에 송신종의 여섯째아들 조용(趙傭·1077~1100)을 낳았다. 조용이 태어나기 전에 다섯 아들이 모두 요절했으므로, 그가 사실상 장남이었다.

송신종은 궁녀 주씨를 무척 총애했던 것 같다. 주씨는 조용뿐만 아니라 13번째 아들 조사(趙似·1083~1106)와 황녀 5명도 낳아 황제를 기쁘게 했다. 그런데 주씨는 황제의 총애를 받았음에도 덕비(德妃)의 품계에 머물렀다. 친아들 송철종(宋哲宗) 시대에도 황태후로 인정받지 못하고 황태비로 책봉되었다. 왜냐하면 송영종의 적실부인 고태황태후(高太皇太后)와 송신종의 적실부인이자 송철종의 적모(嫡母)인 향황태후(向皇太后)가 육궁의 엄연한 안주인이었기 때문이다. 주씨는 사망한 이후에 송철종의 이복동생, 송휘종(宋徽宗) 조길(趙佶·1082~1135)에 의해 비로소 황후로 추증되었다.

조용은 어린 시절에 고황태후(송신종 시기에는 황태후였음)의 극진한 보살핌을 받고 자랐다. 원풍(元豐) 5년(1082) 5세 때 개부의동삼사(開府儀同三司), 창무군절도사(彰武軍節度使) 등 관직을 제수받았다. 아울러 연안군왕(延安郡王)으로 책봉되었다. 송신종이 어린아이에 불과한 조용에게 이런 고위관직과 작위를 하사한 것은 그를 후계자로 염두에 두고 있었음을 의미한다.

원풍 7년(1084) 3월 송신종이 집영전(集英殿)에서 대신들에게 연회를 베풀었다. 조용이 황제의 곁에서 시중을 들었다. 그 표정이 온화하고 행동거지 하나하나가 법도에 맞았다. 그의 모습을 지켜보고 있던 대신들은 송신종에게 그가 제왕의 도를 갖춘 황자라고 이구동성으로 칭찬했다. 송신종은 그를 바라보며 흡족한 미소를 지었다.

송신종은 서하에게 참패를 당한 후 시름시름 앓았다. 원풍 8년(1085) 정무를 관장할 수 없을 정도로 병세가 악화되었다. 태자를 책봉하지 않은 상황에서 황제가 급서하면 혼란이 불가피했다. 황위를 계승할 황자는 송신종의 실질적인 장남인 연안군왕 조용이었다. 하지만 조용이 너무 어린 게 문제였다.

송신종의 친동생 옹왕(雍王) 조호(趙顥)와 조왕(曹王) 조군(趙頵)이 은밀히 태자의 자리를 노렸다. 두 사람은 수시로 송신종의 침전으로 가서 병세를 살폈다. 송신종은 몸이 아파 말을 할 수 없었지만 그들을 만날 때마다 노려보았다. 그들이 찾아 온 의도를 알고 있는 것 같았다. 그들은 또 생모 고황태후에게 황제를 간병하겠다고 간청했다. 황제 주변을 장악한 후 그들의 뜻대로 일을 추진해나갈 의도였다. 송신종은 목숨이 경각에 달려있었으므로, 태자 책봉의 일은 고황태후가 나설 수밖에 없었다. 그녀는 깊은 고민에 빠졌다.

'장차 황위를 손자에게 넘겨줄 것인가, 아니면 친아들에게 넘겨 줄 것인가.'

자신의 부귀영화와 안위만을 생각하면 손자가 어리다는 이유를 들어 친아들에게 '대권'을 이양해도 크게 문제될 게 없었다. 하지만 유가의 종법사상에 의하면 적장자가 황위를 계승해야 했다. 만약 조호 또는 조군이 황위를 계승하면 숙부가 조카를 살해하는 비극이 일어나지 않을 것이라고 장담할 수 없었다. 그녀는 고민 끝에 손자를 태자로 책봉하기로 결심했다. 금위군의 장수에게 옹왕과 조왕이 황제의 침전에 드나드는 것을 막게 했다. 또 황제의 붕어 직후에 손자 조용을 새 황제로 추대할 생각에, 환관 양유간(梁惟簡)의 아내에게 10세 남짓 되는 어린아이가 입을 수 있는 황포를 비밀리에 제작하게 했다.

재상 왕규(王珪) 등 중신들은 연안군왕 조용이 태자로 책봉되고 고황태후가 수렴청정하는 것이 법도에 맞는다고 판단했다. 그들은 송신종을 병문안하면서 연안군왕을 태자로 책봉하고 고황태후에게 섭정을 맡기도록 간곡하게 아뢰었다. 송신종은 숨을 헐떡이며 고개를 끄덕였다. 왕규 등은

황태후전으로 가서 고황태후를 배알했다. 고황태후는 울면서 연안군왕을
어루만지며 말했다.

"손자의 효성이 참으로 지극하오. 황상께서 탕약을 드신 이래 지금까
지 한 번도 황상의 곁을 떠난 적이 없소. 날마다 황상의 건강을 기원하
고자 불경을 필사하고 있소. 또 독서를 좋아하여 『논어』를 암송하고 있으
니, 어린 나이이지만 절대 노는 일에만 정신이 팔려있지 않소."

고황태후가 송신종의 뜻에 따라 조용을 태자로 책봉하겠다는 뜻이었
다. 왕규 등은 모두 조용에게 재배(再拜)를 올리고 태자 책봉을 축하했다.
이때 조용은 이름을 조후(趙煦)로 개명했다. 같은 해 3월 송신종이 붕어한
직후에 송철종 조후가 8세의 나이에 7대 황제로 등극했다.

2. 원우갱화: 구법당이 신법당을 타도하다

고태황태후(송철종의 조모이므로 태황태후로 칭함)는 황태후 시절에 아들 송신종
이 왕안석의 변법으로 개혁을 시도한 일에 불만을 품고 있었다. 변법이
오히려 조상의 법도를 훼손하고 통치 질서를 문란케 하여 백성들의 삶을
힘들게 했다고 생각했다.

원풍 8년(1085) 고태황태후는 수렴청정을 시작하자마자, 사마광(司馬
光·1019~1086)을 궁궐로 불러들였다. 송신종 시대에 변법을 신랄하게 비판
했던 사마광은 사직을 하고 낙양에서 15년 동안 은거생활하면서 울분을
삭히며 『자치통감』을 저술한 역사학자이자 정치가였다. 그는 왕안석의 정
적(政敵)으로 반개혁적인 인물이었다. 하지만 신념이 투철하고 정직했으며

백성들의 신망을 한몸에 받았다. 칠순을 바라보는 나이임에도 좌절하지 않고 왕안석이 제정한 변법을 폐지하고 인정(仁政)을 베풀어 국태민안을 달성하는 일이 자신의 마지막 소임이라고 생각했다. 변법을 반대한 고태황태후가 섭정을 시작했으므로 자신의 정치적 목표를 이른바 '이모개자(以母改子)'로 달성할 수 있다고 판단했다. 이모개자란 '어머니(고태황태후)의 힘으로 아들(송신종)의 변법을 고친다'는 뜻이다. 그는 고태황태후에게 왕안석과 변법을 통렬하게 비판했다.

> "왕안석은 정치의 요체를 모르는 자입니다. 오로지 개인의 견해로 옛날의 전장(典章)을 훼손하였으며 선황제에게 관리를 잘못 임용하게 했습니다. 그 결과 백성들은 대부분 생업을 잃었으며 마을 곳곳에서는 원망과 탄식이 가득합니다. 또 그가 제정한 변법은 옳은 것을 버리고 잘못된 것을 취하며, 해악을 성행하게 하고 이로움을 제거했습니다. 명분은 백성을 사랑하는 일이었다고 주장했지만 사실은 백성을 병들게 했으며, 국가에 이익이 되는 일이라고 했지만 국가를 해쳤습니다."

사마광의 주장에 공감한 고태황태후는 그를 상서좌복사 겸 문하시랑에 제수하고 그에게 변법의 폐단을 바로잡게 했다. 사마광은 자신이 오래전부터 악법으로 간주한 면역법(免役法), 청묘법(靑苗法) 등 변법을 즉시 폐지했다.

고태황태후는 송신종 시대에 변법에 반대하여 지방의 한직으로 쫓겨난 유지(劉摯), 범순인(范純仁), 소식(蘇軾), 여공저(呂公著), 문언박(文彦博) 등 이른바 '구법당(舊法黨)' 인사들을 조정의 요직에 등용하여 사마광을 중심으로 변법 척결에 앞장서게 했다.

원우(元祐) 원년(1086) 사마광이 변법 폐지를 주도한지 1년 만에 향년 77

세를 일기로 세상을 떠났다. 고태황태후는 여전히 구법당 인사들에게 힘을 실어주었다. 구법당 인사들은 시역법(市易法), 보마법(保馬法) 등 나머지 변법을 폐지하였다. 또 장돈(章惇), 채확(蔡確), 여혜경(呂惠卿) 등 변법 제정에 적극적으로 동참했던 이른바 '신법당(新法黨)' 인사들을 탄압했다. 구법당 인사들은 고태황태후의 적극적인 비호 아래 왕안석이 남긴 변법의 유산을 말살하고 진부한 구제도를 복원했다.

이와 반면에 신법당은 고태황태후의 섭정기간 중에 정치적으로 몰락의 길을 걸었다. 이처럼 구법당이 고태황태후의 적극적인 지원 아래 신법당을 타도한 일을 '원우갱화(元祐更化)'라고 한다. 원우 연간(1086~1094)에 제도를 새롭게 고쳤다는 의미이지만, 사실은 변법을 폐지하고 구제도를 복원한 것이다.

고태황태후는 53세 때부터 수렴청정을 시작했다. 국정을 돌보는 데 성숙한 나이였다. 손자 송철종은 그녀의 눈에는 열 살 남짓한 어린아이로밖에 보이지 않았다. 송철종이 아무리 어리더라도 어쨌든 황제가 아닌가. 수렴청정을 할 때 반드시 황제를 오른쪽에 앉히고 대신들을 접견해야했다. 물론 고태황태후도 법도에 따라 그렇게 했지만 여전히 황제를 어린아이 취급했다.

실권을 장악한 구법당 대신들은 고태황태후와 상의해서 결정한 내용을 형식상이나마 어린 황제에게 다시 아뢰는 게 법도에 맞았다. 하지만 그들은 오로지 고태황태후만을 따랐을 뿐이지 송철종에게는 신경을 쓰지 않았다. 송철종이 가끔 그들에게 무엇을 물어보기라도 하면 대답조차 들을 수 없었다. 심지어 그들은 조회를 열 때 황제의 등을 바라보는 무례함을 저지르기도 했다.

봉건왕조 시대에 "임금은 북쪽을 등지고 남쪽을 바라보며, 신하는 남쪽을 등지고 북쪽을 바라본다."는 철칙이 있었다. 따라서 신하가 임금의 등을 보는 행위는 대역죄에 해당했다. 고태황태후가 묵인하지 않았다면 있을 수 없는 일이었다.

송철종은 조회에 나가서 대신들에게 한 마디 말도 하지 않았다. 자기의 뜻을 밝혀도 들어주는 신하가 없었기 때문이다. 하루는 고태황태후가 그에게 왜 조회에서 아무 말도 하지 않는지 물었다. 그가 대답했다.

"태황태후께서 이미 처분을 내리셨는데 제가 또 무슨 말을 할 필요가 있겠습니까?"

송철종은 고태황태후와 대신들의 법도에 어긋나는 행위에 상처를 받았다. 훗날 친정을 시작한 후 대신들에게 이런 얘기를 했다.

"선인성렬황후(宣仁聖烈皇后: 고태황태후)께서 수렴청정을 하실 때 짐은 다만 경들의 궁둥이와 등만을 보았을 따름이오."

그가 어린 황제 시절에 자기를 무시한 대신들에게 느낀 서운한 감정을 드러낸 말이다. 대신들은 모골이 송연했다. 어느덧 송철종은 어린 티를 벗고 청년으로 성장했다. 고태황태후는 마땅히 수렴청정을 거두고 그에게 통치권을 이양해야 했다. 하지만 그녀는 여전히 권력을 쥐고 대리통치했다. 대신들도 그녀의 뜻에 순응했을 뿐이다.

송철종은 고태황태후가 자신을 함부로 대한다고 생각했다. 시간이 흐를수록 서운한 감정이 원한으로 변했다. 손자와 할머니 사이에 보이지 않는 갈등이 생겼다. 어느 날 고태황태후가 손자가 사용하는 낡은 탁자를 보고 새것으로 교체하게 했다. 잠시 후 송철종은 그 낡은 탁자를 다시 제자리에 가져다 놓게 했다. 고태황태후가 그 까닭을 물었다. 송철종이 대답했다.

"그 탁자는 선황제(송신종)께서 사용하신 것입니다."

고태황태후는 송철종이 자신에 대한 불만을 이렇게 우회적으로 표현한 것에 대하여 깜짝 놀랐다. 송철종이 친정을 하게 되면 조정에 어떤 평지풍파가 일어날지 모른다는 걱정이 앞섰다. 사실 그녀는 손자가 성군이 되기를 진심으로 바랐다. 그렇지만 아직 나이가 어렸으므로 황제로서 갖추어야 할 제왕의 도를 배우기를 원했다. 당대 최고의 학자들을 초빙하여 송철종을 가르치게 했다. 또 송철종이 남녀 음양의 이치를 깨달을 나이가 되었을 때는 여색을 경계하기 위하여 나이가 많은 궁녀 20여 명에게 황제의 사생활을 엄격하게 관리하게 했다.

송철종은 구중궁궐에서 숨이 막힐 정도로 답답했다. 지엄한 고태황태후의 가르침이 잘못되지 않았기 때문에 불만을 감히 토로할 수 없었지만 마음속은 원망으로 가득했다.

원우 4년(1089) 궁궐에서 어린 황제를 보살필 유모를 구하고 있다는 소문이 민간에 퍼졌다. 황제가 벌써부터 학문을 게을리 하고 여색을 탐하고 있다고 생각한 간의대부 유안세(劉安世)와 우정원(右正言) 범조우(范祖禹)는 송철종을 비판하는 상소를 올렸다. 송철종은 추상처럼 엄격한 대신들의 직언에 말문을 닫았다.

그런데 고태황태후는 신종황제가 남기신 어린 공주를 돌보기 위하여 유모를 구하려고 했지, 황제와는 아무런 관계가 없는 일이라고 말했다. 사실은 송철종이 추문에 휩싸이는 것을 막기 위하여 그렇게 둘러댔을 뿐이다. 하지만 그녀는 궁녀들을 은밀하게 문초하여 송철종을 당황하게 했다.

송철종은 이런 추문을 겪고 난 후 황제로서 아무 것도 할 수 없다는 무력감에 빠졌다. 생모 주씨(朱氏)의 신분을 격상하는 일도 그에게 큰 좌절감을 안겨주었다. 아들이 황제가 되었으므로 주씨는 황태후로 추존되어야 했다. 하지만 송신종의 적실부인 향황후를 황태후로 추존했으므로 주씨는 황태후가 될 수 없다고 고태황태후는 생각했다. 대신들도 그녀와 같은 생각이었다. 결국 주씨는 황태비로 책봉되었으며 아들이 황제임에도 고태황태후와 향황후의 기세에 눌려 오금을 제대로 펴지 못하고 지냈다.

송철종은 고태황태후와 그녀를 따르는 구법당 대신들에게 원한을 품고 친정할 날만 학수고대하고 있었다. 원우 8년(1093) 가을 고태황태후가 향년 61세를 일기로 세상을 떠났다. 마침내 송철종의 친정이 시작되었다. 그의 나이 16세였다.

고태황태후는 8년 동안 송나라를 다스렸다. 왕안석 변법의 긍정적인 작용을 이해하지 못하고 일방적으로 폐지한 과오가 있었으나, 정치를 잘못한 것은 아니었다. '여자들 가운데 요순임금'이라는 칭송을 들었을 정도로 어진 정치를 폈다. 송나라는 그녀의 섭정 기간에 번영을 누렸다. 또 태황태후로서 막중한 책임감을 가지고 송철종을 엄하게 가르쳤다. 하지만 송철종은 할머니의 깊은 뜻을 이해하지 못했다. 할머니가 언제나 자신을 압박한다고 생각했다. 이런 감정은 고태황태후의 사후에 정국의 불안 요소가 되었다.

3. 구법당을 제거하고 서하와의 전쟁에서 승리하다

원우 8년(1093) 송철종은 고태황태후가 세상을 떠난 직후에 친정을 시작했다. 장돈(章惇), 증포(曾布) 등 예전에 변법 제정에 참여했던 신법당 인사들을 중용했다. 친정을 시작한 후 다음 해부터 연호를 소성(紹聖·1094~1097)으로 고쳤다. '소성'은 송철종이 선황제 송신종이 제정한 변법을 계승하여 발전시키겠다는 의미를 담고 있는 연호이다. 송철종은 우울증을 앓다가 사망한 변법의 주창자 왕안석에게 '문(文)'이라는 시호를 추증하고 그를 송신종을 모신 종묘에 배향하게 했다.

이는 송철종이 오래전부터 마음속으로 원망한 구법당 인사들의 몰락을 예고했다. 송철종은 반개혁의 선봉에 섰다가 사망한 사마광의 시호를 삭제하고 생전의 관직을 강등시켰다. 또 소식, 소철, 유지 등 구법당의 핵심 인물들을 영남 지방으로 귀양을 보냈다. 나머지 구법당 인사들도 동문관(同文館)으로 끌려와 혹독한 문초를 당하고 관직에서 쫓겨났다.

재상 장돈은 이미 세상을 떠난 고태황태후에게 "늙은이가 멋대로 국가를 농락했다."는 죄명을 붙여 그녀의 신분을 격하해야한다고 송철종에게 아뢰었다. 송철종의 속마음을 대변했으나, 송신종의 향태후와 송철종의 생모 주태비의 반발에 부딪쳐 뜻을 이루지 못했다.

송철종은 구법당 인사들을 삭탈관직하거나 영남 지방으로 유배를 보낸 후에 면역법, 보갑법, 청묘법 등 고태황태후와 구법당 인사들에 의해 폐지된 변법을 다시 시행하게 했다. 원부(元符) 원년(1098) 「상평면역칙령(常平免役敕令)」을 반포했다. 왕안석이 제정한 변법의 부활이었다. 이 칙령은 백성들이 부담해야 하는 세금과 노역을 완화시키는 효과가 있었다.

백성들의 생업이 어느 정도 안정을 찾자, 송철종은 서하에 대하여 강경책을 폈다. 변경 지방에서 서하의 침략을 격퇴하고 선친 송신종의 원한을 풀어주기 위한 조치였다. 송철종은 경략안무사 장절(章楶)의 건의에 따라 국경 지대에 1천여 리에 달하는 방어진지를 구축하고 평하성(平夏城: 지금의 영하회족자치구 고원·固原)과 영평채(靈平寨: 지금의 영하회족자치구 왕호보고성·王浩堡古城)를 쌓게 했다. 반드시 서하를 평정하겠다는 의미로 성의 이름을 '평하성'이라고 지었다.

서하도 송나라의 적대 정책에 수수방관하지 않았다. 오히려 선제공격을 가하여 송나라 군사를 일거에 섬멸하고 싶었다. 당시 서하의 통치자는 양태후(梁太后·?~1099)였다. 이 양태후는 서하 혜종(惠宗) 이병상(李秉常)의 생모 양태후가 아니라, 4대 황제 숭종(崇宗) 이건순(李乾順·1083~1139)의 생모 양태후이다. 3세 때 즉위한 이건순을 대신하여 섭정했다.

서하 영안(永安) 원년(1908) 10월 양태후는 동원할 수 있는 모든 병력을 총동원했다. 친히 40만 대군을 거느리고 송나라의 맹장 곽성(郭成)이 지키고 있는 평하성을 공격했다. 수만 명에 불과한 송나라의 수비군은 결사항전했다. 서하군은 밤낮을 가리지 않고 13일 동안 맹렬하게 공격했지만 오히려 송나라 군사의 기습작전에 말려들어 참패를 당했다.

양태후는 후방이 송나라 군사에게 차단당하지 않을까 두려워했다. 서둘러 철수를 단행했다. 송나라 군사는 서하 군사의 후미를 공격하여 외명아매(嵬名阿埋), 매륵도포(妹勒都逋) 등 장수들을 생포했고 수급(首級) 3천여 급을 베었다. 또 소와 양 10만 마리를 노획하는 전과를 올렸다. 평하성의 전투는 송나라와 서하가 지난 60여 년 동안 크고 작은 전쟁을 벌인 이래, 송나라가 보기 드물게 승리한 싸움이었다.

서하는 주력군이 괴멸되자 송나라에 사신을 보내 화의를 간청하는 수밖에 없었다. 또 이 시기부터 요나라의 간섭을 받기 시작했다. 서하를 궁지에 몰아넣은 양태후는 요나라 사신에게 피살당했다. 송나라도 전쟁에서는 승리했으나 내상이 너무 컸다. 농사철에 장정들을 대규모로 징집하고 막대한 군수물자를 조달하느라 국력이 급속하게 쇠약해졌다.

4. 맹황후를 폐위하고 유첩여를 황후로 책봉하다

8세 때 황위를 계승한 송철종은 점차 어린 티를 벗고 청년으로 성장했다. 그의 조모 고태황태후는 명문가의 규수 100여 명을 선발하여 궁궐에서 생활하게 했다. 그들 가운데 황후의 자질이 엿보이는 한 명을 간택하여 손자 송철종의 배필로 삼을 생각이었다. 미주방어사 맹원(孟元)의 손녀, 맹씨(孟氏·1073~1131)가 후덕하고 순종적이며 어른을 잘 섬겼다. 고태황태후는 그녀를 총애하여 그녀에게 궁궐의 법도와 예절을 익히게 했다.

원우 7년(1092) 맹씨는 고태황태후의 뜻에 따라 19세의 나이에 황후로 책봉되었다. 그런데 송철종은 나이가 자기보다 세 살 더 많은 맹황후와 데면데면하게 지냈다. 맹황후에게 무슨 결점이 있어서가 아니라, 자기가 마음속으로 싫어한 고태황태후가 간택한 황후였기 때문이다.

송철종은 미모가 빼어나고 가무에 능한 어시(御侍) 유씨(劉氏·1079~1113)에게 마음을 빼앗겼다. 그런데 유씨는 아주 교활하고 영악한 여자였다. 고태황태후가 세상을 떠나면 송철종의 적모 향태후와 생모 주태비가 육궁의 어른이 되므로 두 사람에게 잘 보이면 황후의 자리를 차지할 수 있다고 생각했다. 송철종은 생모 주태비에게 지극정성으로 효도하는 그녀를 더욱 총애했다.

고태황태후가 세상을 떠나고 송철종이 친정을 시작한 후인 소성 2년(1095)에 유씨의 품계가 첩여(婕妤)로 승격되었다. 유첩여는 송철종의 총애를 등에 업고 맹황후에게 무례한 행동을 서슴지 않았다. 심지어 공개적으로 맹황후를 비난하기도 했다. 마치 자기가 황후인 것처럼 행세했다. 유첩여는 환관 학수(郝隨), 재상 장돈(章惇) 등 송철종의 총애를 받는 신하들과 은밀히 세력을 규합했다.

소성 3년(1096) 맹황후가 낳은 송철종의 장녀, 한 살배기 아이 복경공주

(福慶公主·1095~1096)가 중병에 걸렸다. 어의가 백방으로 약을 써보았지만 효과가 없었다. 맹황후는 매일 어린 딸을 간병하며 전전긍긍했다. 당시 민간에는 부적을 태운 재를 물에 타서 마시면 병에 효험이 있다는 도교의 치료술이 유행하고 있었다. 맹황후의 언니가 부적을 궁궐로 몰래 가지고 들어와 치료를 시도했다. 그런데 궁궐에서는 이런 치료술을 엄격하게 금지하고 있었다.

맹황후는 깜짝 놀랐다. 언니가 자신을 위해서 벌이는 일임을 알고 있었으나, 만약에 발각되면 어떤 비난을 받을지 모르기 때문이었다. 즉시 부적을 치우게 했다. 그래도 불안한 마음이 들었던지 송철종에게 자초지종을 설명하고 용서를 구했다. 송철종은 장녀를 살릴 수만 있다면 어떤 치료술도 개의하지 않았기 때문에 묵인했다.

하지만 복경공주는 끝내 요절하고 말았다. 맹황후가 비통에 빠졌다. 그녀의 양모 연부인(燕夫人)과 여승 법단(法端)이 맹황후의 복을 기원하고 요절한 공주의 넋을 달래주기 위해 불공을 드렸다. 그런데 이 일이 엉뚱하게 전개되었다.

유첩여가 음모를 꾸몄다. 맹황후와 연부인이 은밀히 여승에게 황제를 저주하는 주술을 부리게 했다는 거짓말을 송철종에게 늘어놓았다. 송철종은 처음에는 믿지 않았으나 유첩여의 간교에 놀아나 양종정(梁從政), 소규(蘇珪) 등 신하들에게 사건의 진상을 파악하게 했다.

유첩여와 장돈은 이미 사건을 조작해 놓고 있었다. 맹황후의 궁녀와 시종 30여 명이 가혹한 고문을 당했다. 무고한 맹황후를 지키기 위해 끝까지 바른 말을 한 자들은 사지가 절단되거나 혀가 잘려 죽었다. 살아남기 위해서는 거짓으로 자백하는 수밖에 없었다. 양종정 등은 사건을 조작하여 맹황후가 관련되어있다고 송철종에게 아뢰었다.

송철종은 맹황후를 폐위하고 폐위된 비빈들이 거주하는 요화궁(瑤華宮)

에 안치했다. 또 그녀에게 법호 옥청묘정선사(玉清妙靜仙師)와 법명 충진(沖眞)을 내렸다. 살아 있는 동안 도교의 도사로서 은인자중하며 살라는 의미였다.

맹황후가 폐위된 직후에, 유첩여는 완의(婉儀)로 승격되었다. 소성 4년 (1097) 송철종의 넷째딸 의녕공주(懿寧公主)를 낳은 후에는 품계가 다시 현비(賢妃)로 높아졌다. 당시 송철종은 어린 딸 3명만 두었을 뿐 아들이 없었다. 유현비는 자기가 황후로 책봉되기 위해서는 황제의 아들을 낳아야 했다. 온갖 비방(祕方)을 써서 마침내 원부(元符) 2년(1099) 8월에 송철종의 외아들 조무(趙茂)를 낳았다. 송철종은 세상의 모든 것을 다 얻은 것처럼 기뻤다. 유현비를 자신의 두 번째 황후로 책봉함으로써 그녀가 황자를 낳아준 것에 보답했다.

사실 맹황후가 폐위되고 유현비가 황후로 책봉된 일은 구법당과 신법당 사이의 정치투쟁의 산물이었다. 맹황후는 고태황태후와 구법당 대신들의 지원을 받고 황후로 책봉되었다. 송철종은 고태황태후의 사후에 강력한 친정체제를 구축하고자 구법당 대신들을 몰아내고 신법당 대신들을 중용했다. 이러한 정치적 소용돌이 속에서 맹황후는 폐위되었으며, 유현비는 신법당 대신들과 결탁하여 마침내 황후로 책봉된 것이다.

원부 2년(1099) 9월 조무가 태어난 지 두 달 만에 요절했다. 장남을 잃은 송철종은 너무나 비통한 나머지 3일 동안 조회를 철회하고 통곡했다. 설상가상으로 유황후가 낳은 의녕공주도 요절했다. 송철종과 유황후는 제정신이 아니었다. 송철종은 미친 듯 날뛰기를 반복하다가 쓰러지고 말았다.

원부 3년(1100) 1월 송철종은 24세의 젊은 나이에 요절했다. 그가 독감에 걸려 죽었다는 기록이 있으나 사실이 아니다. 그는 황후 2명과 비빈 9명을 거느렸다. 어릴 적부터 몸이 허약했던 그가 20대 초반에 부인 11명을 거느리고 무리하게 방사(房事)를 즐겼던 것이 사인이다. 그를 보필했던 추밀사 증포(曾布)는 자신의 문집에서 송철종이 정액을 지나치게 많이 배출하여 죽었다고 했다.

남송 소흥(紹興) 연간(1131~1162) 태상소경 방정석(方庭碩)이 사신으로 금(金)나라에 가는 도중에 북송 황제들의 황릉을 참배했다. 황릉 모두 훼손되어 있었다. 특히 송철종의 영태릉(永泰陵)은 훼손된 정도가 심각하여 유골이 나뒹굴고 있었다. 방정석은 눈물을 흘리며 자기 옷을 벗어 유골을 감쌌다고 한다.

송철종은 의지가 비교적 강한 군주였다. 또 나름대로 시시비비를 분명히 가리는 능력도 있었다. 왕안석의 변법을 부활시키고 서하와의 전쟁에서 승리를 거둔 일은 아버지 송신종이 이루지 못한 꿈을 실현한 업적이었다. 하지만 그는 정신적으로 조모 고태황태후와의 갈등을 끝내 극복하지 못했으며, 그것을 당쟁으로 끌고 간 과오를 범했다. 북송이 송철종 이후에 망국의 길로 접어들게 된 결정적 원인은 서하 정벌에 따른 국고 손실과 당쟁이었다.

한편 폐위되어 도사가 된 맹씨(孟氏)는 반전에 반전을 거듭하는 인생을 살게 된다. 송철종 사후에 황위를 계승한 송휘종(宋徽宗) 조길(趙佶)은 향태후(向太后)의 뜻을 받들어 요화궁에서 숨을 죽이고 살고 있던 맹씨를 원우황후(元祐皇后)로 추존했다. 당시 조정의 대소사는 향태후가 결정했다.

원래 향태후는 송신종 시대에 구법당을 지지했다. 송철종 시대에 들어와 구법당의 도움으로 황후가 된 맹황후가 폐위된 일을 아주 못마땅하게 생각했다. 그래서 섭정을 시작하자마자 송휘종에게 맹씨를 다시 황후로 책봉하게 한 것이다. 이때 송철종의 두 번째 황후인 유황후도 원부황후(元符皇后)로 추존되었으나, 서열은 원우황후보다 낮았다.

원우황후는 다시 육궁에서 향태후 다음가는 지위를 누리며 부귀영화를 누렸다. 건중정국(建中靖國) 원년(1101) 1월 향태후가 향년 55세를 일기로 세상을 떠났다. 구법당의 든든한 후원자였던 그녀의 사망은 조정을 다시 한 번 당쟁의 소용돌이로 몰아넣었다.

신법당이 구법당 인사들을 몰아내고 실권을 장악했다. 숭녕(崇寧) 원년(1102) 원우황후는 구법당을 지지했다는 누명을 쓰고 또 폐위되어 요화궁으로 쫓겨났다. 그 후 그녀는 오랜 세월 동안 도사로서 속세를 멀리하고 은인자중하며 살았다.

한편 원부황후 유씨는 숭녕 2년(1103)에 태후로 추존되었다. 그녀는 야심이 대단한 여자였다. 조정의 실권을 장악하려고 음모를 꾸미다가 발각되어 정화(政和) 3년(1113) 34세의 나이에 자살했다.

정강(靖康) 2년(1127) 금군(金軍)이 도성 변경성을 향해 대규모 공격을 단행했다. 이른바 '정강의 변란'이 일어난 것이다. 송휘종은 육궁에 태후가 없음을 우려하여 대신들과 상의 끝에 다시 맹씨를 태후로 추대하기로 결정했다. 하지만 그녀를 태후로 추존한다는 성지(聖旨)가 그녀에게 도달하기 전에 황궁이 함락되었다. 금군은 송휘종 등 황실 귀족들을 포로로 잡아 북으로 끌고 갔다.

이때 맹씨는 폐위된 신분이었다. 전란을 피해 민가에 숨어 있었다. 금군은 황제 비빈들의 명부를 철저하게 조사했다. 그녀의 이름이 있을 리가 없었다. 이런 연유로 그녀는 포로로 끌려가지 않고 극적으로 살아남았다.

정강 2년(1127) 5월 강왕(康王) 조구(趙構)가 남쪽으로 달아나 남경의 응천부(應天府·지금의 하남성 상구·商丘)에서 즉위하고 남송의 개국황제가 되었다. 이때 조구를 따라간 맹씨는 원우태후(元佑太后)로 추존되어 육궁의 가장 존귀한 어른이 되었다. 얼마 후 그녀의 조부 맹원(孟元)의 원(元) 자를 피하기 위하여 존호를 융후태후(隆祐太后)로 바꾸었다.

소흥(紹興) 원년(1131) 융후태후는 향년 68세를 일기로 파란만장한 생애를 마쳤다. 그녀는 마음씨가 착하고 순종적인 여자였다. 정치에는 관심을 두지 않았다. 하지만 당쟁에 휘말려 고난을 세월을 보내야 했다. 그녀를 모함한 유황태후는 자살로써 생애를 마감했지만, 그녀는 송고종의 보살핌을 받고 천수를 누렸다. 인생 말년에는 지난날을 회상하며 매일 술을 마셨다. 송고종은 그녀의 건강을 염려하여 몸에 좋은 미주(美酒)를 바쳤다고 한다.

8

| 제8장 | 송휘종 조길

제8장

송휘종 조길

1. 성장 과정과 황위 계승

8대 황제 송휘종(宋徽宗) 조길(趙佶·1082~1135)은 송신종 조욱의 11번째 아들로 태어났다. 생모는 진씨(陳氏·1054~1089)이다. 그녀는 액정(掖庭: 궁궐에서 궁녀들이 거주하는 장소)으로 들어와 제왕을 모시는 시녀가 되었다. 송신종 시대인 원풍(元豐) 5년(1082)에 조길을 낳은 후 품계가 재인(才人), 미인(美人) 등으로 높아졌다.

원풍 8년(1085) 송신종이 우울증을 앓다가 37세를 일기로 붕어했다. 진미인(陳美人)은 송휘종의 능침을 지키면서 눈물로 세월을 보냈다. 송휘종을 그리워하는 마음에 음식을 제대로 먹지 못하여 피골이 상접했다. 한 궁녀가 그녀에게 죽과 탕약을 올렸다. 그녀는 그것들을 물리게 하고 말했다.

"내가 하루라도 빨리 죽어서 지하에 계신 선황제를 모실 수 있다면, 더 이상 바랄 것이 없겠구나."

원우 4년(1089) 그녀도 향년 35세를 일기로 송신종의 뒤를 따라갔다. 이때 친아들 조길은 겨우 7세였다. 조길이 즉위한 후인 건중정국(建中靖國) 원년(1101)에 황태후로 추존되었다.

조길은 예술분야에 천부적 재능을 타고 난 군주였다. 어린 시절부터 서예와 그림에 탁월한 솜씨를 발휘하여 주위 사람들을 놀라게 한 적이 한두 번이 아니었다. 또 말타기, 활쏘기, 축국(蹴鞠) 등을 즐겼을 뿐만 아니라 화려한 꽃, 기이한 수석, 희귀한 동물 등을 수집하여 감상하는 일에 흠뻑 빠져 지냈다. 그의 예술적 재능과 풍류 기질이 얼마나 탁월했던지 이런 전설이 있다.

"조길이 태어났을 때 송신종은 꿈을 꾸었다. 꿈속에서 남당(南唐·937~ 975)의 이욱(李煜·937~978)이 송신종을 알현하고 조길의 탄생을 축하했다. 조길의 문학적 재능과 풍류 기질은 이욱보다 백배 뛰어났다."

이욱은 국가를 송태조 조광윤에게 바친 비운의 군주였으나 시문(詩文), 서화(書畫) 등에 천부적 소질을 발휘했다. 신분은 일국의 지체 높은 군주였으나 오히려 문인, 예술가로서 명성을 떨쳤다. 조길의 탄생을 이욱과 연결시킨 것은 그의 예술적 재능이 얼마나 뛰어났는지를 강조하기 위해서였을 것이다.

원풍 8년(1085) 송철종이 즉위한 후, 이복동생 조길은 수녕군왕(遂寧郡王)으로 책봉되었다. 소성 3년(1096)에는 단왕(端王), 소성 5년(1098)에는 소덕군절도(昭德軍節度)와 창신군절도(彰信軍節度)로 임용되었다. 조길도 황제의 아들이 흔히 그랬듯이 나이와는 무관하게 고위 관작을 하사받고 부귀영화를 누릴 수 있었다. 그는 송신종의 11번째 아들이었고 더구나 서자 출신이었기 때문에 자기보다 다섯 살 많은 이복형 송철종의 후계자가 되리라고는 미처 생각하지 못했을 것이다. 그가 추구한 것은 권력이 아니라 예술이었다. 천하의 시인, 묵객, 기인들과 함께 타고난 문학적 재능과 예술적 끼를 마음껏 발휘하며 음풍농월하는 삶을 살고자 했다.

원부 3년(1100) 1월 송철종이 황위를 계승할 태자를 책봉하지 못하고 젊은 나이에 세상을 떠났다. 그가 아들을 두지 못했기 때문에 후계자 문제가 복잡해졌다. 송신종의 아들들 가운데 한 명을 황제로 추대해야 했다.

당시 송신종의 9번째 아들 신왕(申王) 조필(趙佖·1082~1106), 11번째 아들 단왕 조길, 12번째 아들 연왕(燕王) 조우(趙俁·1083~1127), 13번째 아들 간왕(簡王) 조사(趙似·1083~1106), 14번째 아들 월왕(越王) 조시(趙偲·1085~1129) 등 다섯 아들이 있었다. 그들은 모두 송신종의 서자였다. 나이순으로 결정하면 신왕 조필이 영순위였다.

송신종의 황후였던 향태후(向太后·1046~1101)가 육궁의 큰 어른이었다. 그녀는 조정 중신들을 소집하여 의견을 물었다. 재상 장돈(章惇)이 아뢰었다.

"황실의 종법과 국가의 율법에 따르면 간왕 조사가 붕어하신 선황제의 친동생이므로 마땅히 그를 추대해야 합니다."

송철종 조후와 간왕 조사의 생모는 송신종의 주태비(朱太妃·1052~1102)이다. 따라서 장돈은 형이 후사를 남기지 못하고 죽으면 친동생이 대를 잇는 게 맞는다는 논리를 편 것이다. 하지만 향태후의 생각은 달랐다.

"신왕 등 다섯 왕은 모두 선황제(송신종)의 아들이므로 똑같은 조건이오. 다만 신왕은 심한 안질을 앓고 있으므로 제외하고, 그 다음 나이순에 따라 단왕을 추대해야하오. 더구나 단왕은 복록과 장수를 타고 났으며 어질고 효성이 지극하다고 선황제께서 말씀하시지 않았던가요?"

향태후의 입장에서는 다섯 왕 모두 송신종의 서자이며 자기의 소생이 아니므로 비교적 객관적인 관점으로 인물 평가를 할 수 있었을 것이다. 그런데 신왕 조필은 심한 안질을 앓고 있었다. 한쪽 눈이 거의 실명 상태였다. 그래서 향태후와 조정 중신들의 지지를 받지 못했다.

송철종의 친동생 간왕 조사를 추대해야 한다는 재상 장돈과 단왕 조길을 추대해야 한다는 향태후의 주장이 팽팽하게 맞섰다. 사실 향태후가 간왕 조사를 반대한 까닭은 주태비 때문이었다. 예전에 송철종이 생모 주태비를 태후로 추존하려고 했으나 고태황태후와 향태후의 반대로 포기한 적이 있었다. 주태비의 친아들 간왕 조사가 황제가 되면 또 이런 문제가 발생할 게 명약관화했으므로 단왕 조길을 선택했다.

또 간왕 조사 또는 단왕 조길이 황제가 되더라도 두 사람 모두 나이가 어렸다. 어차피 향태후가 섭정을 해야 했다. 당시 단왕 조길의 생모 진미인(陳美人)은 이미 사망했다. 이와 반면에 간왕 조사의 생모 주태비는 생존해 있었다. 따라서 향태후가 섭정을 하는 데에는 생모가 사망한 단왕 조길을 황제로 추대하는 게 여러모로 유리했다. 하지만 재상 장돈은 단왕 조길의 성품에 문제가 있다고 여기고 반대 입장을 고수했다.

"단왕은 성격이 충동적이고 언행이 신중하지 못하고 가벼워서 천하를 다스리는 군주가 될 수 없습니다."

장돈의 판단은 틀리지 않았다. 하지만 지추밀원 증포, 상서좌승 채변

(蔡卞), 중서문하시랑 허장(許將) 등 중신들이 향태후의 결정을 지지하고 나서자, 장돈도 어쩔 수없이 자기의 주장을 접을 수밖에 없었다.

향태후는 입궁한 조길에게 황제로 등극하라고 했다. 조길은 이복형 신왕 조필의 황위 계승이 이치에 합당한 일이지, 자기는 자격이 없다고 말하며 거듭 사양했다. 그는 황제의 옥좌에 앉기가 두렵고 싫었다. 그것은 그의 자유로운 영혼을 구속하는 자리였기 때문이다.

하지만 조길은 향태후의 강권에서 벗어날 수 없었으며, 문무백관 모두 그에게 하례를 올리자 더 이상 선택의 여지가 없었다. 마침내 그는 18세의 나이에 송철종이 붕어한지 1개월여 만에 8대 황제로 등극했다. 향태후가 그를 황제로 추대한 일이 훗날 북송 멸망의 지름길이 되리라는 것은 재상 장돈 이외에는 아무도 예측하지 못했을 것이다. 송휘종의 등극을 반대한 장돈은 호주(湖州)의 단련부사로 좌천되었다. 현지에서 향년 70세를 일기로 세상을 떠났다.

2. '북송육적'이 국정을 농단하고 부정부패가 만연하다

송휘종은 등극한 직후에 조모 향태후에게 섭정을 맡겼다. 원래 향태후는 남편 송신종이 왕안석의 변법으로 개혁 정치를 시도했을 때 고황태후와 함께 변법에 반발한 구법당을 지지했었다. 따라서 그녀의 섭정은 신법당의 몰락과 구법당의 부활을 의미했다. 재상 장돈(章惇), 왕안석의 사위 채변(蔡卞) 등 신법당의 핵심 인물들이 조정에서 쫓겨난 반면에, 구법당 한기(韓琦)의 아들 한충언(韓忠彦), 송신종 시대에 신법당의 일원이었다가 구법당으로 돌아선 증포(曾布) 등이 중용되었다.

그런데 구법당과 신법당 간의 당쟁이 격화되는 양상을 보이자, 향태후는 다음 해(1101)에 연호를 '건중정국(建中靖國)'으로 바꾸었다. 건중정국이란 "중화(中和)에 근본을 두고 국가를 안정시킨다."는 의미이다. 이는 구법당과 신법당의 조화를 도모하겠다는 정치적 함의를 담고 있다. 이 해에 짧은 기간 동안 섭정을 한 향태후가 붕어하였다. 그 다음 해에는 생모 주태비도 세상을 떠났다. 이제 송휘종은 송나라 천하의 국정을 스스로 판단하고 다스려야 했다.

건중정국 원년(1101) 11월 기거사인 등순무(鄧洵武)가 송휘종에게 왕안석 변법의 부활을 주장하며 좌복사 겸 문하시랑 한충언을 탄핵하고, 학사승지 채경(蔡京)을 재상으로 천거했다. 다시 당쟁이 격화되었다. 상서우승 온익(溫益)이 등순무와 채경을 적극 지지했다.

송휘종은 다음 해부터 연호를 숭녕(崇寧) 원년(1102)으로 바꾸고 조부 송신종과 이복형 송철종이 추진한 변법을 다시 추진하겠다는 의지를 밝혔다. 이에 따라 한충언은 지방으로 좌천되었으며, 채경은 상서좌승으로 발탁되었다. 얼마 후 채경은 또 우상(右相)의 직책인 우복사 겸 문하시랑으로 승진했다. 송휘종은 연화전(延和殿)에서 그를 접견하고 말했다.

"신종황제께서는 법제를 창제하셨고, 철종황제께서는 그것을 계승하셨소. 하지만 두 분이 실행한 신법(新法)은 중도에 많은 변화가 있었소. 짐은 부친과 형님의 유지를 계승하고자 하오. 경은 무슨 가르침이 있겠소?"

송휘종은 송신종과 송철종이 추진하다가 미완성으로 끝난 왕안석의 변법을 다시 추진하겠다는 의지를 채경에게 밝히고 도움을 청했다. 채경은 감격해마지 않으면서 사력을 다해 일을 추진하겠다고 맹세했다.

그런데 채경은 기회주의자이자 간신이었다. 희녕 3년(1070) 진사 급제하여 출사한 이래 왕안석의 변법을 적극적으로 옹호했다가, 왕안석이 실각하고 사마광이 고태황태후의 비호 아래 변법을 폐지할 때는 사마광의 주장을 지지했다. 그 후 송철종이 친정을 시작하여 사마광 등 구법당 인사들을 제거하고 변법을 다시 추진했을 때는 또 정치적 입장을 바꾸어 신법의 부활을 주장했다.

송휘종이 즉위한 직후 향태후가 섭정을 시작했다. 그녀는 오래 전부터 변법에 불만을 품었기 때문에 구법당 인사들을 중용했다. 구법당 인사들은 채경을 변절자로 낙인찍고 탄핵했다. 채경은 한직인 제거궁관(提舉宮觀)으로 좌천되어 항주(杭州)에서 한가롭게 지내며 재기할 날만을 기다렸다. 항주는 예나지금이나 시서화와 강남문화의 중심지이다.

송휘종은 환관 동관(童貫)을 항주로 파견하여 작품성이 뛰어난 시서화와 강남의 진귀한 물건들을 수집하게 했다. 채경은 송휘종이 얼마나 예술을 사랑하는 군주인지 잘 알고 있었다. 그도 서예에 일가견을 이루고 있었다. 동관에게 잘 보이면 송휘종의 총애를 받을 수 있다고 생각했다. 뇌물 공세는 말할 것도 없고 매일 동관에게 칙사 대접을 하며 자신의 작품을 전해주었다. 마침내 송휘종은 동관을 통해 채경의 작품을 감상하고 높은 평가를 내린 후 그를 다시 조정으로 불러들여 중용한 것이다.

어느 날 송휘종은 연회석에서 춘추전국 시대에 만들어진 진귀한 옥쟁반과 옥배(玉杯)를 대신들에게 보여주고 말했다.

"짐은 이것들을 사용하고 싶지만 사치한다는 비난을 받지 않을까 걱정이오."

채경과 송휘종이 나눈 대화는 이러했다.

"예전에 신이 거란에 사신으로 갔을 때 석진(石晉: 석경당·石敬瑭이 건국한 후진·後晉) 시대에 만든 옥쟁반과 옥잔을 본 적이 있습니다. 거란의 군주는 그것들을 신에게 자랑하며 남조(南朝: 송나라)에는 없는 보물이라고 자랑했습니다. 오랑캐의 군주도 그것들을 사용하는데도 하물며 천하의 주인이신 폐하께서 사용하시는 것이 무슨 문제가 있겠습니까?"

"예전에 선황제께서 그다지 크지 않은 옥대(玉臺)를 만들 게 하셨는데 뜻밖에도 신하들의 상소가 빗발쳤소. 짐이 사치한다고 신하들이 비판하지 않을까 걱정이오. 사실 이런 옥기들은 오랜 세월 동안 사용하지 않은 것이오. 신하들이 또 문제를 제기하면 해명할 방법이 없지 않겠소?"

"사정이 도리에 부합하면 신하들이 아무리 많은 말을 해도 걱정하실 필요가 없습니다. 폐하께서는 천하의 공물(貢物)을 즐기시기만 하면 그만입니다. 보잘 것 없는 옥기 때문에 고민할 필요가 있겠습니까?"

송휘종은 신하들의 눈치를 좀 보았던 것 같다. 하지만 채경은 황제의 사치를 좋아하는 마음을 부추겨서 그를 미혹에 빠뜨렸다. 송휘종의 총애를 등에 업고 조정을 장악하기 시작했다.

이른바 '북송육적(北宋六賊)'이 그의 당우였다. 북송육적은 송휘종 시대에 국가를 망친 채경, 동관, 왕보(王黼), 양사성(梁師成), 주면(朱勔), 이언(李彦) 등 간신 6명을 지칭한다.

항주의 한직으로 좌천된 채경을 조정의 요직으로 이끌어 준 환관 동관은 성격이 약삭빠르고 아부를 잘하여 송휘종의 환심을 샀다. 환관의 신분임에도 불구하고 감군(監軍)의 자격으로 서하를 정벌하여 황하(黃河)와 황수(湟水: 지금의 청해성 동부 지역을 흐르는 강) 사이에 있는 지역을 수복한 공로로 양주관찰사, 무강군절도사 등을 역임했다. 또 선화(宣和) 3년(1121)에는 방랍(方臘·?~1121)이 동남 지방에서 일으킨 농민 반란을 진압하여 초국공(楚國公)으로 책봉되었다. 부귀영화가 극에 달했다.

동관은 20여 년 동안 병권을 장악하고 조정을 자기 뜻대로 주물렀다. 그의 전횡에 반발한 유능한 장수들은 모두 억울한 누명을 쓰고 살해당했으며, 그에게 아부한 장수들은 요직을 독차지했다. 그는 또 후궁의 비빈들을 뇌물로 매수하여 궁궐에서 그를 칭찬하는 소리가 끊이질 않게 했다.

송휘종은 그를 충신으로 여기고 더욱 총애했다. 동관의 위세가 얼마나 막강했던지, 그가 내린 군령이 황제의 어명보다 더 위력을 발휘할 정도였다. 하지만 20만 대군을 이끌고 요나라의 연경(燕京)을 무리하게 공격했다가 참패를 당했다. 선화 7년(1125) 금군이 남하하여 도성 변경성을 함락했을 때 송휘종을 따라 강남으로 도망갔다. 동관은 송흠종(宋欽宗) 조환(趙桓·1100~1156)이 즉위한 직후에 외적의 침략을 초래하고 백성을 도탄에 빠트린 '육적(六賊)의 우두머리'로 몰려 영남 지방으로 귀양을 가는 도중에 피살당했다.

왕보는 무식했으나 아첨을 잘하여 출세한 간신이다. 선화 원년(1119) 관직이 통의대부(通議大夫)에서 8등급 오른 소재(小宰)로 파격 승진했다. 소재는 송휘종 시대 우재상(右宰相)에 해당하는 고위직이다. 북송 역사상 왕보처럼 빠르게 승진한 자는 아무도 없었다. 송휘종의 맹목적인 총애가 낳은 결과였다.

왕보는 재상이 되자마자 재물을 닥치는 대로 긁어모았다. 저택에는 금은보화와 비단이 산더미처럼 쌓였다. 호화롭고 사치스러운 생활이 궁궐에 비견할 정도였다. 미모가 반반한 여자가 있으면 수단과 방법을 가리지 않고 첩으로 삼았다. 휘유각(徽猷閣: 송철종의 어서·御書를 보관한 누각)의 관리 등지강(鄧之綱)의 아내가 예쁘다는 얘기를 듣고 그녀를 강제로 범했다.

아내를 빼앗긴 등지강은 오히려 죄를 뒤집어쓰고 영남 지방으로 귀양을 갔다.

선화 3년(1121) 왕보는 송휘종에게 응봉사(應奉司)의 부활을 주장했다. 응봉사는 천하의 진귀한 보물들을 수집하여 황궁에 바치는 관서이다. 숭녕 4년(1105) 처음 설치되었다가 방랍의 농민반란 때 폐지되었다. 송휘종은 즉시 윤허하고 그를 책임자로 임명했다. 진귀한 보물을 구할 수만 있다면 돈을 아끼지 말고 반드시 구해오게 했다. 왕보는 공금을 물 쓰듯 했다. 그런데 긁어모은 보물들은 대부분 백성들에게 빼앗은 것이었다. 송휘종에게 바친 것은 10분의 1에 불과했고 나머지는 모두 자기가 가로챘다.

왕보는 삼성(三省: 중서성, 문하성, 상서성)에 변방의 일을 전문적으로 관장하는 경무방(經撫房)이란 관서를 설치했다. 전국 장정(壯丁)들의 인원을 낱낱이 조사하여 그들에게 돈 6천2백만 관(貫)을 갈취했다. 그 엄청난 금전으로 변방의 비어있는 성(城) 56개를 사들이고 난 후 요나라와 싸워 빼앗은 성이라고 송휘종을 속였다. 그의 말을 사실로 믿은 송휘종은 감격한 나머지 차고 있던 옥대를 친히 풀어 그에게 하사하고 그를 초국공(楚國公)으로 책봉했다. 왕보는 친왕(親王)과 같은 대우를 받았을 정도로 송휘종의 총애를 독차지했다.

원래 송나라는 요나라의 사신이 오면 그에게 베푸는 주연(酒宴)과 하사품이 성대하거나 호화롭지 않았다. 그런데 왕보는 금나라 여진족의 사신이 왔을 때 송나라가 얼마나 부유한 천조(天朝)인지 과시하기 위하여 연경(燕京)에서 도성 변경(汴京) 길에 이르는 7일 동안 사신에게 하루도 빠짐없이 성대한 주연을 베풀었으며, 온갖 비단과 진귀한 물건으로 장식한 객관에서 머물게 했다. 그의 이러한 허례허식 행위는 오히려 금나라가 송나라에는 약탈할 금은보화가 많다고 여기는 계기가 되었다. 훗날 송흠종(宋欽宗) 조환(趙桓)이 즉위한 후 금군이 도성 변경(汴京)을 침입했을 때 왕보는 처자식을 데리고 동쪽으로 달아났다가 살해당했다.

양사성은 신분이 미천한 환관 출신으로 아첨을 잘하여 송휘종의 총애를 받아 측근이 되었다. 자기가 북송의 유명한 정치가이자 문인 소식(蘇軾·1037~1101)이 귀양을 갔을 때 낳은 아들이라고 떠들어댔다. 당시 소식이 죄인이었기 때문에 생모 양씨(梁氏)의 성을 따를 수밖에 없었다고 주장했다. 누구도 그 진위를 밝힐 수 없었다. 정화(政和) 연간(1111~1118) 그는 과거급제자 명부를 조작하여 진사가 되었다. 황제의 조서를 반포하는 관리가 되었을 때는 대담하게도 송휘종의 필적을 위조하여 조서의 내용을 멋대로 바꾸었다.

양사성은 정일품의 직위에 해당하는 검교태위(檢校太尉) 등 관직 백여 개를 겸직할 정도로 막강한 위세를 부렸다. 관리들은 그에게 뇌물을 바치지 않으면 승진할 수 없었다. 총신 왕보는 그를 '은부선생(恩府先生)'이라 칭하고 아버지처럼 섬겼다. 권력자 채경 부자(父子)도 그에게 뇌물을 바치고 아부해야 했다. 도성의 백성들은 그를 '은상(隱相)'이라 칭했다. 은상이란 은밀한 곳에서 실권을 쥔 재상이라는 뜻이다. 어느 날 양사성이 송휘종에게 이런 말을 했다.

"신의 선친이 도대체 무슨 죄를 지었기에 선친의 문장을 읽지 못하게 하옵니까?"

당시 소식이 쓴 저작물은 금서였다. 송휘종은 그것을 다시 유통하게 했다. 양사성은 북송을 망친 육적 중의 한 명이었으나, 뜻밖에도 소식의 시문(詩文)이 다시 민간에 널리 알려지게 한 공로가 있었다. 그가 정말로 소식이 낳은 사생아인지 알 수 없으나, 출세의 가도를 달릴 때인 건중정국 원년(1101)에 사망한 소식이 복권된 것은 사실이다. 양사성도 송흠종의 즉위 직후에 살해당했다.

주면은 강남 소주(蘇州)의 비천한 노동자의 가정에서 태어났다. 그의 아버지 주충(朱冲)은 품팔이꾼이었다. 폭력적인 성격 탓에 죄를 지어 매를 맞고 동네에서 쫓겨났다. 유리걸식하는 도중에 우연히 도인을 만나 약을 제조하는 방법을 배웠다. 그 후 고향으로 돌아와 약방을 차렸다. 그가 처방한 약이 효험이 있다고 알려지자, 환자들이 장사진을 이루었다.

약장사로 떼돈을 번 주충은 거대하고 호화로운 저택을 지었다. 소주 지방의 토호뿐만 아니라 과객들에게도 잠자리를 제공하고 풍성한 연회를 베풀었다. 소주를 방문하는 과객이면 반드시 그의 저택에 머물며 주충의 융숭한 대접을 받았다. 무식쟁이 주충은 졸지에 인심이 후하고 돈을 잘 쓰는 유명 인사로 이름을 날렸다.

당시 좌천된 채경이 잠시 소주에 머물고 있을 때의 일이다. 불교사찰에 거대한 누각을 짓고 싶었는데 거금이 필요했다. 소주 군수를 통해 주충을 만나 도움을 청했다. 주충은 두 말하지 않고 도와주겠다고 약속했다. 채경이 항주의 한직으로 좌천되었으나 언젠가는 조정의 요직에 발탁되면 자기도 팔자를 고칠 수 있다고 생각했다.

며칠 후 주충의 안내로 공사 현장에 간 채경은 깜작 놀랐다. 누각 건립에 필요한 목재와 기왓장이 산더미처럼 쌓여 있었다. 채경은 주충이 일자무식이지만 쓸모가 있는 자라고 생각했다. 얼마 후 채경이 송휘종의 부름을 받아 도성으로 돌아갈 때 주충과 주면 부자를 데리고 갔다. 주충 부자는 채경의 도움으로 관직을 얻을 수 있었다.

송휘종은 진귀한 꽃과 기이하게 생긴 수석을 무척 좋아했다. 주면은 강남 일대를 샅샅이 뒤져서 찾아낸 것들을 송휘종에게 바쳤다. 처음에는 해마다 두세 차례, 진상품목이 그리 많지 않았다. 그런데 송휘종은 신기한 물건을 보면 사족을 못 썼다. 주면에게 돈을 아끼지 말고 더 많은 것들을 수집하게 했다.

정화(政和) 연간(1111~1118)에 이르러서는 수집 열풍이 불었다. 보물을 가득 실은 배들이 회하(淮河), 변하(汴河)로 연결되는 운하와 강에서 꼬리에 꼬리를 물고 끝없이 이어졌다. 사람들은 그 장대한 모습을 '화석강(花石綱)'이라고 칭했다.

주면은 소주에 응봉국(應奉局)을 설치하고 황제에게 보물을 진상한다는 미명 아래 지방관부의 공금을 마음껏 횡령했다. 강남에서 배로 실어 온 보물들이 황궁에 넘쳐나자 연복궁(延福宮)과 궁중의 정원, 간악(艮岳) 등 장소에 그것들을 보관하게 했다. 송휘종의 사치벽을 만족시킨 주면은 방어사로 발탁되었다. 그 후 강소, 절강 등 동남 일대의 자사, 군수 등은 대부분 그의 문하에서 나왔다. 뇌물의 액수에 따라 관직의 등급이 결정되었다.

선화(宣和) 5년(1123) 주면은 거대한 태호석(太湖石)을 수집했다. 태호석은 강남지방의 호수에서 나오는 기석(奇石)이다. 황궁의 원림 조성에 반드시 필요했다. 주면이 얻은 태호석은 높이가 무려 12m에 달하고 크기가 작은 산과 비슷했다. 사람의 힘으로 옮기는 일은 거의 불가능했다.

하지만 주면은 인부 수천 명을 동원하여 태호석을 밧줄로 묶어 거대한 배에 실은 후 운하를 따라 도성 변경까지 끌고 갔다. 수천 명의 인부가 밧줄로 연결된 배를 수개월 동안 끌고 갔으니 그 고통이 얼마나 심했겠는가. 살이 터지고 늑골이 부러져 죽은 자가 속출했다. 또 운반 도중에 장애가 되는 다리, 수문, 민가 등을 모조리 철거했다. 백성들이 운하에 몰려나와 통곡하며 항의했으나, 그들에게 돌아온 것은 관리가 휘두른 채찍과 날카로운 칼날뿐이었다.

송휘종은 태호석을 보자마자 기쁨을 감추지 못하고 '신운소공석(神運昭功石)'이라고 명명하고 '반고후(磐固侯)'로 봉했다. 주면은 태호석을 도성까지 옮긴 공로로 위원절도사(威遠節度使)로 승진했다. 괴상하게 생긴 돌덩어리에 불과한 태호석을 후(侯)로 봉한 송휘종의 얼빠진 행위는, 그가 자신의 취미 활동을 위하여 백성들의 고통을 아랑곳하지 않은 얼마나 어리석은 군주였는지 알 수 있게 한다.

주면은 고향 소주에 거대한 원림과 연못을 축조했다. 그 웅장함과 화려함이 궁궐에 비견될 정도였다. 의복과 도구도 감히 제왕의 물건을 참용했다. 또 배를 끄는 인부를 모집한다는 명목으로 사병 수천 명을 선발하여 거느렸다. 방랍이 동남 지방에서 "적신(賊臣) 주면을 주살한다."라는 기치를 내걸고 농민반란을 일으킨 것을 보면, 그는 백성들이 가장 증오한 원흉이었음을 짐작할 수 있다.

선화 7년(1125) 10월 금군이 변경성을 포위 공격했다. 송휘종은 송흠종 조환에게 황위를 황급히 양위한 후 주면, 채경 등 측근들과 함께 동남 지방으로 몽진했다. 주면은 송휘종을 자신의 세력 근거지인 소주로 모셔가려고 했다. 그 후 금군의 철군으로 변경성으로 돌아왔으나 채경 등과 함께 '육적(六賊)'으로 몰려 귀양을 가는 길에 살해되었다.

원래 이언은 후궁(後宮)의 일을 관리하는 환관이었다. 황궁의 후원(後苑)을 관리할 때 눈치가 빠르고 동작이 기민했던 까닭에 송휘종의 눈에 띠어 총애를 받았다.

선화 3년(1121) 송휘종의 수족 노릇을 했던 환관 양전(楊戩)이 사망했다. 그가 살아생전에 창화군절도사를 맡고 있을 때 동경서로(東京西路), 회서북로(淮西北路) 등의 주현에서 백성들의 전답을 가로채고 가렴주구를 일삼았다. 현지 백성들의 원성이 하늘을 찔렀으나, 송휘종은 오히려 그를 충신으로 여기고 그에게 정일품에 해당하는 관직, 태부(太傅)를 하사했다. 그가 사망한 후에는 태사(太師)와 오국공(五國公)으로 추증했다. 백성들을 도탄에 빠지게 한 일개 환관에게 공(公)의 품계를 하사한 것을 보면, 송휘종의 정치적 무능과 백성들에 대한 무관심이 얼마나 심각했는지 짐작할 수 있다.

이언은 양전이 맡았던 대내총관(大內總管)을 이어받았다. 대내총관은 환관의 우두머리로서 황제의 사생활과 황궁의 일을 전담했다. 그는 서성소(西城所)를 통해 백성들에게 막대한 세금을 부과했다. 서성소는 양전이 송휘종에게 건의하여 만든 공전(公田)을 관리하는 관서였다. 양전은 백성들이 사적으로 개간한 땅을 국가 소유의 공전으로 귀속하고, 그들의 공전 경작에 세금을 부과했다. 황무지, 진흙땅, 백사장 등 농사를 지을 수 없는 땅도 공전으로 만들어 과세 대상으로 삼았다. 이렇게 거두어들인 엄청난 세금은 국가의 재정에 활용된 것이 아니라, 황제의 사치와 향락을 위한 내탕금으로 들어갔다.

이언은 서성소의 공전을 관리한다는 명목으로 백성들의 토지를 악랄하게 수탈했다. 가난한 백성은 말할 것도 없고, 지주도 이언에게 밉보이면 하루아침에 토지를 빼앗기고 거리에서 구걸하는 거지 신세로 전락하기도 했다. 조세 납부를 거부하는 자가 있으면 무자비하게 살해했다.

서성소가 설치된 곳마다 크고 작은 민란이 끊임없이 일어나기 시작했다. 선화 7년(1125) 12월에 이르러서야 비로소 천하대란의 심각성을 깨달은 송나라 조정은 서성소를 폐지하고 토지를 농가에 돌려주었다. 국가를 망친 역적으로 몰린 이언은 정강(靖康) 원년(1126)에 사약을 마시고 죽었다.

북송 말기의 태학생 진동(陳東)은 송흠종에게 이런 상소를 올렸다.

"오늘날 천하가 대란에 빠진 이유는 간악한 육적(六賊)의 국정농단 때문입니다. 채경은 앞에서 국가를 혼란에 빠뜨렸으며, 양사성은 뒤에서 음모를 꾸몄습니다. 이언은 서북 지방에서 백성들의 원한을 샀으며, 주면은 동남 지방에서 원한을 맺었습니다. 또 왕보와 동관은 요나라, 금나라와 척을 지게 하는 일을 저질러서 변경 지방이 오랑캐의 말발굽에 짓밟히는 치욕을 당하게 했습니다. 폐하께서는 마땅히 육적의 무리를 주살하

시고 잘린 머리를 사방에 효시(梟示)함으로써 천하의 모든 백성들에게 사
과해야 합니다."

진동의 상소에 동조하는 사대부들이 연이어 육적을 탄핵했다. 백성들
의 원성을 잠재우고 금나라의 침략으로 풍전등화의 위기에 처한 종묘사
직을 구하기 위하여 송흠종은 서둘러 육적을 처단했다.

간신배는 저절로 생겨나지 않는다. 군주가 사리사욕만을 추구하고 무
능하여 충신과 간신을 구분하지 못했을 때, 간신배가 나타나 활개를 치는
법이다. 육적의 우두머리 채경은 이른바 '풍형예대(豐亨豫大)'의 기치를 내
걸었다. 풍형예대란 모든 것이 풍요롭고 천하가 태평하다는 뜻이다. 송휘
종에게 태평성대가 도래했으므로 천하의 주인으로서 쾌락을 마음껏 누려
도 된다고 황제를 꼬드겼다. 그의 아들 채유(蔡攸)도 송휘종에게 이렇게 말
했다.

"이른바 백성의 주인이 된 천자는 사해(四海)를 집으로 삼고 태평(太平)
을 즐거움으로 삼아야 합니다. 사람이 살 수 있는 세월이 얼마나 되겠습
니까. 어찌하여 쓸데없이 백성을 위하여 고생할 필요가 있겠습니까?"

채유도 재상의 반열에 올라 부귀영화를 누리다가 송흠종의 즉위 직
후에 사약을 마시고 죽었다. 간신이 군주를 감언이설로 유혹하는 이유는
자명하다. 군주가 사치와 향락에 빠져 국정을 내팽긴 틈을 타서 재물을
닥치는 대로 긁어모아 군주에 버금가는 부귀영화를 누리려는 욕망 때문
이다.

송휘종 시대에 뇌물 3천 관(貫)을 바치면 궁정의 서적, 문서 등을 관리
하는 비각(秘閣)의 관직을 얻을 수 있었으며, 5백 관을 바치면 지방장관인

통판(通判)으로 발탁되었다. 매관매직이 성행했다. 백성은 수탈의 대상일 뿐이었다. 지방관리들은 온갖 명목으로 가렴주구를 자행했다.

송휘종은 위대한 예술가였으나 군주로서는 가장 무능하고 방탕했다. 그가 시시비비를 조금이라도 가릴 수 있는 군주였다면 북송이 그처럼 금나라에게 치욕을 당하고 망하지 않았을 것이다. 북송 멸망의 근본 원인은 육적에게 있었던 것이 아니라, 송휘종에게 있었다.

3. 문화 예술에 탁월한 능력을 발휘하다

송휘종은 예술을 지극히 사랑한 군주였다. 어렸을 적부터 서화(書畵)에 천부적 소질을 발휘하여 주위 사람을 놀라게 한 적이 한두 번이 아니었다. 회화분야에서는 산수화, 화조화, 인물화, 동물화 등을 막론하고 뛰어난 예술작품들을 남겼다. 역대로 유명한 회화작품 수집에도 심혈을 기울였다. 선화(宣和) 연간(1129~1125)에 완성한 『선화화보(宣和畵譜)』는 한림도화원(翰林圖畵院) 소속의 궁정화가들이 송휘종의 어명을 받들어 위진(魏晉) 시대부터 북송에 이르는 기간 동안 활약한 화가 231명의 작품 6,396점을 분석하여 설명한 도서이다.

서예분야에서는 전서, 예서, 해서, 행서, 초서 등 전통의 글씨체에 능했을 뿐만 아니라, 자신만의 독특한 서체인 '수금체(瘦金体)'를 완성했다. 이는 획을 가늘고 길게 뽑았으며 날렵하고 힘이 넘치면서도 우아한 맛이 있는 필체이다. 그가 23세 때 간신 동관에게 수금체로 써서 주었다는 『해서천자문(楷書千字文)』이 유명하다. 이 책은 오늘날 중국의 유명한 서예가 용개승(龍開勝)이 2008년에 증보 출판했다. 『선화화보』와 동시대에 편찬된 『선화서보(宣和書譜)』도 송휘종의 서예에 대한 열정과 집착이 고스란히 담긴 책이다. 저명한 서예가 197명의 작품 1,344점을 분석하여 설명한 도서이다.

송휘종은 숭녕(崇寧) 3년(1104)에 회화를 가르치고 화가를 양성하는 학교인 화학(畫學)을 설립했다. 이때부터 회화과목은 과거시험에 정식으로 포함되었다. 화학은 불도(佛道), 인물(人物), 산수(山水), 조수(鳥獸), 화죽(花竹), 옥목(屋木) 등 6과(科)로 구성되었다.

화학을 공부하여 화가로 급제한 자들은 의복과 봉록에서 다른 예술인보다 우대를 받았다. 아마 중국역사에서 궁정화가가 송휘종 시대보다 더 존중을 받은 시대는 없었을 것이다. 이처럼 송휘종이 서화예술 분야에 광적으로 집착하는 모습을 보이자, 입신양명을 꿈꾸는 지식인들도 너나할 것 없이 서화에 매진할 수밖에 없었다. 이 시기가 중국역사에서 중국의 서화예술이 가장 융성했다고 말해도 과언은 아니다. 하지만 왜 북송이 찬란한 문명국가였음에도 망국의 길을 걸을 수밖에 없었는지에 대한 답변도 바로 이 점에서 찾을 수 있을 것이다.

송휘종은 다도(茶道) 분야에서도 일가견을 이루었다. 조정 중신들에게 친히 차를 따라주고 맛을 음미하게 하는 취미가 있었다. 북원(北苑: 지금의 복건성 건구·建甌)은 궁궐에서 소비하는 공차(貢茶)를 생산하는 기지였다. 송휘종은 관리를 수시로 파견하여 맛이 뛰어나고 향이 그윽한 차 생산을 재촉했다. 옥청경운(玉淸慶雲), 서운상룡(瑞雲翔龍), 욕설정상(浴雪呈祥) 등 최상품의 공차가 도성에 도착할 때마다, 송휘종은 만사를 제쳐두고 대신들과 함께 희희낙락거리며 차를 품평했다.

송휘종은 단순히 차를 품평하는 것에만 그치지 않았다. 차의 산지, 품종, 차를 덖고 우리는 방법 등에 대해서도 깊이 연구하여 『다론(茶論)』을 출간했다. 이 차에 관한 전문서적은 대관(大觀) 원년(1107)에 출간되었으므로 『대관다론(大觀茶論)』이라고 칭하기도 한다. 중국의 다도가 북송 시대에 가장 융성했던 이유 가운데 하나가 바로 송휘종의 이런 열정과 노력에서 나왔다.

송휘종과 비슷한 시대를 살았던 미술평론가 등춘(鄧椿)은 그의 저서 『화계(畫繼)』에서 송휘종에 대하여 "하늘이 그를 성인으로 만들었으며, 그의 예술은 입신의 경지에 이르렀다."라고 극찬했다.

근대의 저명한 문헌학자 섭창치(葉昌熾)는 "도교를 숭상한 송휘종은 청의(靑衣)를 입고 금나라에 굴욕을 당했지만, 예술분야에서는 천고의 제일가는 천재였다."라고 평가했다.

송휘종이 중국의 문화예술사에서 위대한 업적을 남긴 것은 분명하다. 그가 황제가 아니라 예술인으로서 활약했다면 그의 공적은 더욱 빛났을 것이다. 하지만 불행하게도 그는 송나라 천하의 안정과 번영을 책임져야 하는 황제로 태어났다. 일국의 최고 통치자는 언제나 국가를 보위하고 백성의 안락한 삶을 보장해주어야 한다. 그에게 예술은 지친 심신을 달래는 수단에 불과해야 한다. 정말로 그가 예술적 재능을 마음껏 발휘하고 싶다면 '권좌'에서 내려와야 한다. 송휘종은 이런 면에서 완전히 실패한 군주였다.

4. 정강의 변: 중국 한족 역사상 가장 큰 치욕을 당하다

서기 916년 요하(遼河) 상류 일대에서 유목 생활을 하고 있던 거란족의 부족장, 야율아보기(耶律阿保機·872~926)가 중원이 혼란한 틈을 타서 7개 부족을 통일한 뒤 요나라를 건국하고 황제를 칭했다. 천현(天顯) 원년(926) 발해의 수도 홀한성(忽汗城: 지금의 흑룡강성 목단강 동경성)을 공략하여 발해를 멸망시켰다. 야율아보기는 발해를 동단국(東丹國)으로 개칭하고 황태자 야율배

(耶律倍)에게 다스리게 했다. 발해를 정복한 거란인은 말갈족을 여진(女眞)이라고 불렀다. 여진족 가운데 요나라의 호적에 편입되어 조정의 직접적인 통제를 받는 자들을 '숙여진(熟女眞)'이라고 칭했다. 이들은 시간이 흐를수록 정체성을 상실하고 거란족에 동화되었다.

이와 반면에 오늘날의 흑룡강성 송화강(松花江)과 길림성 부여현(夫餘縣) 지역에 거주하면서 요나라의 호적에 편입되지 않은 여진족을 '생여진(生女眞)'이라고 칭했다. 이들은 요나라의 통치에 강한 반감을 가지고 있었으며 아주 호전적이었다. 요나라 조정은 그들이 말을 듣지 않으면 잔혹하게 토벌했다. 생여진은 요나라의 수탈의 대상이었으며 노예 취급을 받고 굴종의 세월을 보냈다.

요나라의 탄압을 견디다 못한 생여진은 격렬하게 저항하여 노예의 사슬을 끊지 못하면 죽음뿐이라는 사실을 깨달았다. 마침 이 시기에 여진족 완안씨(完顔氏) 부족 가운데 요나라 절도사 출신, 아골타(阿骨打·1068~1123)라는 민족영웅이 등장한다. 그는 요나라 정벌을 맹세하고 영강주(寧江州: 지금의 길림성 부여현 오가참·五家站)로 진격했다. 선봉에 선 아골타가 요나라 장수 야율사십(耶律謝十)을 화살로 쏘아 죽이자, 요나라 진영은 급격하게 붕괴했다. 영강주성을 취한 후, 파죽지세로 빈주(賓州: 지금의 길림성 농안현·農安縣), 함주(咸州: 지금의 요녕성 개원·開原) 등을 연이어 공략했다.

수국(收國) 원년(1115) 1월 아골타는 남동생 완안오걸매(完顔吳乞買), 국론발극렬(國論勃極烈: 여진족의 관직명으로 재상에 해당) 완안살개(完顔撒改) 등의 추대를 받아 황제로 등극했다. 국명은 대금(大金), 연호는 수국(收國), 도성은 회녕부(會寧府: 지금의 흑룡강성 아성·阿城)로 정했다. 이 시기부터 여진족은 중국역사의 전면에 등장한다.

수국 2년(1116) 발해 사람 고영창(高永昌)이 동경(東京: 지금의 요녕성 요양·遼陽)을 거점으로 삼고 요나라에 반기를 들었다. 요나라의 천조제(天祚帝) 야율

연희(耶律延禧·1075~1126)가 진압군을 보내자, 고영창은 금나라에 구원을 요청했다. 금태조 아골타는 요나라가 내분에 빠진 틈을 타서 오히려 고영창을 공격하여 동경의 주현(州縣)을 모두 차지했다. 그는 자신을 대성황제(大聖皇帝)라고 칭하고 연호를 다음 해부터 천보(天輔)로 개칭했다.

천보 원년(1117) 금군이 요나라의 태주(泰州), 현주(顯州) 등을 공략했다. 건주(乾州), 의주(懿州), 호주(豪州), 휘주(徽州) 등을 지키고 있던 요나라 장수들은 대세가 기울고 있음을 간파하고 연이어 성문을 열고 투항했다. 이처럼 금나라가 요나라를 궁지에 몰아넣고 있을 때, 뜻밖에도 송휘종이 금태조 아골타에게 사신을 보내 동맹을 맺고 요나라를 협공하자고 제안했다.

송나라는 요나라에게 빼앗긴 '연운(燕雲) 16주(州)'를 되찾을 속셈이었다. 연운 16주는 지금의 북경, 천진, 하북성 북부, 산서성 북부 지역에 해당한다. 옛날부터 중원의 한족은 연운 16주를 빼앗기면 그 화(禍)가 중원에 미친다고 생각하고 그 지역을 동북방 최대의 전략적 요충지로 삼았다.

송나라 선화 2년(1120) 양국은 여러 차례 협상 끝에 이른바 '해상지맹(海上之盟)'을 맺었다. 송나라 사신이 육로로는 요나라에 가로막혀 갈 수 없었고 지금의 산동성에서 발해만을 건너 금나라로 입조했기 때문에 '해상에서 맺은 동맹'이라는 이름이 생겼다. 양국은 요나라를 멸망시킨 후, 금나라가 중경대정부(中京大定府)를, 송나라가 남경석진부(南京析津府)를 차지하기로 했다. 아울러 금나라는 연운 16주를 송나라에게 돌려주고, 송나라는 해마다 요나라에 바치던 세폐(歲幣)를 금나라에 바치기로 맹약했다.

송나라와 금나라의 동맹을 눈치 챈 천조제는 금나라로 여러 차례 사신을 보내 화의를 청했다. 이때까지만 해도 요나라가 금나라보다 국토가 넓고 인구가 많은 대국이었다. 천조제는 요동 지역의 강자로 떠오른 금태조를 황제로 예우해줌으로써 전란을 피하고자 했다. 하지만 금태조는 조금만 더 밀어붙이면 요나라를 멸망시킬 수 있다고 확신했다. 천조제의 제의를 단호하게 거절했다.

천보 4년(1120) 금태조가 친히 이끈 군사가 요나라의 수도, 상경성(上京城: 지금의 내몽고자치구 적봉·赤峰)으로 질풍노도처럼 밀려왔다. 상경유수(上京留守) 달불아(撻不野)가 투항했다. 궁지에 몰린 천조제는 서경(西京)으로 달아났다. 천보 6년(1122) 12월 금태조가 연경(燕京)을 공략할 때 금나라와 동맹을 맺은 송나라 군사가 연경의 남쪽에서 협공했다. 송나라 군사는 수십만 대군이 었지만 오합지졸에 불과하여 요나라의 수비군을 뚫지 못했다.

천보 7년(1123) 금군이 연경성을 함락했다. 금태조는 연경의 모든 재물을 약탈하고 장인들을 포로로 잡아 상경(上京: 지금의 흑룡강성 하얼빈)으로 회군했다. 아울러 송휘종의 간청을 받아들여 연경과 연운 16주(州) 가운데 6개 주를 송나라에 할양했다. 그런데 연경의 백성들은 대부분 금나라의 노예로 끌려갔으며, 6개 주도 약탈을 당하여 허허벌판으로 변했다. 송나라는 빈껍데기만 얻었을 뿐이다. 물론 금나라는 아무런 대가없이 주지 않았다. 송나라는 해마다 금나라에 백은 20만 냥, 비단 30만 필을 바쳐야 했다.

같은 해 8월 금나라를 건국하고 요나라를 패망의 구렁텅이로 몰아넣은 여진족의 영웅, 금태조 아골타가 회군 도중에 향년 56세를 일기로 병사했다. 금태조 사후에 그를 황제로 추대하는 데 결정적 공을 세운 동생, 완안오걸매(1075~1135)가 2대 황제로 등극했다. 그가 바로 금태종(金太宗)이다. 연호는 천회(天會)로 정했다. 천회 3년(1125) 마침내 천조제가 포로로 잡히고 요나라가 멸망했다. 이때부터 금나라는 명실상부한 북방의 강국으로 등장했다.

이제 금군의 예봉은 송나라를 향하기 시작했다. 양국이 공통의 적, 요나라를 정벌하기 위해서 맹약을 맺었지만 요나라가 멸망한 뒤에는 천하 통일의 야망을 품은 금태종에게 조약문서는 휴지조각에 불과했다.

하지만 송휘종과 '육적'은 이이제이 전법으로 금나라를 끌어들여 숙적 요나라를 멸망시키고 북방의 영토를 회복했다는 착각에 빠졌다. 더구나 해마다 금나라에게 막대한 세폐를 바치기로 약속했으므로 금나라가 절대 침략하지 않을 것이라고 확신했다. 송휘종은 여전히 정신을 차리지 못하고 향락과 취미 활동에 여념이 없었다.

선화 7년(1125) 10월 금나라는 대군을 일으켜 동쪽 방향에서 연경(燕京)을, 서쪽 방향에서 태원(太原)을 공격했다. 서로(西路)로 진격한 완안종한(完顔宗翰)은 삭주(朔州), 대주(代州) 등의 지역을 연이어 공략하고 태원을 포위했다. 동로(東路)로 진격한 완안종망(完顔宗望)은 연경을 함락한 후 황하를 건너 변경성으로 진격했다. 양국의 동맹을 철석같이 믿고 아무런 방비도 하지 않은 송휘종은 금군이 변경성을 향해 진격해오고 있다는 첩보를 듣고 혼비백산했다.

송휘종은 군대의 일에 대해서는 문외한이었다. 금군이 얼마나 용감하고 잔인한지만 알고 있었을 뿐이다. 자신이 구심점이 되어 국난을 극복할 용기가 나지 않았다. 하루빨리 황위를 태자에게 물려주고 태상황이 되어 국가를 망친 망국의 군주라는 오명을 피하고 싶었다. 참으로 비겁한 행위였다. 변경성이 함락의 위기에 처한 와중에 장남이자 태자 조환(趙桓·1100~1156)에게 서둘러 황위를 양위하고 태상황으로 물러났다. 조환이 바로 9대 황제 송흠종(宋欽宗)이다. 다음 해부터 연호를 정강(靖康)으로 정했다.

정강 원년(1126) 1월 완안종망이 이끈 금군이 활주(滑州: 지금의 하남성 활현·滑縣)를 공략하고 변경성을 포위 공격했다. 변경성의 방어를 책임진 수어사 겸 태상소경 이강(李綱)의 결사항전에 부딪쳐 성을 함락하지 못했다. 완안종망은 송흠종에게 황자와 재상을 금군의 진영으로 보내라고 했다. 협상을 통해 태원(太原), 하간(河間), 중산(中山) 등 삼진(三鎭)을 할양받으면 철군하겠다고 공언했다.

송흠종은 강왕(康王) 조구(趙構·1107~1187)와 조정 중신 장방창(張邦昌·1081~

1127)을 보냈다. 그런데 조구의 당당한 태도에 놀란 금나라 장수들은 그를 가짜 황자로 여기고 송휘종의 다섯째아들 숙왕(肅王) 조추(趙樞·1103~1130)를 보내라고 했다. 금군의 진영으로 간 조추는 금나라의 협박에 굴복하여 삼진을 할양했다. 조추와 장방창이 인질로 남아있는 대신에 조구는 도성으로 돌아올 수 있었다. 금군은 황금, 백은 등 엄청난 금은보화를 노획하고 물러났다.

당시 송나라의 백시중(白時中), 이방언(李邦彦) 등 조정 중신들은 싸울 생각은 하지 않고 오로지 협상으로 국난을 피하고자 했다. 그들에게 변경성 방어에 성공한 이강은 오히려 눈엣가시였다. 그가 전쟁을 좋아하여 병사들을 죽이고 재화를 낭비한 죄인이라고 모함했다. 그들은 항전파 이강을 제거해야 만이 금나라의 침략을 피할 수 있다고 주장했다. 송흠종도 아버지 송휘종과 다를 바 없는 겁쟁이였다. 이강을 지방의 선무사로 좌천시킨 후에 다시 남방의 기주(夔州: 지금의 중경·重慶 봉절·奉節)로 귀양을 보냈다.

같은 해 8월 금태종은 완안종망과 완안종한에게 재차 남침 명령를 내렸다. 국방을 책임진 병부상서 손부(孫傅)는 병졸들 가운데 도사를 자칭하는 자가 있다는 사실을 알았다. 이름이 곽경(郭京)이라는 자였다. 손부는 곽경을 만나 금군을 물리칠 비책이 있냐고 물었다. 곽경은 도교의 육갑법(六甲法)으로 적군을 격퇴할 수 있다고 했다. 그의 말을 사실로 믿은 송흠종과 손부는 그에게 관직과 상을 하사했다.

곽경은 이른바 '육갑 신병(神兵)' 7,777명을 선발한 후, "길일을 택하여 신병 300명을 출전시켜 음산(陰山: 지금의 내몽고자치구와 하북성 최북단에 있는 음산산맥)까지 진격하겠다."고 호언장담했다. 송흠종은 그에게 종묘사직의 안위를 걸었다.

마침내 공방전이 벌어졌다. 금나라 병사들이 성벽으로 기어오르자, 곽경은 높은 성루에 앉아 천왕상(天王像)의 깃발을 휘두르며 신병을 지휘했다. 참으로 어처구니없는 일이 벌어졌다. 신병은 제대로 한 번 싸워보지도 못하고 금나라 병사들이 휘두른 칼에 추풍의 낙엽이 되었다. 변경성의 해자, 호룡하(擭龍河)는 순식간에 피바다로 변했다. 사실 그가 선발했다는 '신병'은 시정잡배로 조직한 오합지졸에 불과했다.

황제와 대신들이 이렇게 무지몽매하고 황당무계한 일을 저질렀는데도, 북송이 빨리 안 망한 것이 신기할 정도였다. 같은 해 12월 마침내 변경성이 함락되고 송휘종과 송흠종이 포로로 잡혔다. 중국 역사상 한족의 두 황제가 동시에 생포된 전무후무한 일이 벌어진 것이다. 금태종은 두 황제를 서인(庶人)으로 강등시켰다.

정강 2년(1127) 3월 금태종은 두 황제를 포함하여 황실 종친, 비빈, 대신, 환관, 궁녀, 광대, 기술자, 일반 백성 등 변경성에 거주하는 10여 만 명을 상경의 회녕부(會寧府: 지금의 흑룡강성 하얼빈)로 끌고 오게 했다. 아울러 수많은 금은보화, 도서, 비단, 생필품, 가축 등도 남김없이 가지고 오게 했다.

완안종한과 완안종망은 금태종의 어명을 받들어 북송 주화파의 우두머리 장방창을 꼭두각시 황제로 세우고 국명이 초(楚)라는 괴뢰국가를 세웠다. 금나라의 강요에 의해 어쩔 수 없이 꼭두각시 황제가 된 장방창은 하루하루 불안한 마음을 억누를 수 없었다. 금나라 황제의 말을 듣지 않으면 언제 피살될지 모르는 운명이었다. 그렇다고 해서 황제 노릇을 하자니 천고의 매국노라는 오명을 들을 게 뻔했다.

원래 송나라 황제는 황궁의 자진전(紫辰殿)과 수공전(垂拱殿)에서 정사를 돌보았다. 장방창은 두 전각의 옥좌에 앉아 정사를 돌 볼 자신이 없었다. 일부러 문덕전(文德殿)에서 집무를 보았다. 황제의 옥좌는 반드시 북쪽을 등지고 남쪽을 향해 설치되어야 했다. 하지만 장방창은 옥좌를 서쪽을 향하게 했다. 한 신하가 그에게 무릎을 꿇고 절을 하자, 그는 화들짝 놀라며 금나라의 황제가 계신 동쪽을 향해 절을 하라고 나무랐다. 황제는 자신을 나타낼 때는 '짐(朕)'이라는 호칭을 써야 하는데도, 그는 '여(予)'라는 호칭을 썼다. 여(予)는 자기 자신을 가리키는 평범한 일인칭이다. 또 황제의 뜻을 밝힌 문서를 '성지(聖旨)'라고 칭해야 하는데도 '수서(手書)'라고 칭하게 했다.

이처럼 장방창은 어쨌든 황제임에도 자신을 철저하게 낮추고 비굴하게 처신했다. 금군이 완전히 철군한 후에는 강왕 조구에게 옥새를 바치고 다시 송나라의 신하를 자처했다. 그는 강왕 조구 앞에서 통곡을 하며 자기가 어쩔 수 없이 잠깐 '위초(僞楚)'의 황제 노릇을 한 것을 백배사죄했다. 하지만 그는 조구가 남송(南宋)의 황제로 등극한 후 매국노로 몰려 사약을 마시고 죽었다.

한편 송휘종은 압송되는 도중에 온갖 굴욕을 당했다. 후궁과 궁녀는 금나라 장수들에게 윤간을 당했다. 그가 사랑한 비빈 왕완용(王婉容)은 완안종한에게 끌려가 첩이 될 운명에 처하자 스스로 목숨을 끊었다. 회녕부로 끌려온 후에는 아들 송흠종과 함께 상복을 입고 금태조 아골타를 모신 태묘 앞에서 무릎을 꿇어야 했다.

또 두 황제, 황후, 황족, 대신들은 이른바 '견양례(牽羊禮)'를 치러야 했다. 견양례란 금나라에서 거행하는 항복 의식이다. 송나라 황제를 포함한 귀족과 고위 관리는 한족 전통의 예복을 벗고 상반신을 드러낸 후 양가죽을 걸치고 목에 매단 밧줄에 질질 끌려가야 했다. 금나라 사람은 포로들을 밧줄에 목이 매달린 양처럼 다룸으로써 승리를 만끽하고 포로들에게 치욕을 안겨주었다. 이런 항복 의식을 거부하는 자는 현장에서 살해되었다.

송흠종의 황후 주련(朱璉·1102~1128)은 견양례를 치르고 시침(侍寢)을 모셔야 하는 처지를 한탄하며 우물에 뛰어들어 자살했다. 두 황제의 비빈, 후궁 수백 명은 미모에 따라 금태종의 후궁이 되거나 장수들의 노리갯감으로 전락했다. 송휘종은 비빈들이 능욕을 당하고 있는데도 죽지 않고 금태종에게 목숨을 구걸했다. 자기는 살고자 비열한 태도를 취하면서도 현숙황후(顯肅皇后) 정씨(鄭氏·1079~1130)에게는 왜 능욕을 당하고도 자살하지 않느냐고 책망한 것을 보면, 그가 얼마나 이중인격을 가진 군주인지 짐작할 수 있다.

금태종은 송휘종을 혼덕공(昏德公)으로 강등했다. 천하를 혼란에 빠뜨리고 인덕이 없는 공후에 불과한 인간이라는 뜻이다. 중국 역사상 이 사건을 '정강(靖康)의 변(變)'이라고 한다. 오늘날에도 중국의 한족이 가장 수치스럽게 여기는 사건이다.

이 변란으로 북송은 송태조 조광윤이 송나라를 건국한지 9명의 황제, 167년 만에 망하고 말았다. 송휘종의 정치적 무능과 향락 추구가 망국의 직접적인 원인이었으나, 보다 근본적인 문제는 북송이 문치(文治)에만 매달리고 국방에 소홀히 했기 때문이다. 무력이 약한 국가는 아무리 선진문명을 향유했을지라도 결국 패망하고 만다는 역사적 교훈을 남겼다.

송휘종은 개처럼 이곳저곳을 끌려 다니다가 천회 8년(1130)에 오국성(五國城: 지금의 흑룡강성 의란현·依蘭縣)에서 연금되었다. 망국의 한을 품고 자신을 책망하는 삶을 살았다. 오국성에서 생활한지 3년만인 남송 소흥 5년(1135)에 향년 53세를 일기로 병사했다. 시신은 등불을 밝히는 기름으로 사용되었다고 한다.

9

제9장

송흠종 조환

1. 국난의 와중에 황위를 선양받다

송휘종 조길은 여색을 무척 밝혔던 것 같다. 그의 황후로 책봉된 부인이 현공황후(顯恭皇后) 왕번영(王繁英·1084~1108) 등 5명이었다. 『개봉부장(開封府狀)』의 기록에 의하면 정강의 변이 일어났을 때 봉호(封號)가 있는 비빈과 여관(女官)이 143명, 봉호가 없는 비빈과 여관이 504명이나 되었다고 한다. 물론 그가 이 많은 여자들과 운우지정을 나누지는 않았겠지만, 여자의 향기 나는 숲속에서 헤어나지 못했음은 분명하다.

송휘종이 낳은 자식의 숫자도 보통 사람의 상상을 초월한다. 정강의 변 이전에 낳은 황자가 32명, 이후에 낳은 황자가 6명, 도합 아들 38명을 두었다. 또 정강의 변 이전에 낳은 황녀가 34명, 이후에 낳은 황녀가 8명, 도합 딸 42명을 두었다. 송휘종은 자식복이 대단히 많은 황제였음을 알 수 있다. 하지만 수많은 황자, 황녀가 국난의 와중에 금나라에 의해 치욕을 당하고 죽거나 노리개로 전락한 사실을 상기하면, 자식을 많이 낳은 것이 그에게는 참으로 불행한 일이었다.

9대 황제 송흠종(宋欽宗) 조환(趙桓·1100~1156)은 송휘종 조길의 장남으로 태어났다. 생모는 현공황후 왕번영이다. 그녀는 송휘종이 단왕(端王)이었을 때인 원부(元符) 2년(1099)에 단왕부(端王府)로 들어가 순국부인(順國夫人)으로 책봉되었다. 그녀의 나이 17세 때인 원부 3년(1100)에 황후로 책봉되었다. 같은 해 5월에 송휘종의 장남 조환을 낳았다. 그녀는 대관(大觀) 2년(1108) 24세의 젊은 나이에 세상을 떠났으므로 '정강의 치욕'을 겪지 않았다.

조환은 8세 때 생모를 여의고 송휘종의 두 번째 황후인 현숙황후(顯肅皇后) 정씨(鄭氏·1079~1130)의 손에서 자랐다. 정씨는 남편 송휘종과는 다르게 근검절약하고 부덕(婦德)이 있었다. 송휘종의 총애를 받아 황자 1명과 황녀 5명을 낳았다. 그녀가 낳은 송휘종의 둘째아들 조정(趙檉)은 태어난 지 하루 만에 사망했다. 그녀는 조환이 친아들이 아니었지만 장차 황위를 계승할 적장자임을 한시도 잊지 않고 그를 지극정성으로 돌보았다. 조환은 정화(政和) 5년(1115) 15세 때 태자로 책봉되었다.

그런데 송휘종은 그를 그다지 좋아하지 않았다. 자신과는 다르게, 태자가 예술적 재능이 부족했으며 머리가 명석하지 못했기 때문이다. 왕귀비(王貴妃)가 낳은 셋째아들 운왕(鄆王) 조해(趙楷·1101~1130)를 유달리 총애했다. 조해는 송휘종의 분신이나 다름이 없을 정도로 예술 분야에서 천부적 소질을 발휘했다. 더구나 독서를 즐겨 박학다식했다.

정화 8년(1118)에 이런 일이 있었다. 조해가 신분을 속이고 과거에 응시하여 장원 급제했다. 뒤늦게 장원 급제자가 황제의 아들로 밝혀지자, 송휘종은 뛸 듯이 기뻤다. 그런데 송휘종은 백성들이 조해가 공정하지 못한 방법으로 장원이 되지 않았나 의심할까 걱정하여 2등으로 합격한 왕앙(王昂)을 장원으로 발표하게 했다.

송휘종은 태자 조환을 폐위하고 조해를 태자로 책봉하고 싶었다. 하지만 동궁에서 조환을 10여 년 동안 보필한 예부원예랑 경남중(耿南仲)과 재상 이방언(李邦彦)의 반대로 뜻을 이루지 못했다. 훗날 두 사람은 금나라와의 화의를 주장한 주화파의 핵심 인물이 되어 북송을 멸망하게 한 매국노가 되었다.

선화 7년(1125) 10월 금군이 동로, 서로 두 갈래 길에서 남침하여 변경성을 향해 진격했다. 공포에 질린 송휘종은 허둥대며 영추밀원사 채유(蔡攸)의 손을 잡고 말했다.

"금군이 이처럼 전광석화처럼 빠르게 진격해올지 정말 몰랐소."

그는 채유와 몇 마디 말을 주고받은 후 의식을 잃었다. 잠시 후 어의의 응급처치를 받고 깨어난 그는 내시에게 종이와 붓을 가지고 오게 했다. 그가 쓴 글은 이러했다.

"태자 조환에게 황위를 양위하노라."

심성이 나약하고 문화예술만을 추구한 그는 굶주린 늑대처럼 사나운 금군의 침략을 물리칠 용기가 전혀 없었다. 하루빨리 태자에게 양위함으로써 국난의 책임을 피하고 싶었다. 태자 조환은 양위 소식을 듣고 혼비백산했다. 그도 천하의 혼란을 수습할 자신이 없었다. 아버지에게 달려가 양위의 부당함을 눈물로 호소했지만 아버지의 결심을 바꿀 수 없었다. 결국 태자 조환은 누란의 위기에 처한 상황에서 25세의 나이에 느닷없이 황위를 계승할 수밖에 없었다. 다음 해부터 연호를 정강(靖康: 1126~1127)으로 정했다.

송흠종 조환은 성격이 아버지와 다르지 않았다. 우유부단하고 한번 결정한 일을 수시로 바꾸었다. 즉위 직후 백성들의 원성을 잠재울 목적으로 '육적'을 처단하고 충신 이강(李綱)을 중용하여 금나라의 침략에 대항했지만, 주화파 신하들의 참언을 듣고 이강을 파면한 후 금나라에 평화를 구걸했다.

2. 송휘종과 함께 금나라로 끌려가 치욕을 당하다

정강 원년(1126) 11월 금군은 변경성의 외성을 함락한 후 곧바로 내성으로 진격하지 않았다. 완안종한과 완안종망은 협상을 통해 철군하겠다는 입장을 밝혔지만, 사실은 더 이상 싸우지 않고 송휘종과 송흠종을 사로잡아 더 많은 것을 얻고자 하는 목적이었다. 송흠종은 협상하자는 두 사람의 말을 사실로 믿고 재상 하율(何栗)과 송휘종의 일곱째아들, 제왕 조허(趙栩)를 금군의 진영으로 보내 화의를 간청했다. 완안종한 등은 하율에게 말했다.

> "자고이래로 남조(南朝)가 있으면 북조(北朝)가 있는 법이오. 양자는 불
> 가결의 관계이오. 송나라가 땅을 할양해야 만이 화의를 시작할 수 있소.
> 하지만 한 가지 조건이 있소. 태상황(송휘종)이 친히 우리 군영으로 와서
> 강화협상을 해야 하오."

하율의 보고를 받은 송흠종은 참담한 심정을 억누를 수 없었다. 자식의 입장에서 어떻게 아버지를 사지로 보낼 수 있겠는가. 더구나 아버지는 성품이 너무 유약하고 겁이 많아서 국가의 존망이 걸린 그런 협상을 할

수 없었다. 차라리 자기가 아버지 대신에 가서 위험을 무릅쓰고 협상하는 것이 자식된 도리를 다하는 길이라고 생각했다. 송흠종은 태상황이 늙고 병들어 거동이 불편함을 구실로 삼아, 아버지 대신에 자기가 간다고 통보했다.

송흠종은 며칠 후 혹한이 맹위를 떨치는 새벽에 대신들을 거느리고 금군의 진영으로 들어갔다. 그런데 금나라 장수들은 그를 만나주지도 않고 다짜고짜 그에게 항복문서를 써서 바치게 했다. 안 쓰면 죽이겠다고 위협했다. 송흠종은 목숨을 부지하고자 황급히 신하에게 항복문서를 써서 바치게 했다. 금나라 장수들은 내용이 애매하고 조잡하다는 이유를 들어 다시 쓰게 했다.

당대를 대표하는 문장가이자 측근 신하, 손적(孫覿)은 송흠종의 간청을 받아들여 변려문(駢儷文)으로 항복문서를 썼다. 온갖 미사여구를 동원하여 천조(天朝) 금나라를 찬양하고 번국(藩國) 송나라가 신하의 나라로서 영원히 금나라를 섬기겠다고 맹세한 내용이었다. 나중에 금나라 조정에서 그의 항복문서의 내용에 얼마나 만족했던지, 송나라 황궁에서 잡아 온 궁녀를 그에게 하사하기도 했다.

금나라 장수들은 북쪽을 향한 제단을 설치하고 송흠종과 신하들에게 항복문서를 읽으면서 금나라 황제에게 신하의 예를 갖추게 하는 의식을 치르게 했다. 송흠종과 신하들은 엄동설한에 하염없이 눈물을 흘리며 항복 의식을 마쳐야 했다.

송흠종은 이런 굴욕을 당하고 비로소 도성으로 돌아갈 수 있었다. 황제 일행이 도성의 남훈문(南薰門)에 이르자, 통곡하지 않은 백성이 없었다. 자책감에 사로잡힌 송흠종은 그들을 똑바로 바라 볼 용기가 나지 않아 연신 눈물을 훔치며 흐느끼기만 했다.

송흠종이 환궁하자마자, 금나라는 금 1천만 정(錠), 은 2천만 정, 비단

1천만 필을 요구했다. 당시 도성의 부고(府庫)에 비축해 놓은 재화로는 이 엄청난 분량을 마련할 수 없었다. 하지만 송흠종은 금나라의 문책을 두려워하여 도성 안의 모든 재화를 낱낱이 긁어모아 바치게 했다. 그래도 할당량을 채우지 못하자, 일반 백성은 말할 것도 없고 종친, 권문세가, 거상 등도 군사를 위로한다는 명목으로 재산을 통째로 내놓아야 했다.

도성 안에 있는 말도 남김없이 금나라에 바쳐야 했다. 말 7,000여 필이 징발되어 한 필도 남아있지 않았다. 조정 중신들조차도 걸어서 입조할 수밖에 없었다. 금나라는 또 나이 어린 처녀 1,500명을 요구했다. 궁녀와 민간의 처녀를 징발해도 부족했다. 황제의 비빈들로 인원을 채워야 했다. 치욕을 견디지 못하고 자살한 처녀가 부지기수였다.

금나라의 수탈에 분노한 호부상서 매집례(梅執禮)는 금나라 장수에게 이렇게 말했다.

"천자께서 치욕을 당했으니 신하와 백성 모두 죽기를 바라고 있소. 참살을 당하여 간과 뇌가 땅바닥에 널려 있더라도 두려워하지 않을 텐데 무슨 황금과 비단을 바친단 말이오? 궁궐과 가옥에는 이미 아무 것도 남아 있지 않소. 금나라의 명령을 따를 수 없소."

결국 매집례는 참수를 당하고 잘린 머리가 저자거리에 효시되었다. 송흠종과 대신들은 백성들의 고통을 아랑곳하지 않고 금나라의 협박에 굴복하여 민간의 재물을 강탈하여 바치는 일에 만 급급했다. 그럼에도 금나라는 만족하지 않았다.

송흠종은 다시 금군의 진영으로 소환되는 신세가 되었다. 완안종한과 완안종망은 이번에도 그를 만나주지 않고 작은 누옥에 구금했다. 금나라 병사들의 철통같은 경계 속에서 굶주림과 추위에 시달려야 했다. 황제의 비참한 생활을 목도한 신하들은 금나라 장수들에게 석방을 애원했으나 거절을 당했다.

　정강 2년(1127) 2월 금나라 장수들은 송흠종에게 격구놀이를 구경하게 했다. 송흠종을 희롱할 목적이었다. 송흠종은 기회를 틈타 완안종한에게 알랑거리며 환궁을 간청했다. 완안종한의 엄한 질책을 받은 후에는 말문을 닫았다.

　정강 2년(1127) 2월 6일 금나라는 송흠종을 폐서인했다. 다음 날 송휘종도 금군의 진영으로 끌려왔다. 금나라 병사들이 송흠종의 용포를 벗기려고 할 때 이부시랑 이약수(李若水)가 송흠종을 감싸며 그들에게 욕설을 퍼부었다. 분노한 금나라 병사들이 달려들어 칼로 그의 혀와 목구멍을 잘랐다. 현장에서 살해당한 충신 이약수는 남송 송고종 건염(建炎·1127~1130) 초기에 관문전학사(觀文殿學士)로 추증되었으며 충민(忠愍)이라는 시호를 받았다.

　같은 해(1127) 3월 금군은 약탈한 대량의 금은보화를 수천 대의 수레에 가득 실은 후 두 갈래 길로 북상하기 시작했다. 완안종망은 송휘종, 정황후 등을 인질로 끌고 갔다. 완안종한은 송흠종, 주황후, 태자 등을 끌고 갔다. 용포와 면류관을 빼앗긴 송흠종은 종이로 만든 삿갓과 청의(靑衣)를 착용하고 흑마를 탄 채 압송되었다. 북상 도중에 금나라 병사들에게 당한 치욕은 필설로 형용할 수 없을 정도였다.

　송휘종과 송흠종 부자는 각자 북방으로 끌려가는 도중에 연경(燕京: 지금의 북경)에서 만나 서로 얼싸안고 통곡했다. 두 사람은 건염 2년(1128) 회녕부로 끌려와 금태조 아골타의 태묘에서 치욕적인 항복의식을 치르고 난 후 황궁으로 가서 금태종 완안성(完顔晟)을 배알했다. 금태종은 송휘종 조길을 혼덕공(昏德公)으로, 송흠종 조환을 중혼후(重昏侯)로 강등했다.

　한편 송흠종의 이복동생 조구가 북송이 멸망한 직후에 남경 응천부(應

天府: 지금의 하남성 상구·商丘)에서 남송을 건국했다. 금나라는 남송을 효과적으로 제압하기 위해서는 폐위된 조길과 조환을 이용할 필요가 있었다. 금태종은 조길과 조환을 북방의 궁벽한 곳인 오국성(五國城: 지금의 흑룡강성 의란현·依蘭縣)으로 보냈다. 두 사람이 남송과 내통하는 것을 원천적으로 차단하기 위한 조치였다. 아울러 두 사람에게 어느 정도 '자유'를 주었으며 안락한 생활을 하게 했다.

조길과 조환은 시(詩)로써 망국의 한을 달래며 우울한 나날을 보냈다. 아버지는 아들에게 송나라 광복의 일말의 희망을 걸었지만, 아들은 아버지를 위하여 아무 일도 할 수 없었다. 오로지 금나라 황제의 눈치를 보며 근신해야 했다. 소흥 5년(1135) 조길이 병사했다. 조환은 아버지를 제대로 보필하지 못한 죄책감에 시달렸다.

금나라 황통(皇統) 원년(1141) 3대 황제 금희종(金熙宗) 완안단(完顔亶·1119~1150)은 남송과의 관계를 개선하기 위하여, 6년 전에 사망한 송휘종 조길을 천수군왕(天水郡王)으로, 아직 살아있는 송흠종 조환을 천수군공(天水郡公)으로 추봉했다. 아울러 조환과 그의 가족을 금나라의 수도 상경(上京)으로 이주하게 했다. 생활 여건이 오국성에서 생활할 때보다 좋았으나 여전히 통제에서 벗어나지 못했다. 금나라는 그를 '기화가거(奇貨可居)'로 이용할 계획이었다.

금나라 정원(貞元) 원년(1153) 해릉왕(海陵王) 완안량(完顔亮·1122~1161)이 도성을 연경(燕京)으로 옮겼다. 이때 조환 일족도 연경으로 끌려갔다. 금나라 정륭(正隆) 원년(1156) 6월 완안량은 조환에게 격구 대회에 출전하게 했다. 격구는 말을 타고 달리면서 공채로 공을 쳐서 승부를 내는 격렬한 무예이자 운동이다.

조환은 원래 운동을 싫어했을 뿐만 아니라 몸이 허약하고 말을 잘 다루지도 못했기 때문에 참가하고 싶지 않았다. 하지만 어떻게 어명을 거역할 수 있겠는가. 조환은 경기가 시작되자마자 말에서 굴러 떨어졌다. 사납게 날뛰는 말의 발굽에 짓밟혀 56세의 나이에 급사했다. 그토록 돌아가고 싶었던 송나라 땅에 가지 못하고 아버지 송휘종처럼 이국땅에서 비참한 최후를 맞이했다.

송흠종 조환이 사망했다는 소식은 소흥 31년(1161)에 이르러서야 비로소 남송 조정에 전해졌다. 송고종 조구는 겉으로는 선황제의 죽음을 애도했지만 속으로는 안도의 한숨을 내쉬었다. 금나라가 조환을 허수아비 황제로 옹립하여 자신의 황권을 위협하지 않을까 두려워했기 때문이다.

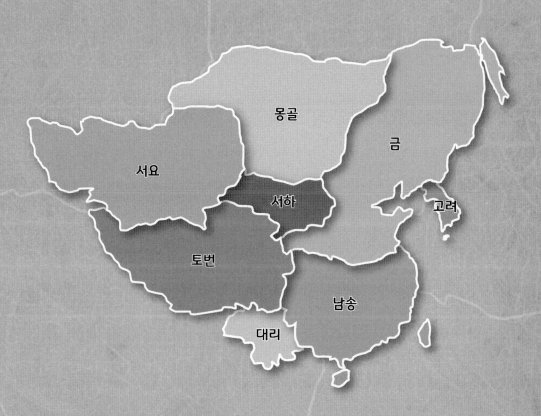

몽골

금

서요

서하

고려

토번

남송

대리

10

| 제10장 | 송고종 조구

제10장

송고종 조구

1. 남경의 응천부에서 남송정부를 세우다

송나라 10대 황제이자 남송정부의 개국황제인 송고종 조구(趙構·1107~
1187)는 송휘종 조길의 아홉째아들로 태어났다. 송흠종 조환의 이복동생이
다. 생모는 현인황후(顯仁皇后) 위씨(韋氏·?~1159)이다. 원래 그녀는 송휘종의
총비 현숙황후(顯肅皇后) 정씨(鄭氏)의 시녀였다. 그런데 정씨를 모신 또 다른
시녀 교씨(喬氏)와 사이가 아주 좋았다. 두 사람은 의자매를 맺고 부귀해지
면 서로 잊지 말고 도와주자고 맹세했다. 훗날 교씨가 송휘종의 총애를
받아 귀비로 책봉되었다. 교씨는 예전에 약속한 대로 송휘종에게 위씨를
추천했다.

위씨는 송휘종의 시침을 든 후 숭녕 5년(1106)에 평창군군(平昌郡君)으로
책봉되었다. 대관 원년(1107) 품계가 재인(才人)으로 격상한 직후에 조구를
낳았다.

훗날 위씨는 참으로 파란만장한 삶을 보낸다. 정강 2년(1127) 송휘종 등과 함께 금나라로 끌려가 세의원(洗衣院)에서 금태종의 노리개로 전락했다. 세의원은 금나라가 포로로 잡은 송나라의 비빈, 궁녀, 부녀자 등을 시녀로 부리는 곳이다. 그들은 궁궐의 천한 일을 도맡아 했다. 미모가 빼어난 여자는 황족이나 장수들의 측실이 되거나 기생으로 팔려가기도 했다.

위씨는 금나라에서 온갖 치욕을 당하고 몇 번이나 자살을 시도했다. 하지만 아들 조구가 병화(兵禍)를 모면하고 남방으로 달아나 황제로 등극했다는 소식을 듣고 일말의 희망을 품었다.

송고종 조구는 어떤 대가를 치르더라도 생모를 모시고 와야 했다. 효도가 국가의 이념 가운데 한 가지인 상황에서 백성들에게 자신이 얼마나 지극한 효자인지 보여주고 싶었다. 소흥(紹興) 11년(1141) 남송과 금나라의 협상 끝에, 위씨는 다음 해에 남송의 도성 임안부(臨安府)로 돌아올 수 있었다. 몸은 '오랑캐'에 의해 더럽혀졌으나, 아들 송고종 조구의 극진한 효도를 받고 편안한 노년을 보낼 수 있었다.

다시 조구의 어린 시절로 돌아가면, 선화(宣和) 3년(1121)에 강왕(康王)으로 책봉되었다. 천성이 영민하고 학문에 열중하여 지식이 해박했다. 이때까지만 해도 그는 평범한 황자에 불과했다. 송휘종의 적장자가 아닌 아홉째아들이고 더구나 생모도 시녀 출신이라 황위를 계승하리라고는 상상도 못했다. 다만 여느 황자들처럼 군왕으로 책봉되어 한평생 안락한 삶을 살면 그만이었다.

하지만 '정강의 변'이 북송의 모든 질서를 망가뜨렸다. 정강 원년(1126) 봄 도성을 포위한 완안종망은 송흠종에게 황자와 재상을 금군의 진영으로 보내라고 했다. 협상을 통해 태원(太原), 하간(河間), 중산(中山) 등 삼진(三鎭)을 할양받으면 철군하겠다고 공언했다. 송흠종은 조정 중신 장창방(張邦昌)을 보내기로 결정했지만, 황자는 누구를 사지로 보내야 하는지 고민에 빠졌다. 이복동생 강왕 조구를 지목했다. 황자이지만 생모의 신분이 미천한 까닭에 협상에 실패하여 죽임을 당해도 아쉬울 게 없었다. 조구는 눈물을 머금고 이복형 송흠종의 결정에 따를 수밖에 없었다.

완안종망은 조구를 군영에 구금하고 삼진을 할양하라고 협박했다. 조구는 몸을 사리고 눈치만 살폈다. 마침 북송의 장수 요중평(姚平仲)이 밤을 틈타 금군의 군영을 습격한 일이 벌어졌다. 금군은 별다른 피해를 입지 않았다. 요중평은 촉(蜀) 지방으로 달아났다. 완안종망은 두 나라가 협상하는 와중에 벌어진 일에 대하여 분노했다. 당장 조구와 장창방을 죽이려고 했다.

장창방은 너무 놀라 엎드려 통곡했다. 그런데 조구는 태연자약했다. 완안종망은 평소에 북송의 황제들뿐만 아니라 황자들도 유약하고 겁이 많다고 생각했다. 조구의 태도를 의아하게 생각했다. 그가 가짜 황자가 아닐까 의심했다. 이윽고 황자임을 알았지만 적통이 아님을 알고, 송흠종에게 송휘종의 다섯째아들 숙왕 조추를 다시 보내라고 협박했다. 협상하러 온 조추는 금나라의 요구를 모두 들어주었다. 완안종망은 조추와 장창방을 인질로 잡고 조구를 풀어주었다.

이 해 겨울 금군이 다시 남침했다. 송흠종은 또 협상으로 침략을 피하고 싶었다. 조구는 다시 어명을 받들고 금군의 군영으로 향했다. 조구 일행이 하북의 자주(磁州: 지금의 하북성 자현·磁縣)에 이르렀을 때 하북의병도총관 종택(宗澤)이 조구에게 말했다.

"숙왕께서 협상하러 적진으로 들어가셨지만 돌아오지 못했습니다. 적들은 또 위계로 대왕을 불러들였으니 절대 가시면 안 됩니다."

종택은 금군의 침략을 물리치고 자주성을 지킨 명장이었다. 정강 원년(1126) 북송은 연전연패를 거듭했으나, 자주성 전투만큼은 종택의 결사 항전 덕분에 승리할 수 있었다. 북송의 운명은 그의 어깨에 달려 있다고 해도 과언은 아니었다. 조구는 그의 권고를 받아들이고 상주(相州: 지금의 하남성 안양·安陽)로 돌아갔다. 만약 이때 종택이 자주성을 지키지 못했고 조구가 적진으로 들어가 인질이 되었다면, 조구는 남송의 개국황제가 되지 못했을 것이다.

정강 원년(1126) 12월 금군이 다시 북송의 도성을 포위했다. 송흠종은 조구를 하북병마대원수로 임명하고 도성을 구원하게 했다. 하지만 조구는 근왕병을 이끌고 도성으로 진격할 자신이 없었다. 적의 예봉을 피하기 위하여 동평부(東平府: 지금의 산동성 동평현)로 후퇴했다.

정강 2년(1127) 봄 금군이 송휘종과 송흠종을 포로로 잡아 북쪽으로 끌고 갔다는 비보가 조구와 종택에게 전해졌다. 종택은 전국 각지의 병사들을 규합하여 두 황제를 구출하고자 했다. 하지만 그에게 호응하는 장졸들이 없었다. 종택은 조씨 친왕들 가운데 유일하게 포로로 잡히지 않은 조구를 황제로 추대하고 후일을 도모하고 싶었다.

조구는 종택의 간절한 즉위 요청을 거절했다. 자기는 황제의 덕망과 위엄을 갖추지 못했다는 이유를 들었다. 하지만 얼마 후 포로로 잡히지 않은 친왕은 자신뿐이라는 상황을 인식하고 대신들의 결정을 따를 수밖에 없었다. 같은 해 5월 조구는 남경의 응천부(應天府·지금의 하남성 상구·商丘)에서 즉위하고 남송(南宋)의 개국황제가 되었다. 그가 바로 송고종(宋高宗)이다. 연호는 건염(建炎)으로 정했다.

물론 송고종은 자신을 송나라 10대 황제로 생각했다. 당시 '남송'이라는 나라는 없었다. 다만 오늘날 학자들은 송나라 역사를 북송과 남송으로 나누어 기술하고 있을 뿐이다. 송고종이 금나라의 침략을 피해 황제로 등극한 시점부터 남송의 역사로 간주하고 있다.

2. 묘부와 유정언이 병변을 일으키다

송고종은 남경의 응천부에서 즉위 직후에 풍전등화의 위기에 처한 왕조를 어떻게 구해야 하는지 매일 밤잠을 설치며 고민했다. 금나라와 화친을 도모하여 황제의 옥좌를 지키고 싶었으나, 백성들이 자기를 무능하고 유약한 군주라고 비난하지 않을까 두려웠다. 금나라로 끌려 간 송휘종, 송흠종과는 다른 강인한 군주의 모습을 보여주어야 했다. 항전파 이강을 재상으로 중용하고 종택을 동경유수(東京留守)로 임명하여 도성을 지키게 했다. 이강과 종택은 송나라가 금군의 침략에 속수무책으로 당할 때 금군과 싸워 승리를 거둔 장수였다.

당시 남송 조정에는 주화파 대신들이 많았다. 어사중승 안기(顔岐)는 송고종에게 이렇게 아뢰었다.

"이강은 금나라 사람들이 증오하는 장수이므로 재상으로 기용해서는 안 됩니다."

간의대부 범종윤(范宗尹)도 아뢰었다.

"이강은 명성이 실제보다 더 많이 알려져 있습니다. 군주를 놀라게 하는 위엄을 지니고 있으므로 그를 재상에 임용해서는 안 됩니다."

주화파 대신들은 이강을 재상의 직에서 쫓아내기 위하여 송고종에게 온갖 악담을 늘어놓았다. 하지만 송고종은 그들의 중상모략을 무시하고 이강에게 힘을 실어주었다.

이강은 송고종에게 금나라의 침략에 소극적으로 대항할 게 아니라 도성을 옮기고 군사를 정비한 후 금나라로 진격해야 한다고 주장했다. 하지만 동지추밀원사 왕백언(汪伯彥), 중서시랑 황잠선(黃潛善) 등 금나라와의 화의를 주장한 주화파 대신들이 격렬하게 반대했다. 늑대처럼 사나운 금군의 침략에 대항하기도 힘든 판국에, 공격은 오히려 더 큰 화를 자초할 수 있다고 주장했다.

송고종은 마음이 갈대처럼 흔들리기 시작했다. 주화파는 이강이 황제를 능멸한다고 모함했다. 송고종은 이강이 정변을 일으키지 않을까 의심했다. 즉시 이강을 파직하고 황잠선을 재상으로 임명했다.

재상으로 임명된 지 77일 만에 쫓겨난 이강은 송고종에게 여러 차례 상소하여 금군을 물리칠 대책을 제시했지만 끝내 받아들여지지 않았다. 소흥 10년(1140) 이강은 금나라의 침략을 격퇴하지 못한 한을 품고 병사했다.

한편 종택은 도성을 굳건히 지키면서 금군의 공격을 여러 차례 격퇴했다. 송고종에게 하루빨리 도성으로 돌아오기를 간청했다. 도성을 중심으로 중원 지방을 장악해야만 금나라의 침략에 효과적으로 대응할 수 있다고 주장했다. 상소문을 수십 차례 보냈으나 어떤 답신도 없었다.

주화파 대신들이 중간에서 가로채 찢어버린 것이다. 송고종은 오로지 남방으로 달아날 궁리만 했다. 종택은 고희에 가까운 나이에도 불구하고 최전선에서 금군의 침략을 막아내다가 병으로 사망했다. 이때부터 주화파가 남송 조정을 장악했으며 남송군은 전의를 상실했다.

송고종과 주화파는 남경의 응천부에 머무르고 있는 것이 너무 불안했다. 금군의 기병이 변방에서 성난 파도처럼 밀려오면 며칠 만에 이를 수 있는 거리였다. 하루라도 빨리 중원을 버리고 강남으로 천도하고 싶었다.

건염 원년(1127) 송고종은 즉위 직후에 주화파와 함께 양주(揚州: 지금의 강소성 양주)로 달아났다. 금태종은 송고종이 남쪽으로 달아났다는 소식을 듣고 완안종보(完顔宗輔) 등 장수들에게 남침을 명령했다. 금군은 하북성, 산동성 등을 유린한 후 건염 3년(1129)에 양주로 진격했다.

주화파의 화친 계획만 철석같이 믿고 아무런 방어책도 세우지 않은 송고종은 혼비백산했다. 또 도망가는 수밖에 없었다. 장강을 건너 임안(臨安: 지금의 절강성 항주·杭州)로 피신했다. 황제가 간신배에 둘러싸여 백성들을 버리고 도망가기에 급급하다는 원망이 하늘을 찔렀다. 송고종은 여론을 잠재울 목적으로 왕백언과 황잠선을 파직하지 않을 수 없었다.

송고종은 환관의 우두머리, 강이(康履)를 무척 총애했다. 국난을 당하여 이곳저곳으로 도망가는 신세가 되었을 때 그의 수족 노릇을 충실히 했기 때문이다. 그는 환관들이야말로 진정한 충신이라고 생각했다. 환관들은 대신들을 무시하고 월권 행위를 했다. 송고종을 황제로 추대하고 호위한 장수, 왕연(王淵)은 강이에게 뇌물을 바쳐 추밀사로 승진했다. 추밀사는 재상의 직위에 해당하는 권력의 중추이다. 그는 금나라와 싸울 생각은 하지 않고 오로지 재물을 긁어모으는 일에만 몰두했다.

건염 3년(1129) 송고종이 순시(巡視)를 명목으로 임안으로 달아났을 때, 왕연은 장강 유역에서 금군의 침공을 저지하고 병사와 물자를 장강 이남으로 수송하는 임무를 맡고 있었다. 그런데 징발한 배 수백 척에 가득 실은 것은 백성들에게 갈취한 재물이었다. 그 결과 배를 타지 못한 남송 병사 수만 명과 전마가 금군의 수중으로 들어갔다. 백성들은 귓속말로 이런 얘기를 전했다.

"배에 가득 실은 금은보화는 왕연 장군이 진통(陳通)의 반란을 평정할
때 백성들을 닥치는 대로 죽이고 빼앗은 것이라네."

환관들도 송고종을 모시고 남방으로 달아나는 도중에 현지 백성들을

겁박하여 재물을 갈취했다. 송고종을 호위한 장수 묘부(苗傅·?~1129)가 울분을 토로했다.

"황상께서 오랑캐의 침략을 피해 정처 없이 이곳저곳을 떠돌다가 이곳에 이르렀는데도, 저놈들은 사리사욕에 눈이 멀어 백성들의 재산을 갈취하고 있다."

그의 부하 장규(張逵)도 병사들을 자극했다.

"우리가 왕연과 환관의 무리를 모조리 죽이면 모두 편안하게 살 수 있다. 간신배가 사라지면 조정에서 어찌 우리에게 죄를 물을 수 있겠는가?"

왕연을 처벌해야 한다는 여론이 장졸들 사이에서 비등했다. 송고종은 여론이 심상치 않게 돌아가고 있음을 알아차렸다. 하지만 왕연을 추밀사에서 동첨서추밀원사로 자리를 옮기게 하고 더 이상 그의 과오를 추궁하지 않았다. 묘부와 수하 병사들은 황제의 이러한 처사에 울분을 금치 못했다. 그런데 송고종은 또 왕연이 추밀원의 사무를 관장할 때 황제에게 일일이 보고할 필요 없는 특권을 그에게 부여했다. 묘부는 공훈이 자기보다 못한 왕연이 요직과 특권을 독차지하고, 황제의 공정하지 못한 태도에 분노했다.

"너희들이 천하를 이 지경으로 망쳐놓았는데도, 어찌 감히 이렇게 할 수 있단 말인가?"

위주자사 유정언(劉正彦·?~1129)도 같은 생각이었다. 두 사람은 먼저 왕연을 살해하고 환관들을 제거하기로 결심했다. 건염 3년(1129) 3월 26일은 송신종의 제삿날이었다. 두 사람은 이 날 거사를 치르기로 결정했다.

왕연 등 문무백관이 제사를 마치고 궁궐에서 나오는 길이었다. 묘부와 유정원의 부하들이 매복하고 있다가 왕연에게 달려들었다. 왕연은 환관과 모반을 꾸민 죄로 현장에서 참수되었다. 반란군은 또 궁궐 밖에 있는 환관들을 닥치는 대로 살해했다. 왕연의 잘린 머리를 장대에 매달고 궁궐로 진격했다.

송고종은 반란군이 성 아래에 이르렀을 때에야 비로소 반란의 소식을 들었다. 수문장 오담(吳湛)은 이미 반란군과 내통한 사이였다. 반란군을 도성 안으로 인솔한 후 소리쳤다.

"묘부 장군은 반란을 일으킨 게 아니오. 다만 천하를 위하여 해악을 제거할 따름이오."

송고종은 대신들의 권유로 성문에 올라가 묘부와 유정원에게 왜 병변을 일으켰냐고 물었다. 묘부는 송고종을 보자마자 큰 소리로 천자 만세를 외치고 절을 했다. 일견 황제에게 복종하는 태도를 취했지만 사실은 그게 아니었다. 묘부는 성난 목소리로 소리쳤다.

"폐하께서는 국정을 농단한 환관들을 신임하셨으며 상벌을 불공정하게 시행하셨습니다. 그래서 장졸들 가운데 공을 세운 자는 상훈을 받지 못했으며, 환관의 우두머리는 높은 벼슬자리를 독차지했습니다. 황잠선, 왕백언 등 간신들은 국가를 이 지경으로 망쳐놓았는데도 유배를 당하지 않고 아직도 자리를 지키고 있습니다. 역적 왕연은 적을 만났는데도 싸우지 않고 환관 강리와 내통하여 동첨서추밀원사를 제수 받았습니다. 신은 폐하께서 즉위하신 이래 적지 않은 전공을 세웠으나 멀리 떨어진 군현의 단련사로 임용되었을 뿐입니다. 신은 이미 왕연을 참수했으며 도성 밖에 있는 환관들을 모조리 주살했습니다. 폐하께서는 강이(康履), 남규(藍珪), 증택(曾擇) 등 환관의 무리를 참수하시어 삼군(三軍)에게 사과하시기를 거듭 바라옵니다."

송고종이 말했다.

"환관들에게 과오가 있으면 그들을 해도(海島)로 유배를 보내겠으니, 경은 장졸들과 함께 군영으로 돌아가기 바라오.

묘부가 말했다.

"오늘 일은 모두 신이 결정하고 결행했을 뿐, 다른 장졸들과는 아무런 관계가 없습니다. 더구나 천하의 백성들은 어떤 잘못도 없습니다. 당장 참수형으로 다스려야 할 자들은 권력을 멋대로 휘두른 환관들입니다. 폐하께서 당장 저들을 죽이지 않는다면, 신은 군영으로 돌아가지 않겠습니다."

송고종은 묘부의 요구를 들어주지 않으면 화가 자신에게 미치지 않을까 두려웠다. 차라리 묘부의 충성심을 높이 평가하고 고위관직을 하사하는 편이 사태 해결에 유리하다고 판단했다.

"짐은 경들의 충의를 이제야 알았소. 묘부는 승선사(承宣使) 및 어영사도통제(御營司都統制)로, 유정언은 관찰사 및 어영사부도통제로 임명하오.
다른 장졸들은 모두 무죄임을 선포하오."

어영사도통제는 장수들을 통제하는 막중한 직책이다. 송고종은 묘부에게 전군을 통솔할 수 있는 군권을 위임하면, 묘부가 크게 만족하고 군영으로 돌아갈 것이라고 생각했다. 하지만 묘부는 물러나지 않고 큰 소리로 외쳤다.

"우리가 승진을 바랐다면 내시들과 남몰래 결탁하여 뇌물을 바쳤으면
해결되었을 텐데 하필이면 여기까지 올 필요가 있었겠습니까?"

송고종은 강이 등 환관들을 반란군에게 넘겨주지 않을 수 없었다. 환관들은 허리가 잘리는 형벌을 당하고 죽었다. 송고종은 묘부의 요구를 모두 들어주었으므로 그가 즉시 군영으로 돌아갈 줄 알았다. 하지만 묘부 등 장수들은 또 성 아래에서 소리쳤다.

"폐하께서는 옳지 못한 방법으로 제왕의 자리에 오르셨습니다. 장차
두 황제께서 돌아오시면 어디로 가시겠습니까?"

두 황제는 금나라로 끌려간 송휘종과 송흠종을 의미했다. 송고종에게는 너무나 치명적인 말이었다. 당신을 황제로 인정하지 않겠으니 당장 퇴위하라는 협박이었다.
송고종은 재상 주승비(朱勝非)에게 담판을 짓게 했다. 묘부는 송고종이 황위를 태자 조부(趙旉·1127~1129)에게 양위하고 물러나야 한다고 주장했다. 당시 조부는 겨우 두 살배기였다. 그를 꼭두각시 황제로 부릴 생각이었

다. 만약 송고종이 양위를 거부하면 황제의 목숨을 보장할 수 없다고 위협했다.

송고종은 권력 의지가 대단히 약했다. 원래 대신들의 간청에 의하여 어쩔 수 없이 황제가 되었다. 묘부의 요구를 받아들이기로 결정했으나, 문제는 태자 조부의 나이가 너무 어린 데에 있었다. 당시 육궁의 큰 어른은 송철종 조후의 첫번째 황후였던 융우태후(隆祐太后) 맹씨(孟氏·1073~1131)였다. 그녀가 수렴청정하면 태자의 나이 어린 문제를 해결할 수 있을 것 같았다.

송고종은 네 가지 양위 조건을 쓴 조칙을 묘부에게 보냈다. 묘부가 받아들이면 퇴위하겠다고 공언했다. 네 가지 양위 조건은 이러했다.

"첫째, 송휘종이 송흠종에게 양위한 것처럼 법도와 예법에 따라 성대한 의식을 거행하며 양위한 황제를 태상황으로 받들어 모신다. 둘째, 양위 후에 국사(國事)를 처리할 때는 반드시 융우태후와 새 황제의 결정을 따라야 한다. 셋째, 황제의 조칙이 실행된 후에는 장졸들은 모두 무기를 버리고 군영으로 복귀해야 한다. 넷째, 병사들이 재물을 약탈하거나 사람을 죽이며 불을 지르는 만행을 엄격하게 금한다."

묘부 등 반란군 장수들은 흔쾌히 동의했다. 마침내 선양 의식이 거행되었다. 조부는 황제로 등극하고 송고종은 의식을 마친 후 현충사(顯忠寺)로 들어갔다. 다음 날부터 융우태후가 수렴청정을 시작했다. 대사면을 반포하고 현충사를 예성궁(睿聖宮)으로 개명했다. 연호는 명수(明受)로 정했다.

송고종은 예성궁에서 은둔 생활을 시작했다. 그런데 융우태후도 마지못해 수렴청정을 맡았을 뿐, 권력을 장악하고 금나라의 침략에 맞서 싸울 자신이 없었다. 권력을 장악한 묘부와 유정언의 비위를 맞추기에 급급했다.

묘부와 유정언이 정변을 일으켜 송고종을 폐위하고 태자 조부를 꼭두각시 황제로 부리고 있다는 소식이 전국에 퍼졌다. 어영사사참찬군사 장준(張浚), 어영사전군통제 장준(張俊), 평구좌장군 한세충(韓世忠), 전전도지휘사 유광세(劉光世) 등 송고종의 복위를 주장한 대신과 장수들은 근왕병을 모집하여 묘부와 유정언의 반란을 진압하기로 결정했다.

묘부는 근왕병이 자신을 토벌하러 진격해오고 있다는 첩보를 듣고 기겁했다. 장준(張俊)과 한세충 그리고 유세광은 악비(岳飛)와 함께 금나라 침략에 대항하여 승리를 거둔 이른바 '중흥사장(中興四將)'이 아닌가. 그들과 싸워서 이길 자신이 없었다.

재상 주승비는 묘부에게 송고종의 복위를 찬성하면 그가 원하는 요구 조건을 들어주겠다고 말했다. 묘부는 낫 놓고 기역자도 모를 정도로 무식하기 그지없는 자였다. 유약하고 무능한 송고종이 복위해도 자신을 함부로 대할 수 없을 거라고 확신했다.

묘부는 대신들을 거느리고 입조하여 송고종의 복위를 주청했다. 마침내 송고종은 퇴위한지 26일 만에 복위했다. 꼭두각시 황제 조부는 다시 태자로 강등된 후 3개월 후에 사망했다. 두 살배기 젖먹이가 무엇을 알았겠는가. 아마 황제가 무슨 일을 하는 사람인지, 자기가 황제로 등극한지도 몰랐을 것이다. 어른들의 권력 투쟁에 희생양이 되었을 뿐이다.

송고종은 묘부를 회서제치사(淮西制置使)로, 유정언을 회서제치부사(淮西制置副使)로 임명했다. 두 사람을 회서(淮西) 지방으로 보내 조정에서 쫓아낼 목적이었다. 묘부와 유정은 중죄를 지어도 죽이지 않는다는 내용을 쓴 철권(鐵券)을 요구했다. 최고의 공신에게 내리는 이른바 '면사권(免死券)'이었다. 송고종은 두 사람이 무식쟁이라는 사실을 알고 있었다. 그가 내린 철권의 핵심 내용은 이러했다.

"대역죄를 제외하고는 모두 불문에 부친다."

묘부와 유정언은 병변을 일으킨 죄가 대역죄 중의 대역죄인지도 모르고 안심했다. 근왕병들이 임안성에 이르렀을 때, 그들은 비로소 대역죄를 저지른 사실을 깨달았다. 수하 장졸들을 거느리고 근왕병과 싸웠다. 하지만 장졸들 대부분은 조정의 회유책에 넘어가 군영을 이탈했다. 건원 3년(1129) 두 사람은 동남 지방 일대를 전전하다가 포로로 잡혀 피살되었다. 그들이 일으킨 반란을 '묘유병변(苗劉兵變)'이라고 한다. 그들은 처음부터 구국의 일념으로 병변을 일으키지 않았다. 논공행상에 불만을 품은 것이 원인이었다. 그래서 한 달도 못되어 진압을 당했다.

송고종은 모유병변을 진압한 후 무장(武將)을 더욱 불신하고 문신을 중용하는 태도를 취했다. 이는 남송이 금나라의 침략에 속수무책으로 당하는 후과를 낳았다.

3. 금나라에 항복하고 살려달라고 애원하다

송고종은 금나라의 침략을 피해 강남 지방을 전전하면서 금나라 황제와 장수들에게 여러 차례 항복문서를 보내 목숨을 구걸했다. 남송의 정치가이자 역사학자 이심전(李心傳)이 편찬한 송고종 시대의 역사서인 『건염이래계년요록(建炎以來系年要錄)』에 송고종이 금나라 장수 완안종한에게 금나라의 신하가 되겠으니 살려달라고 애걸한 서신이 수록되어 있다. 그 일부 내용은 다음과 같다.

"송나라 강왕(康王) 조구가 대금의 재상이시자 원수 각하이신 장군님께 삼가 서신을 보냅니다. 예전에 제가 예부상서 홍호(洪皓)를 사신으로 보내 저의 간절한 마음을 전했습니다. 그런데 그는 돌아오지 않았습니다. 길이 막혔거나, 제가 갑자기 서신을 보냈기 때문이 아닐까 두려워했습니다. 또 공부상서 최종(崔縱)을 보내 황제 폐하께 서신을 바치게 했지만, 그도 돌아오지 않았습니다. 저는 사신을 대금의 조정에 또다시 보냅니다. 저와 신하들은 한 자리에 모여 눈물을 흘리며 간절히 호소합니다."

"옛날에 작은 나라의 군주는 멸망의 위기에 처해있었을 때 도성을 사수하거나 도망가는 길 밖에 없었습니다. 오늘날 대금의 원수 각하께서 대국의 위엄과 막강한 군사력으로 나약하고 작은 나라를 정벌하심은, 마치 주(周)나라 때 천하장사로 유명한 맹분(孟賁)이 엄청난 괴력으로 소인국의 난장이를 때리는 것과 같사옵니다. 저희 나라가 중원의 땅을 차지하고 있었을 때도 감히 대금에 대항할 수 없었습니다. 하물며 지금 저희 나라의 군사는 연전연패를 당했으니 더 말할 나위가 있겠습니까. 설상가상으로 도적떼가 들끓고 민란이 끊임없이 일어나고 있습니다. 이에 따라 재화는 날로 부족해지고 강토는 갈수록 작아지고 있습니다."

"저희 나라가 이러한 국난을 당하고 있는 상황에서 천조(天朝)의 대금이 이곳으로 군사를 파견하면 저희들은 또 어떻게 나라를 지킬 수 있겠습니까. 오로지 두 손을 묶고 머리를 숙이며 천조의 명령을 받들 뿐입니다. 저희 나라는 천조의 남정(南征)을 피해 동경에서 남경으로, 다시 남경에서 양주로, 또 양주에서 강녕으로 천도했습니다. 지난 2년 동안 도성을 세 번이나 옮겼습니다. 지금은 형초(荊楚)의 남쪽, 미개하고 황량한 지방으로 왔습니다. 저희들은 쫓겨 다니면 다닐수록 더욱 궁벽한 곳으로 내몰리고 있습니다. 천하가 넓다고 말하지만, 저희들은 또 어디로 도망가야 합니까."

"사실 저는 나라를 지키고 싶어도 지킬 장졸이 없으며, 도망가고 싶어
도 더 이상 도망 갈 곳이 없습니다. 하루 종일 방황하면서 어떻게 해야
할지 모르고 있습니다. 천지가 광활한데도 오히려 저의 몸을 기탁할 곳
이 없음을 슬퍼하고 있습니다. 한시도 두려움에 떨지 않는 때가 없습니
다. 오로지 원수 각하께서 저를 불쌍하게 여기시고 용서해주시기를 간절
히 바랍니다."

"원수 각하께서는 대금 종실의 영웅으로서 군사를 거느리고 정복 전쟁
에 나섰습니다. 원수 각하의 지략은 신출귀몰하며 위엄과 권위는 세상에
서 보기 드물게 높습니다. 또 용병의 신묘함은 황제(黃帝)와 각축을 벌일
정도로 뛰어납니다. 원수 각하께서는 북으로는 거란(契丹)을 평정하셨고
남으로는 중국을 취하심으로써 난세에 빠진 천하를 한 국가로 통일하셨
습니다. 어찌 원수 각하의 위대한 업적을 능가하는 기록이 서적에 있겠
습니까."

"대금의 천하통일은 천명입니다. 하늘에는 두 개의 태양이 없듯이, 국
가에도 두 임금이 있을 수 없습니다. 저는 진심으로 대금에 투항하여 저
희 나라의 국호와 연호를 폐지하기를 원합니다. 강남의 모든 금은보화와
비단은 대금의 지방 부고(府庫)에 쌓아놓은 재물입니다. 강남의 학사, 사
대부 등은 모두 대금의 노예입니다. 하늘과 땅 사이에 있는 만물은 모두
대금의 소유인데도, 어찌하여 원수 각하께서는 군사를 거느리고 먼 곳까
지 오셔서 정벌의 노고를 즐거움으로 삼으시려고 하십니까."

"옛날에 진(秦)나라가 천하를 통일하여 막강한 힘을 과시했지만 위(衛)나라의 제사를 폐지하지 않았습니다. 한고조(漢高祖) 유방(劉邦)이 제왕의 대업을 이루어 위세를 떨쳤지만, 위타(尉陀)가 세운 남월(南越)을 멸망시키지 않았습니다. 주무제(周武帝) 우문옹(宇文邕)이 남조와 북조를 겸병하여 국토를 넓혔지만, 양선제(梁宣帝) 소찰(蕭詧)이 주나라에 빌붙어 살게 허락했습니다. 그들은 어째서 이렇게 했겠습니까? 산의 나무를 다 베어버리고 사냥하는 자는 좋은 사냥꾼이 아니며, 연못의 물을 다 마르게 하고 물고기를 잡는 자는 좋은 어부가 아님을 알았기 때문입니다."

"원수 각하에게 간절히 호소합니다. 부디 넓은 도량과 심모원려로 철군하시어 저희들에게 활로를 열어주시기 바랍니다. 원수 각하께서 거느린 대군이 회군하면 백성 수백만 명은 가족과 재산을 지킬 수 있으며, 산하의 성읍, 마을 수만리는 파괴되지 않을 것입니다. 이는 또한 대금의 이익이기도 합니다. 지금 저희 나라 종묘사직의 존망은 오로지 원수 각하의 말 한 마디에 달려있습니다. 제가 대금의 은혜를 입는 것은 하늘을 오르는 일처럼 어렵습니다. 그렇지만 원수 각하께서 저에게 은혜를 베푸는 일은 둥근 접시를 한 번 돌리는 것처럼 쉽습니다. 원수 각하께서 저를 불쌍하게 여기시고 은혜를 베풀어주시기를 삼가 엎드려 빕니다."

완안종한은 금나라의 민족영웅이다. 금태조 완안아골타(完顔阿骨打·1068~1123)를 개국황제로 추대하는 데 공을 세워 금태조의 신임을 받았다. 금나라가 요(遼)나라를 멸망시키고 송휘종과 송흠종을 포로로 잡아 북송을 망하게 한 주역이었다. 금태조의 황위를 계승한 금태종 완안성(完顔晟)은 금군좌부원수 완안종한 등 금나라 장수들에게 남송 정벌을 명령했다. 완안종한은 산동성 일대를 유린하고 강남으로 진격했다.

송고종은 금나라의 신하임을 자처하고 금나라 조정과 완안종한에게 여러 차례 사신을 보냈다. 자신을 강왕(康王)으로 낮추고 금나라를 황제의 국가로 섬기겠으니 제발 남침을 멈추어달라고 간절히 호소했다. 하지만 금군이 건염 3년(1129)에 장강을 건너 남송의 도성 임안으로 진격해왔다. 송고종은 월주(越州), 명주(明州), 정해(定海) 등 지금의 절강성 일대를 전전하다가 급기야는 배를 타고 바다로 달아났다.

이 항복문서는 바로 이 시기에 나왔다. 이것의 핵심 내용은 송고종 조구가 대금의 신하로서 대금을 섬기겠으니 제발 남침을 멈추고 자기에게 활로를 열어달라는 것이다. 조구는 구차한 목숨을 지키기 위하여 국가와 백성을 팔아먹은 군주였다.

오늘날 중국 한족이 가장 큰 치욕으로 생각하는 항복문서이다. 옛날부터 한족은 언제나 주변 민족을 야만족으로 생각하고 교화의 대상으로 간주했다. 그들의 문명적 우월감은 '중화사상'으로 완성되었다. 하지만 송고종이 금나라 장수 완안종한에게 보낸 항복문서의 내용은 황제 국가를 자부한 송나라가 얼마나 비참한 처지로 전락했으며 비굴하게 아첨했는지 여실히 보여준다.

송고종이 일국의 군주로서 최소한의 자존심도 내팽개치고 완안종한에게 나라를 바치고 목숨을 구걸한 행위는 오늘날까지도 한족에게 영원히 치유할 수 없는 상처로 남아있다.

훗날 이 글은 망한 군주가 쓰는 항복문서의 명문이자 표본이 되었다. 송고종 조구처럼 철저하게 자신을 비하하고 황제의 국가를 하늘처럼 받들며 국토를 바치고 자기 백성을 노예로 삼아달라고 애걸해야 만이 그나마 목숨을 부지할 수 있다는 것이다. 물론 이 글은 조구가 쓴 게 아니고 중국역사에 정통하고 글 솜씨가 뛰어난 문신이 썼을 것이다.

송나라는 시인, 묵객, 문장가, 사상가들을 많이 배출했다. 그들은 중국 문명의 정신세계를 수준 높은 경지에 이르게 했다. 그들은 또 국정의 주도세력으로서 현실정치에 참여하여 위민사상을 실현했다. 하지만 그들에게는 결정적인 약점이 있었다. 문(文)을 숭상한 반면에 무(武)를 경시했다. 권력을 장악한 문인들은 상무정신이 부족했다. 금나라의 침략에 맞서 싸우려고 하지 않고 '돈'으로 평화를 구걸하는 태도를 취했다.

따지고 보면 이런 풍조는 그들의 잘못이 아니었다. 송나라의 역대 황제들이 문치(文治)로 천하를 다스리고자 했기 때문에 신하들이 영향을 받은 것이다. 송태조 조광윤은 사람을 죽이지 않고 평화적인 방법으로 송나라를 건국했다. 그는 당나라 말기부터 오대십국에 이르는 극심한 혼란기에 무력 통치가 왕조의 단명을 재촉하고 백성을 도탄에 빠트린 원인이라고 생각했다. 이웃나라와 전쟁보다는 타협으로 갈등을 해소하였다.

이러한 통치술은 그 후 송나라 역대 황제들의 국정 운영에 반영되었다. 그런데 세월이 흐를수록 황제와 신하들은 전쟁을 두려워하는 폐단을 낳았다. 중국 역대 왕조 중에서 송나라보다 '인권'을 중시한 국가는 없었다. 그럼에도 송나라는 '무력'을 등한시했기 때문에 이민족 국가에게 가장 많은 치욕을 당한 왕조로 기록된 것이다.

4. 농민 반란을 진압하고 통치 기반을 다지다

송고종이 완안종한에게 보낸 서찰은 효과가 있었다. 완안종한은 송고종의 애원에 가까운 철군 요청을 받아들였다. 건염 4년(1130) 여름 금군은 남침을 멈추고 강남 지방에서 철수했다. 송고종은 금군의 철수로 기사회생했지만 강남의 각 지방에서 연이어 일어난 농민반란이 그의 통치권을 위협했다. 동정호(洞庭湖) 일대에서 반란을 일으킨 농민군의 우두머리 종상

(鍾相)이 초왕(楚王)을 자칭했다.

"귀천(貴賤)과 빈부(貧富)를 구분하는 법은 좋은 법이 아니다. 나는 귀한
사람과 천한 사람을 똑같이 대우하고 빈부를 균등하게 하는 법을 시행하
겠다."

종상이 만민을 평등하게 대우하고 부를 균등하게 분배하겠다는 선언
은, 그동안 금군에게 학살을 당하고 남송 관리들의 착취에 시달리고 있었
던 농민들을 열광하게 했다. 종상이 이끈 농민군은 일시에 동정호 일대의
19개 주현을 장악했다. 송고종은 장수 공언주(孔彦舟)에게 반란을 진압하게
했다. 공언주는 이간책으로 종상과 그의 아들 종자앙(鍾子昂)을 살해했으나
반란을 완전히 진압하지 못했다.

종상의 부하 양요(楊么)가 종상의 어린 아들 종자의(種子義)를 태자로 옹
립하고 자신을 대성천왕(大聖天王)으로 자칭했다. 양요는 수전(水戰)에 능한
자였다. 동정호에 성채를 쌓고 관군을 동정호로 유인하여 여러 차례 격파
했다. 그는 또 종상의 유지를 계승하여 백성들에게 세금을 면제해주고 편
안하게 생업에 종사할 수 있게 했다. 그를 따르는 농민군이 무려 20여 만
명이나 되었다.

농민군의 위세에 놀란 송고종은 양요에게 관리를 여러 차례 파견하여
고위 관작을 하사겠으니 투항하라고 종용했다. 하지만 양요는 조정에서
온 관리들을 모두 참수형으로 다스렸다. 소흥(紹興) 5년(1135) 송고종은 당시
변방에서 금군과 대치하고 있었던 악비(岳飛·1103~1142)를 동정호로 보내 반
란을 진압하게 했다.

악비는 금군의 침략을 저지한 영웅이었다. 그가 거느린 악가군(岳家軍)
은 최정예 부대였다. 악가군을 금군과 대치하고 있는 최전선에서 동정호

로 진군하게 하면 금군의 기습을 당할 수 있는 절박한 상황이었다.

하지만 송고종은 금나라의 침략보다 농민반란이 더 두려웠다. 금나라의 침략은 신하국을 자처하고 엄청난 재물을 바치면 해결할 수 있었다. 하지만 군주와 조정의 폭정에 분노하여 일어난 농민반란은 철저한 토벌만이 해결책이라고 생각했다. 악비는 일곱 차례 토벌 끝에 반란을 진압할 수 있었다. 포로로 잡힌 양요는 참수형을 당했다.

관군이 종상과 양요의 반란을 진압하고 있을 때 복건 건주(建州)의 회원동(回源峒)에서 또 민란이 일어났다. 반란군의 우두머리는 소금장수 범여위(范汝爲)였다. 당시 소금은 지방 관아만 팔 수 있는 전매품이었다. 그런데 관리들은 저질 소금을 비싼 값에 팔아 막대한 이익을 챙겼다.

사염(私鹽) 업자들은 관아의 감시를 피해 조직을 결성하고 소금을 몰래 판매했다. 지방 관리들은 관염(官鹽)의 수입이 현저하게 줄어들자 소금 유통을 대대적으로 조사하기 시작했다. 소금을 불법으로 매매한 자들을 잡아들여 엄한 형벌로 다스림으로써 사염을 근절시켰다.

범여위는 하루아침에 생계가 끊긴 사염 업자와 가난한 농민들을 선동하여 반란을 일으켰다. 반란군은 진압에 나선 관군을 격파했으나 병력이 열세였다. 남송 조정은 범여위에게 귀순하면 죄를 불문에 부치고 소금 전매권을 주겠다고 제의했다. 범여위는 조정의 '초안(招安)'을 받아들였지만 반란군을 해산하지 않았다. 건양성(建陽城) 밖에서 주둔한 반란군은 농사를 지으면서 현지 지주들에게 조세를 거두어들였다.

소흥 원년(1131) 소고종은 조정의 통제에 벗어난 범여위를 잡아 죽이라는 어명을 내렸다. 범여위는 다시 병사를 일으켜 건주성(建州城)을 함락한 후 소무(邵武), 포성(浦城) 등지로 진격했다. 송고종은 복건의 여러 지방이 반란군의 수중에 떨어졌다는 소식을 듣고 한세충에게 반란군을 진압하게 했다.

한세충은 장강의 황천탕(黃天蕩: 지금의 남경)에서 8천의 군사로 금군의 장수 완안종필의 대군을 궁지에 몰아넣은 명장이었다. 한세충은 반란군 3만 여명을 섬멸했다. 회원동으로 달아난 범여위는 자살했다.

송고종은 금군이 남침을 멈추고 철수한 틈을 타서 민란 진압에 성공했다. 소흥 2년(1132) 남송은 임안으로 천도한 후부터 동남 지방을 기반으로 하여 통치 기반을 다질 수 있었다.

5. 금나라와 굴욕적인 화의를 맺고 태상황으로 물러나다

송고종은 악비, 한세충, 오개(吳玠), 유광세(劉光世) 장준(張俊) 등 항전파 장수들을 금군과 대치하고 있는 전선에 배치하여 침략에 대비했다. 항전파 장수들은 금군과 싸워 전공을 세운 맹장들이었다. 남송의 운명이 그들의 어깨에 달려있다고 해도 과언은 아니었다.

그런데 송고종은 항전파 장수들에게 의지했음에도, 주화파의 우두머리 진회(秦檜·1090~1155)를 재상으로 중용했다. 진회는 희대의 간신이었다. 금나라에 복종하는 길만이 종묘사직을 보존하는 길이라고 떠들어댔다. 항전파 신하와 장수들을 끊임없이 모함했다.

그런데 송고종의 이율배반적인 태도가 문제였다. 그는 악비 등 장수들이 금군과 대치하고 있는 전선에서 승전보를 전하면 겉으로는 기뻐하면서도, 속으로는 장수들이 행여 황제의 권력에 도전하지 않을까 두려워했다. 그래서 은연중에 금나라와 화의를 주장한 진회에게 힘을 실어주었다.

악비는 금군과 싸워 연전연승한 명장 중의 명장이었다. 소흥 10년(1140) 완안종필이 대군을 거느리고 남침했다. 섬서, 하남 지방을 파죽지세로 유린하고 회남(淮南) 지방으로 진격했다. 악비는 그동안 남송군의 소극적인 방어 전략에서 벗어나 과감하게 북벌을 단행하여 언성(郾城: 지금의 하남성 언성현)에서 금군을 대파했다. 영창(潁昌: 지금의 하남성 허창·許昌)에서도 대승을 거두었다. 남송이 언성과 영창에서 거둔 대첩은 남송의 장졸들에게 금군이 아무리 막강할지라도 싸워서 이길 수 있다는 자신감을 심어주었다.

금태조 완안골타의 넷째아들 완안종필은 금나라의 개국공신이자 최고의 명장이었다. 싸움에 나서면 패한 적이 없었는데 유독 악비에게만 연전연패를 당했다. 그가 영창에서 악가군에게 대패를 당한 후 탄식했다.

"내가 북방에서 군사를 일으킨 이래 오늘처럼 연전연패를 당하고 좌절을 겪은 적은 없었다."

금군의 병사들도 "산은 뒤흔들 수 있어도 악가군은 뒤흔들 수 없다."고 말했다. 악가군이 온다는 말만 들어도 놀라 달아났다. 악비는 부하 장수들에게 말했다.

"지금 금군을 여러 차례 격파하였소. 금나라의 심장부인 황룡부(黃龍府·지금의 길림성 농안·農安)까지 진격하고 난 후에 여러 분들과 통쾌하게 술을 마시겠소."

천하의 명장 왕안종필도 악비와 싸워 이길 자신이 없었다. 주화파 진회를 이용하여 악비를 제거하기로 결심했다. 진회에게 서신을 보냈다.

"너희들은 줄곧 화의를 요청했다. 하지만 악비는 오히려 군사를 이끌고 와서 하북 지방을 빼앗으려고 한다. 너희들이 먼저 악비를 죽여야만이 우리와 화친할 수 있다."

진회는 간신들에게 죄를 꾸며 악비를 모함하게 했다. 송고종은 악비의 존재가 양국 간 화의의 걸림돌이 된다고 생각했다. 사실 여부를 따지지도 않고 즉시 악비를 파면했다. 진회는 파면당한 악비가 아직 살아있는 게 너무 불안했다. 이번에는 악비와 그의 아들 악운(岳雲) 그리고 부하 장수 장헌(張憲)에게 역모죄를 씌워 감옥에 가두었다.

진회의 사주를 받은 간신 묵기설(万俟卨)은 악비 등을 혹독하게 고문했다. 애초에 무고한 악비를 살해하려고 역모죄를 꾸몄기 때문에 악비의 무죄를 주장하는 상소들이 연이어 올라왔다. 악비와 함께 금군과 싸워 전공을 세웠던 추밀사 한세충은 악비가 억울하게 감옥에 갇혔다는 얘기를 듣고 진회에게 달려가 따졌다.

"악비 장군은 천하의 명장이오. 그가 없었다면 우리가 어찌 간악한 적의 무리를 쫓아낼 수 있었겠소. 오로지 황상 폐하에게 충성을 다하고 국가의 은혜를 갚은 그가 어찌 반역죄를 저지를 수 있겠소. 필시 모함을 받고 있는 게 분명하오."

진회가 대답했다.

"악비, 그의 아들 악운, 장헌 그 세 사람이 역모를 획책한 밀서를 서로 주고받았는지 분명하지 않지만, 아마 그런 일이 있었는지도 모르오."

한세충이 화가 나서 말했다.

"재상께서는 막수유(莫須有), 이 세 글자로 어떻게 천하의 백성들을 복종시킬 수 있겠소?"

"아마 있을지도 모른다." 또는 "죄명을 날조하다."는 의미를 지닌 고사성어, '막수유'가 바로 이 두 사람의 대화에서 나왔다. 악비의 무고함을 주장한 신하들은 처형을 당하거나 지방으로 쫓겨났다. 결국 악비는 39세의 나이에 피살되었다. 악운과 장헌은 임안의 저자거리에서 참수를 당했다.

진회는 19년 동안 송고종의 비호 아래 조정의 정치를 좌지우지하면서 금나라와 굴욕적인 화의를 맺었다. 송고종은 그가 66세의 나이에 병으로 사망했을 때 그를 신왕(申王)으로 추증하고 충헌(忠獻)이라는 시호를 내렸다.

오늘날 악비는 중국 한족이 가장 숭배하는 민족영웅으로 부활했다. 이와 반면에 진회는 간신의 대명사로 전락했다. 진회가 천고의 간신임은 불문가지이다. 하지만 국력이 약한 남송이 동남 지방에서 송나라 왕조의 체제를 다시 정비하는 과정에서 북방의 강국 금나라와 화친할 수밖에 없는 처지였음을 감안하면, 진회는 간신이었을지언정 일방적으로 매국노라고 단정하기는 어렵다.

악비가 살해당하고 한세충 등 항전파 장수들이 병권을 빼앗긴 후, 남송은 진회의 주도 아래 금나라와 화친을 적극적으로 모색했다. 한편 금나라에서도 큰 변화가 일어났다. 금나라 천회(天會) 13년(1135) 금태종 완안성(完顏晟·1075~1135)이 사망했다. 금태조 완안아골타의 적장손 금희종 완안단(完顏亶·1119~1150)이 16세의 나이에 황위를 계승했다. 금태종은 북송을 멸망시킨 장본인이었다. 그런데 금희종은 어린 시절부터 한족문명의 영향을 강하게 받아 남송에 우호적인 태도를 취했다. 더구나 그는 어린 나이에 즉위하여 통치 기반을 다지는 일이 시급했기 때문에 남송과의 관계 개선이 필요했다.

소흥 11년(1141) 양국은 이른바 '소흥화의(紹興和議)'를 체결했다. 그 주요 내용은 다음과 같다.

"송나라는 금나라에 신하를 칭한다. 금나라는 송나라 강왕 조구를 황 제로 책봉한다. 국경은 동쪽으로는 회하(淮河) 중류를, 서쪽으로는 대산 관(大散關: 지금의 섬서성 보계·寶雞)을 경계로 한다. 이남 지역은 송나라, 이북 지역은 금나라 영토로 정한다. 송나라는 매년 금나라에 은 25만 냥과 비 단 25만 필을 바친다. 공물(貢物)은 소흥 12년(1142)부터 매년 봄이 되면 사 주(泗州: 지금의 안휘성 동북부)로 운송하여 바친다.

중국의 왕조 시대에 대국과 소국 간에 빈번하게 체결했던 전형적인 불평등조약이었다. 송고종의 부친 송휘종의 시신과 생모 현인황후 위씨 가 남송의 도성 임안부로 돌아왔다. 송고종이 굴종한 것에 대한 금희종의 배려였다. 송고종과 생모 위씨는 서로 얼싸안고 재회의 눈물을 흘렸다.

송고종은 이복형 송흠종의 미귀환에 안도의 한숨을 쉬었다. 송흠종이 돌아오면 원래 황제였던 그에게 황위를 돌려주어야 하는 문제가 있었기 때문이다. 금나라는 남송을 계속 통제할 목적으로 송흠종을 계속 인질로 잡아 두었다. 어쨌든 송고종은 지긋지긋한 도피 생활과 전쟁의 공포에서 벗어나 동남 지방에서 작은 황제 노릇을 하며 안정을 찾을 수 있었다.

남송과 금나라가 소흥화의를 체결하여 전쟁을 종식시켰을 때 금나라 조정에서 내분이 일어났다. 금희종은 즉위 직후에 나이가 어렸던 까닭에 직접 국정을 다스리지 못했다. 완안종한, 완안종간, 완안종필 등 황실의 어른이자 개국공신들이 그를 보좌했다. 금나라 황통(皇統) 8년(1148) 완안종 필이 세상을 떠난 후에, 금희종은 정식으로 친정을 시작했다.

그런데 도평황후(悼平皇后) 배만씨(裴滿氏·?~1149)가 남편 금희종을 무시하고 국정을 사사건건 간섭했다. 그녀는 귀족 출신이었다. 금태조의 손자이자 금희종의 사촌동생인 해릉왕(海陵王) 완안량(完顔亮·1122~1161)과 결탁하여 남편을 견제했다. 완안량은 풍채가 좋고 박학다식하여 황실 종친들 사이에서 명성이 높았다. 금희종은 배만씨와 완안량을 증오했다. 두 사람을 제거하려고 했지만 쉽지 않았다. 성격이 점차 난폭하게 변했다. 술을 마시면 닥치는 대로 사람을 죽였다. 황통 9년(1149) 배만씨를 살해했다.

해릉왕은 금희종이 휘두른 칼날이 자기 목을 겨누고 있음을 직감했다. 선수를 치기로 결심했다. 배만씨가 살해당한 직후에 정변을 일으켜 금희종을 시해하고 황위를 찬탈했다. 연호를 천덕(天德)으로 바꾸고 연경(燕京)으로 천도했다. 정륭(正隆) 6년(1161) 남송과의 평화조약을 파기하고 무려 60만 대군을 동원하여 남침을 단행했다. 해릉왕이 선봉에 섰다.

남송은 또 전쟁의 공포에 빠졌다. 장강 이북의 지역을 송두리째 빼앗겼다. 마침 이 시기에 해릉왕의 사촌동생 완안옹(完顔雍·1123~1189)이 해릉왕이 도성을 비우고 남침을 떠난 틈을 타서 동경(東京: 지금의 요녕성 요양·遼陽)에서 황제를 칭했다. 그가 곧 금나라의 5대 황제 금세종이다. 그는 잦은 원정(遠征)에 지친 백성들의 지지를 받았다. 해릉왕을 따라 남진했던 장수들이 전선을 이탈하여 완안옹 휘하로 들어갔다. 금군의 병사들은 전투 의지를 상실하고 동요하기 시작했다.

궁지에 몰린 해릉왕은 남송군을 섬멸함으로써 군심을 장악하고자 했다. 하지만 채석(采石: 지금의 안휘성 마안산·馬鞍山)에서 남송군에게 대패를 당했다. 결국 그는 반란을 일으킨 부하 장수들에게 살해되었다. 금군은 남침을 포기하고 북상했다.

남송은 또 이렇게 국가 존망의 위기를 넘겼다. 금세종은 '작은 요순임금'이라는 칭송을 들었을 정도로 어진 군주였다. 그의 통치 시대에 대외 정벌은 없었다. 남송으로서는 천우신조였다.

송고종은 금군이 북상한 직후인 소흥 32년(1162)에 양자 조신(趙昚·1127~
1194)에게 황위를 물려주고 태상황으로 물러났다. 그의 나이 55세 때였다.
파란만장한 세월을 보낸 그가 조정의 정치와 거리를 두고 쉬고 싶었던 것
이다. 유유자적한 생활을 보내다가 순희(淳熙) 14년(1187)에 향년 80세를 일
기로 세상을 떠났다.

송고종은 재위 35년 동안 온갖 고초와 치욕을 겪은 황제였다. 충신과
간신을 구별하지 못했으며 결사항전보다는 굴욕적인 항복을 택함으로써
송나라 국토의 절반을 금나라에게 넘겨준 과오를 범했다. 하지만 그가 동
남 지방으로 달아나 살아남았기 때문에 송나라가 그나마 망하지 않고 종
묘사직을 지킨 것도 사실이다. 송고종도 부친 송휘종처럼 예술가의 기질
을 타고 난 군주였지, 제왕의 재목은 아니었다.

11

제11장

송효종 조신

1. 성장 과정과 황위 계승

송고종은 자식복이 없었다. 반현비(潘賢妃·?~1148) 사이에서 낳은 유일한 친아들, 조부(趙旉·1127~1129)는 요절했다. 강왕(康王)이었을 때 낳은 딸 5명도 모두 금나라로 끌려가다가 죽었거나, 세의원(洗衣院)에 들어가 시녀가 되었다. 송고종은 남송의 황제로 즉위한 후에 여러 비빈들을 거느렸지만 더 이상 자식을 낳지 못했다. 그가 금나라의 침략을 피해 여러 지방으로 도망을 다니면서 극심한 스트레스를 받아 고자가 되었다고 어떤 이는 주장한다. 사실 여부를 확인할 수 없지만 그의 파란만장한 일생이 몸과 마음에 큰 상처를 주어 생식 능력이 정상적으로 작동하지 않은 것 같다.

조신(趙昚·1127~1194)은 건염 원년(1127)에 수주(秀州: 지금의 절강성 가흥·嘉興)에서 송태조 조광윤의 7세손으로 태어났다. 생부는 조자칭(趙子偁)이다. 송고종과 항렬이 같으며 수수현승(秀水縣丞)이었을 때 조신을 낳았다. 송고종은 친아들 조부가 요절한 후 대를 이을 후사가 없음을 우려했다. 금나라의 침략을 피해 도망을 다니는 처지였기 때문에, 만에 하나 자기에게 무슨 변고라도 생기면 적통이 끊긴 조씨의 송나라가 망할지도 모른다는 두려움이었다. 늦게나마 비빈들이 황자를 낳으면 다행이겠으나 그럴 기미가 보이지 않았다.

국자박사 사호(史浩) 등 조정 중신들도 불안하기는 마찬가지였다. 국가가 백척간두의 위기에 처해있는데도 황위를 계승할 태자가 없으니 얼마나 심란한 일인가. 송고종에게 송태조 조광윤의 혈통을 이어받은 종실 중에서 양자를 들여야 한다고 그들은 수시로 건의했다. 송고종은 그들의 건의를 받아들이지 않을 수 없었다.

소흥 2년(1132) 다섯 살배기 조신이 양자로 결정되어 궁궐로 들어왔다. 송고종의 비빈 장현비(張賢妃)가 그를 키웠다. 소흥 6년(1136) 송고종은 또 조신과 항렬이 같은 조거(趙璩·1130~1188)를 양자로 받아들였다. 조거는 조신보다 세 살 어렸다. 송고종은 두 양자의 성장 과정을 지켜보면서 제왕의 재목감이 있는 양자를 태자로 책봉할 생각이었다.

송고종은 사호에게 두 양자를 가르치게 했다. 조신은 스승 사호의 가르침 아래 군서를 박람하여 학식과 지혜가 나날이 깊어졌다. 행동거지도 방정했다. 또 근검절약이 몸에 배어 있었다.

이와 반면에 조거는 노는 일에만 관심을 두었다. 어느 날 송고종은 두 양자에게 동진(東晉) 시대의 유명한 서예가, 왕희지(王羲之·303~361)가 쓴 「난정서(蘭亭序)」를 500번 필사하게 했다. 조신은 700번 쓴 「난정서」를 바쳤으나, 조거는 한 글자도 쓰지 않았다.

송고종은 또 두 양자가 남녀 음양의 이치를 어느 정도 깨달을 나이가 되었을 때 그들에게 각기 궁녀 10명을 하사했다. 누가 여색을 밝히는지 알아 볼 생각이었다. 두 양자는 송고종의 깊은 뜻을 헤아리지 못했다. 사호가 조신에게 말했다.

"폐하께서 어느 양자가 제왕의 재목감인지 알아보려고 궁녀를 하사하
셨습니다. 잠자리를 같이 해서는 안 됩니다."

몇 개월 후 송고종은 궁녀들을 궁궐로 불러들였다. 환관에게 그들의
처녀성을 조사하게 했다. 조거에게 하사한 궁녀들은 이미 처녀가 아니었
던 반면에, 조신에게 하사한 궁녀들은 한 명도 처녀성을 잃지 않았다. 지
금의 관점으로 보면 다소 황당한 얘기일 수 있으나, 당시 호색을 경계함
이 군주의 중요한 덕목 가운데 한 가지였다. 송고종은 조신을 제왕의 재
목으로 생각했다.

소흥 30년(1160) 조신은 황자(皇子)로 책봉되었다. 아울러 개부의동삼사
(開府儀同三司), 영국군절도사(寧國軍節度使) 등 고위직에 제수되고, 또 건왕(建
王)으로 책봉되었다. 송고종이 장차 조신을 황위 계승자로 삼겠다는 분명
한 뜻이었다. 소흥 32년(1162) 조신은 황태자로 책봉되었다. 얼마 후 송고
종은 그에게 황위를 양위하고 태상황으로 물러났다. 이때 조신의 나이
35세였다.

송나라를 건국한 송태조 조광윤의 황위를 이어받은 황제는 그의 동생
송태종 조광의였다. 송태종 사후에 황위는 160여 년 동안 줄곧 조광의의
후손들에 의해 계승되었다. 그런데 송고종이 송태조의 7대손인 조신에게
양위함으로써 송나라의 황위는 다시 송태조의 후손들에게 계승되었다.
송고종은 자신의 후사가 끊어진 상황에서 송태조 후손에게 양위하는 것
이 적법하다고 생각해서 그렇게 결정했을 것이다.

2. 북벌에 실패하여 다시 금나라와 굴욕적인 조약을 맺다

송효종은 송나라를 건국한 송태조 조광윤의 직계 혈통이라는 자부심이 강했다. 송태조처럼 '오랑캐'를 몰아내고 중원을 다시 통일하겠다는 야망을 품었다. 그가 황제로 등극하기 1년 전인 소흥 31년(1161), 금나라 해릉왕 완안량이 60만 대군을 이끌고 남침했다. 남송의 조정 중신들은 송고종에게 이구동성으로 하루빨리 동남 해안 지방으로 피신해야 한다고 아뢰었다. 송고종이 겁에 질려 피난길을 재촉하고 있었을 때, 뜻밖에도 건왕 조신은 결사항전을 주장했다. 송고종은 조신의 항전 의지를 몹시 못마땅하게 생각했다. 피신을 지체하다간 금군의 포로로 잡힐 수 있는 위급한 상황이었기 때문이다. 스승 사호가 조신에게 충고했다.

"지금 폐하께서 건왕을 의심하고 있습니다. 어가를 직접 호위하고 피
난길에 오르는 일이 폐하께 충성과 효도를 다하는 길입니다."

조신은 사호의 충고를 받아들였다. 만약 끝까지 자신의 소신을 굽히지 않았다면, 송고종에게 미움을 받아 황위를 계승할 수 없었을지도 모른다. 그렇지만 그는 마음속으로 언젠가는 반드시 북벌을 단행하여 금나라에게 당한 치욕을 씻겠다고 다짐했다.

송효종은 즉위하자마자 항전파 장수와 대신들을 중용하여 북벌에 나서기로 결심했다. 하지만 그들은 대부분 억울한 누명을 쓰고 죽었거나 나이가 너무 많았다. 송고종 시대에 금나라의 침략에 맞서 싸우자는 주장을 펴다가 지방으로 쫓겨난 장준(張浚)이 생각났다. 장준은 금나라에 강경책을 편 학자이자 문신이었다. 송효종은 그를 조정으로 불러들여 추밀사로 임명하고 그에게 북벌 계획을 세우게 했다. 또 억울하게 죽은 구국의 영

웅, 악비의 누명을 벗겨주고 악왕(鄂王)으로 추증했다. 송효종은 악비를 왕으로 추증함으로써 북벌의 의지를 분명하게 드러냈다.

송효종은 장준에게 북벌의 대임을 맡겼다. 태상황으로 물러난 송고종은 장준을 북벌의 장수로 임용하는 것을 반대했다.

"장준의 용병술은 짐뿐만 아니라 천하의 사람들도 모두 알고 있다. 예전에 그가 부평(富平: 지금의 섬서성 부평)에서 금군에게 크게 패한 적이 있었다. 회서(淮西) 지방의 병사들은 장준이 장졸들을 잘못 지휘하여 대패한 결과가 어떠했는지 알았다. 지금 그를 다시 중용하여 북벌을 단행하는 것은 지극히 위험한 일이다."

건염 4년(1130) 장준이 거느린 남송군이 부평에서 금군에게 대패를 당하여 천섬(川陝) 지방을 금나라에게 빼앗긴 일을 송고종이 거론한 것이다. 송고종은 또 장준이 나이가 너무 많은 이유를 들어 북벌을 반대했다. 그는 또 송효종에게 이런 말도 했다.

"네가 북벌을 포기하지 못하겠다면 네 뜻대로 해라. 하지만 내가 죽고 난 후에 해라!"

송고종은 태상황으로서 금나라에게 더 이상의 치욕을 당하지 않고 편안한 노후를 보내고 싶어서 그렇게 말했을 것이다. 하지만 송효종의 북벌 의지를 꺾을 수 없었다.

융흥(隆興) 원년(1163) 장준은 중원 지방을 되찾겠다는 기치를 내걸고 북상했다. 동원한 병력은 8만여 명이었다. 북벌 초기에는 영벽(靈壁), 홍현(虹縣), 숙주(宿州) 등 지역을 수복하는 전과를 올렸다. 하지만 반격에 나선 금군은 부리진(符離鎭: 지금의 안휘성 숙주)에서 남송군을 괴멸시켰다. 장준과 부하 장수들의 불화가 패인이었다. 금군은 승리의 여세를 몰아 장강 일대를 점령했다. 북벌에 나섰다가 오히려 남침을 당한 남송 조정은 공황에 빠졌다.

주화파 재상 탕사퇴(湯思退)는 장준의 무리한 북벌이 화를 좌초했기 때문에 그의 병권을 회수하고 금나라와 다시 화의를 체결해야 한다고 주장했다. 장준은 패전의 책임을 지고 물러났다.

송효종도 '죄기조(罪己詔)'를 반포하지 않을 수 없었다. 죄기조는 황제가 국가가 천재지변을 당하거나 국난에 처했을 때 자신의 잘못을 시인하고 반성하는 일종의 '황제의 반성문'이다. 민심을 수습하기 위한 고육책이었다. 송효종은 예부상서 위기(魏杞)를 금나라에 보내 화의를 진행하게 했다.

금세종 완안옹은 정복전쟁을 좋아한 군주가 아니었다. '작은 요순임금'이라는 칭송을 들은 그가 남송의 철천지원수, 금나라의 황제가 된 것은 남송에게는 천우신조였다. 그도 남송과의 무력 충돌을 끝내고 내치에 전념하고 싶었다. 융흥 2년(1164) 양국은 '융흥화의(隆興和議)'를 체결했다. 그 주요 내용은 이렇다.

"송나라는 금나라에 더 이상 신하를 칭하지 않으며, 금나라와 송나라의 관계는 숙질(叔姪) 관계로 정한다. 양국의 국경은 소흥화의(紹興和議)의 결정을 그대로 준수한다. 송나라가 해마다 금나라에 바치는 '세공(歲貢)'의 명칭을 '세폐(歲幣)'로 개칭한다. 세폐는 해마다 은 20만 냥, 비단 20만 필로 정한다. 송나라는 금나라에 상주(商州), 진주(秦州) 등의 지역을 할양한다. 금나라는 송나라로 달아난 금나라 관리의 소환을 더 이상 요구하지 않는다."

융흥화의도 남송에 불리한 불평등조약이었다. 하지만 양국은 황제국과 신하국의 주종 관계가 아니라, '숙부'와 '조카'의 혈연관계로 바뀌었다. 세공은 속국이 종주국에 바치는 공물이라면, 세폐는 지방 관아에서 조정에 납부하는 물품이다. 남송은 금나라에게 물품을 바치는 것이 아니라 납부한다는 표현을 사용함으로써 그나마 자존심을 지켰다. 소흥화의에 비하여 은 5만 냥과 비단 5만 필을 감면받은 것이 남송의 실질적인 이익이었다.

남송과 금나라의 긴장 관계는 다시 해소되었으며 평화가 찾아왔다. 하지만 송효종은 북벌의 야망을 포기하지 않았다. 건도(乾道) 5년(1169) 송효종은 채석(采石: 지금의 안휘성 마안산·馬鞍山)에서 금군을 대파한 우윤문(虞允文)을 재상으로 임명하여 그에게 북벌을 준비하게 했다. 하지만 우윤문은 사천 지방에서 군사를 조련하고 전쟁 물자를 준비하다가 병으로 사망했다. 남송에는 금나라와 싸워 승리할만한 장수가 더 이상 없었다. 송효종은 북벌을 포기하지 않을 수 없었다.

원(元)나라 초기의 학자 유일청(劉一淸)은 그의 저서 『전당유사(錢塘遺事)』에서 이런 말을 했다.

"송고종 시대에는 위기에 빠진 국가를 일으킨 신하는 있었으나 군주는 없었다. 송효종 시대에는 위기에 빠진 국가를 일으킨 군주는 있었으나 신하는 없었다."

송고종 시대에는 악비 등 유능한 장수들이 많았으나 송고종이 무능하여 금나라의 침략을 막지 못했다. 송효종 시대에는 송효종이 유능했으나 장수들이 무능하여 송효종의 북벌이 성공하지 못했다는 아쉬움을 나타낸 글이다.

3. 내치에 성공하여 번영을 이루다

송효종의 북벌 실패는 굴욕적인 융흥화의로 막을 내렸다. 그렇지만 금나라와의 오랜 전쟁과 갈등을 끝내는 성과를 거두었다. 송효종은 변방의 안정을 바탕으로 본격적으로 내치에 전념하기 시작했다. 그는 밤낮을 가리지 않고 모든 정사를 친히 보살폈다. 국정 대사는 말할 것도 없고 사소한 일이라도 민생과 관계되는 일이라면 침식을 잊은 채 해결책을 마련하는 데 집중했다.

송효종은 송고종 시대에 19년 동안 국정을 좌지우지한 진회를 천하의 간신으로 여겼다. 진회는 무능하고 나약한 송고종의 총애를 등에 업고 파벌을 조성하여 충신과 유능한 장수를 죽인 악덕 재상이었다. 송효종은 진회와 같은 간신의 출현을 막기 위해서 재상의 임기를 단축하고 간관의 기능을 강화함으로써 재상을 견제했다. 그가 통치한 27년 동안 재상으로 임용된 자가 20명이나 되었던 것은 이런 이유 때문이었다.

송효종은 또 다시 금나라에게 치욕을 당하지 않기 위해서는 무엇보다도 병사와 군마를 조련하는 일이 중요하다고 생각했다. 굳세고 강한 병사를 양성하겠다는 의지를 드러낼 목적으로 궁궐에서 친히 전포(戰袍)를 입고 기마술, 궁술, 검술 등 무예를 익혔다.

어느 날 송효종이 말을 타고 과녁을 향해 화살을 쏠 때 말이 흥분하여 갑자기 전각의 처마 아래로 뛰어들었다. 자칫하다간 기둥에 부딪쳐 불상사가 날 수 있는 위급한 상황이었다. 신하들은 식은땀을 흘리며 어찌할 바를 모르고 있었다. 송효종은 말고삐를 단단히 쥐고 말을 진정시켰다. 말에서 내리자마자 내시에게 무예 연마용의 길고 무거운 철봉을 가지고 오게 했다. 내시 두 명이 땀을 뻘뻘 흘리며 철봉을 겨우 들고 왔다. 송효종은 무림의 고수처럼 그것을 자유자재로 휘둘렀다. 대신들은 엎드려 만세를 외쳤다.

송효종은 군사 역량을 늘리고 변방을 철통같이 수비하기 위하여 의병제(義兵制)를 도입했다. 민가(民家)에 거주하는 장정(壯丁) 3명 가운데 1명을 의병(義兵)으로 선발했다. 농번기에는 농사를 짓게 하고 농한기에는 군사 훈련을 받게 했다. 일종의 병농 일치의 군사제도였다. 이는 관군을 양성하는 데 필요한 재정 부담을 경감시켰을 뿐만 아니라 국방력 강화에도 일정한 효과가 있었다. 『황송중흥양조성정(皇宋中興兩朝聖政)·권 29』에 이런 내용이 있다.

"수황성제(壽皇聖帝: 송효종)께서는 중원 지방을 하루도 잊은 적이 없었다. 28년 동안 군사 업무를 효율적으로 수행하였으며 무기를 정비하였고 유능한 장수를 선발했으며 병사를 엄격하게 훈련시켰다. 군사(軍事)와 관계되는 일이라면 말하지 않는 것이 없었다."

송효종이 금나라에게 빼앗긴 중원 지방을 수복하고자 얼마나 노력했는지 알 수 있는 내용이다. 그의 강병 정책은 남송이 더 이상 금나라의 침략에 일방적으로 당하지 않게 했다. 오히려 금나라가 남송의 침략을 두려워할 정도였다. 금세종은 신하들에게 수시로 당부했다.

"송나라가 또 언제 쳐들어올지 모르니 재화와 곡식을 쌓아놓고 무기를 정비해야 하오. 짐은 송나라 사람들이 화의(和議)를 파기하지 않을까 걱정이오. 송나라 군주는 장차 병사를 일으켜 우리나라를 침략할만한 능력이 있는 자이오."

송효종의 중원 회복 의지는 태상황 송고종과 주화파 대신들의 집요한 반대 때문에 끝내 실현되지 않았다. 하지만 남송은 그의 시대에 이르러 비로소 금나라의 남침 위협에서 벗어나 정국의 안정을 이룰 수 있었다. 송효종은 대신들에게 항상 충고했다.

"사대부는 풍속의 표상이며 천하는 그에 의해 다스려지는 것이다. 따라서 윗사람이 예의를 지키고 염치가 있으면, 아랫사람은 충직하고 순박하게 행동한다. 하지만 윗사람이 괴상한 짓을 하고 경박한 습관을 가지고 있으면, 아랫사람은 분쟁을 벌이고 윗사람을 능멸한다."

이른바 "윗물이 맑아야 아랫물도 맑다."는 신념을 가지고 있었다. 그는 관리들에게 높은 도덕성을 요구했다. 쓸모없는 관직은 대폭 줄였다. 관직에 적합한 인재를 선택했을 뿐, 사람에 맞는 관직을 선택하지 않았다. 또 음서제(蔭敍制)를 폐지하여 공신이나 고위관리의 자제가 과거시험에 합격하지 않고 관리로 임용되는 특혜를 없앴다. 관리들도 정기적으로 업무평가를 받아야 했다. 불합격 판정을 받은 관리는 해직되었다. 이에 따라 능력과 실력을 겸비한 관리들이 우대를 받는 풍조가 조성되었다.

송효종은 백성들의 과중한 세금 부담을 여러 차례 경감시켜주었다. 합리적인 조세 징수가 제대로 시행되고 있는지도 꼼꼼히 살폈다. 토지에 부과하는 세금은 농민들이 가을철에 수확을 끝내고 납부하는 게 원칙이었다. 하지만 호부(戶部)에서는 곡식이 여물기도 전인 봄철에 세금을 거두어들였다. 이를 '예최(預催)'라고 칭했다. 미리 세금을 재촉한다는 뜻이다. 세금을 안정적으로 징수할 목적이었다. 하지만 춘궁기에 굶주리는 농민들에게는 가혹한 조치였다. 송효종은 그 폐해를 파악한 후 예최를 엄금했다. 이에 따라 백성들의 삶에 다소 여유가 생겼다.

당시 지방 관리들은 백성들에게 정해진 세금이외에 별도로 세금을 더 거두어들여 황제에게 바치는 관습이 있었다. 그것을 '흠여(羨餘)'라고 칭했다. 흠여는 지방 관리들이 황제의 은총을 입어 출세하는 수단이었다. 송효종은 흠여를 중지함으로써 백성들의 칭송을 들었다.

송효종은 지방 관리들에게 수리시설과 농지를 확충하는 데 전력을 다하게 했다. 업적을 쌓은 관리에게는 포상과 승진을 아끼지 않았고 그렇지 않은 관리에게는 처벌을 내렸다. 이에 따라 가뭄이 들어도 백성들은 굶지 않게 되었다.

송효종의 집권 기간은 학술이 융성하고 문예가 부흥한 시기이기도 했다. 이학(理學)을 집대성한 주희(朱熹), 심학(心學)을 창도한 육구연(陸九淵), 공리주의를 제창하고 공리공담을 반대한 진량(陳亮), 섭적(葉適) 등 공리학파 등이 이 시기에 등장하여 치열한 사상 논쟁을 전개함으로써 사유의 영역을 확장했다.

또 육유(陸遊), 범성대(范成大), 양만리(楊萬里), 신기질(辛棄疾) 등 중국문학을 빛낸 저명한 문학가들도 이 시기에 배출되었다. 남송 말기의 유명한 학자였던 황진(黃震)은 송효종 시대에 "국가가 흥성하기 시작했으며, 고상한 인품과 뛰어난 실력을 갖춘 선비들이 많이 배출되었다."고 말했다. 송효종이 선비들을 우대하고 학술 진흥 정책을 시행한 덕분이었다.

국운이 기운 송나라가 다시 국태민안하기 위해서는 자신부터 모범을 보여야 한다고 송효종은 생각했다. 근검절약은 삶의 지표였다. 그는 신하들에게 이런 말을 했다.

"옛날부터 군주는 국난의 불운을 당했을 때 근검절약을 하지 않을 수 없었으며, 태평성대를 계승했을 때는 사치에 빠지지 않을 수 없었다. 짐은 다른 일을 하는 것이 아니다. 오직 근검절약하여 국난을 극복하고자 한다."

근검절약과 사치를 배격함이 삶의 지표였음을 알 수 있다. 그는 용포와 궁중의 기물이 낡아도 새것으로 바꾸지 못하게 했다. 황제의 전용 창고인 내탕고에 보관한 동전을 엮은 끈이 삭아 끊어질 정도로 오랜 세월 동안 지출을 억제했다. 그는 문무를 겸비한 군주였다. 중원 회복의 꿈이 끝내 이루어지지 않았으나 무력이 약한 국가는 언젠가는 강대국에게 능멸을 당한다는 역사적 교훈을 결코 잊지 않았다. 그는 남송 시대의 역대 황제들 가운데 가장 뛰어난 업적을 이룬 군주였다. 역사학자들은 그의 시대를 '건순(乾淳)의 치세'라고 평가하고 있다.

순희(淳熙) 14년(1187) 송고종 조구가 향년 80세를 일기로 붕어했다. 송효종은 대성통곡했다. 송고종이 친부가 아니었지만, 송효종은 그에게 진심으로 효도했다.

두 사람의 관계를 알 수 있는 일화가 있다. 어느 날 태상황 송고종이 도성 임안에 있는 영은사(靈隱寺)로 행차했다. 그곳에서 한 승려를 만났는데 그의 외모가 승려 같지 않았다. 호기심이 발동한 송고종은 그에게 무슨 연유로 승려가 되었냐고 물었다. 그는 원래 한 지방의 군수였는데 죄를 지어 파면을 당한 후 살길이 막막하여 승려가 되었다고 송고종에게 아뢰었다.

송고종은 측은한 생각이 들었다. 환궁한 후 특별히 송효종에게 그 승려를 복직시켜달라고 부탁했다. 송효종은 원칙을 중시한 군주였다. 죄를 지어 일반 백성으로 강등된 전직 관리에게 관직을 하사할 수 없었다. 그 후 수개월이 흘렀다. 어느 날 송고종이 또 영은사로 행차하였다. 아직도 그 승려가 있음을 보고 화가 났다. 아들 송효종이 자기 말을 듣지 않았다고 생각하니 괘씸하기 짝이 없었다.

며칠 후 송효종이 송고종과 황태후 오씨(吳氏)를 모시고 황궁의 정원을 거닐었다. 송고종은 아들에게 말 한마디도 하지 않았다. 송효종은 당황하여 어찌할 바를 몰랐다. 황태후 오씨가 송고종에게 말했다.

"아들의 효성이 이처럼 지극한데도, 태상황제께서는 어찌 불편한 심기를 드러내시는지요?"

송고종이 대답했다.

"짐이 늙었다고 내 말을 듣는 놈이 없구려."

송효종은 비로소 아버지의 부탁이 생각났다. 즉시 그 승려를 조정으로 불러들여 그에게 군수보다 높은 관직을 하사했다. 그로서는 원칙을 깬 인사였지만 아버지의 기분을 맞추기 위하여 어쩔 수 없는 선택이었다.

송고종은 태상황으로서 25년 동안 안락한 생활을 하면서 송효종의 일에 자주 간섭했다. 송효종은 조금도 불평하지 않고 태상황을 극진하게 모셨다. 그의 재위 기간은 27년이었다. 거의 재위 기간 내내 태상황을 모신 셈이다.

송효종은 태자 조돈(趙惇)에게 국정을 위임하고 삼년상을 치렀다. 순희 16년(1189) 조돈에게 선양한 후 태상황으로 물러났다. 소희(紹熙) 5년(1194) 향년 67세를 일기로 세상을 떠났다. 그의 묘호(廟號)를 효종으로 정한 까닭은 그가 진정한 효자였기 때문이다.

12

송광종 조돈

1. 성장 과정과 황위 계승

송효종 조신이 보안군왕(普安郡王)이었을 때 귀족 출신 곽씨(郭氏: 훗날의 성목황후·成穆皇后)를 정실부인으로 맞이했다. 원래 여색을 밝히지 않았던 송효종은 아내만을 사랑하고 존중했다.

곽씨는 장남 조기(趙愭·1144~1167), 차남 조개(趙愷·1146~1180), 셋째아들 조돈(趙惇·1147~1200), 넷째아들 조각(趙恪) 등 4남과 가국공주(嘉國公主·1154~1162), 차녀 등 2녀를 낳았다. 이들 가운데 조각과 차녀가 태어난 지 몇 개월 만에 죽었다. 송효종의 아들딸 모두 곽씨의 소생인 것을 보면, 부부 관계가 무척 좋았던 것 같다. 그런데 곽씨는 남편이 황제로 등극하기 전인 소흥 26년(1156)에 향년 30세를 일기로 세상을 떠났으며 훗날 황후로 추중되었다.

적장자 조기는 후덕하고 겸손한 성품을 지녔으며 제왕의 자질을 타고

난 황자였다. 할아버지 송고종과 아버지 송효종이 그를 무척 총애했다. 송효종이 황위를 계승한지 3년만인 건도(乾道) 원년(1165)에 적장자 계승의 원칙에 따라 조기를 태자로 책봉하여 그에게 제왕의 도를 학습하게 했다.

이로써 남송 황실은 태상황제 송고종 조구, 황제 송효종 조신, 황태자 조기의 명실상부한 삼위일체를 이루었다. 그런데 건도 3년(1167)에 조기가 병에 걸렸다. 어의가 약을 잘못 쓰는 바람에 병세가 악화되었다. 송고종과 송효종은 태자의 병을 고치고자 대사면을 반포하고 친히 문병하는 성의를 다했지만, 태자는 23세의 나이에 요절하고 말았다.

송효종은 장남의 장례식을 신하들에게 장중하게 치르게 한 후에도 비통한 심정을 억누를 수 없었다. 오랫동안 태자 책봉의 일을 미루자, 대신들은 '국본(國本)'의 자리는 하루도 비워둘 수 없다고 간곡하게 간했다. 송효종도 고민하지 않을 수 없었다.

서열에 따라서 차남 경왕(慶王) 조개가 책봉되는 게 당연했다. 더구나 그는 천성이 영민하고 인품이 후덕했다. 또 오만하지도 않았다. 환관이나 궁녀와 같은 신분이 미천한 사람도 인격을 존중하고 예의로 대했다. 조야를 막론하고 그를 존경하고 따르는 자들이 많았다.

셋째아들 공왕(恭王) 조돈도 천성이 영민했다. 인품이 친형 조개에는 미치지 못했으나 무예에 관심이 많아 송효종의 주목을 받았다. 송효종은 두 아들 가운데 한 아들을 후계자로 지명해야 했다. 그는 조개가 지나치게 인정이 많고 관대한 성격을 걱정했다. 제왕은 백성들에게 자비를 베풀어야 하지만, 때에 따라서는 추상같은 위엄을 드러내고 냉철한 결정을 해야 한다고 생각했다. 조돈은 영민할 뿐만 아니라 무예를 겸비하고 있고 결단력도 있다고 생각했다.

건도 7년(1171) 송효종은 대신들의 예상과는 다르게 셋째아들 조돈을 태자로 책봉했다. 조개는 부친의 결정에 복종했다. 송효종은 그에게 여러 지방의 절도사로 임명하고 위왕(魏王)으로 책봉했다. 조개는 부임하는 지방마다 선정을 베풀고 교육에 힘써 백성들의 칭송을 들었다. 순희 7년(1180) 송효종은 둘째아들이 명주(明州)에서 병사했다는 부음을 들었다. 친히 소복을 입고 둘째아들의 죽음을 애도했다.

송효종은 한평생 송나라의 부국강병과 국태민안을 위하여 분투하여 성공한 군주였다. 하지만 태자 책봉 문제에서 만큼은 판단을 잘못하여 남송을 쇠퇴의 길로 접어들게 했다. 그의 잘못된 결정이 무능한 12대 황제 송광종(宋光宗) 조돈의 등장을 예고했다.

조돈은 24세 때 태자로 책봉된 후 황위를 계승할 날만을 학수고대했다. 그런데 20년 가까이 태자의 신분으로 지내면서 불혹의 나이를 넘겼는데도 아버지에게 어떤 언질도 받지 못했다. 불안한 마음을 감출 수 없었다. 혹시 아버지가 딴마음을 먹고 있지 않을까 두려웠다. 하루는 아버지의 속마음을 떠보고자 이런 말을 했다.

"저의 수염이 백발로 변하기 시작했습니다. 얼마 전에 어떤 신하가 저에게 염색약을 보내주었지만, 사용하지 않았습니다."

나도 수염이 백발로 변했을 정도로 나이를 먹었으니 하루빨리 양위해 달라는 간접적인 표현이었다. 송효종은 못마땅한 표정을 지으며 말했다.

"수염이 백발로 변한 것은 네가 노련하고 경험이 많은 사람이 되었음을 천하의 사람들에게 알리는 좋은 일인데도, 하필 염색할 필요가 있겠느냐?"

사실 송효종이 조돈에게 양위를 주저한 데에는 이유가 있었다. 조돈이 동궁에서 아첨꾼들의 달콤한 말에 놀아나고 있다는 얘기를 자주 들었기 때문이다. 태자 폐위를 생각하기도 했지만 조돈이 유일한 친아들이었으므로 선택의 여지가 없었다. 다만 조돈이 개과천선하기를 바랄 뿐이었다.

순희 14년(1187) 태상황 송고종이 향년 80세를 일기로 붕어했다. 송효종은 통곡했다. 송고종이 누구인가. 친아버지는 아니었지만 자기에게 양위하지 않았는가. 그가 금나라에 복종하고 비굴한 삶을 살았으나, 그의 노력과 굴신(屈身)이 없었다면 송나라의 종묘사직은 끊기고 말았을 것이다. 송효종은 송고종에게 진심으로 효도를 다했다. 소복을 입고 삼년상을 치르기로 결정했다. 순희 16년(1189) 송효종은 마침내 조돈에게 양위하고 태상황으로 물러났다. 이때 12대 황제 송광종 조돈의 나이는 42세였다.

2. 흉포하고 잔인한 이황후가 국정을 농단하다

송광종의 정실부인 자의황후(慈懿皇后) 이봉낭(李鳳娘·1145~1200)은 경원절도사 이도(李道)의 딸이다. 이도의 집안은 장수 가문으로 유명했다. 송고종 시대에 황보단(皇甫坦)이라는 도사가 있었다. 송고종의 생모 위태후(韋太后)의 안질을 낫게 한 공로로 황제의 신임을 받았다. 이도는 황보단이 관상을 잘 본다는 소문을 듣고 거금을 들여 그를 저택으로 초빙했다. 황보단은 이도의 둘째딸 이봉낭을 보고 깜작 놀랐다. 용모가 빼어나고 자태도 아름다웠다. 더구나 귀인의 사주팔자를 타고났다.

당시 태상황 송고종은 손자 공왕 조돈의 배필을 찾고 있었다. 황보단은 즉시 도성으로 가서 송고종을 배알하고 이봉낭을 천거했다. 그녀는 황보단의 추천 덕분에 공왕비가 되었다. 남편 조돈이 태자로 책봉될 때 그녀도 태자비가 되었다. 그런데 그녀는 아름다운 외모와는 다르게 성격이 포악하고 투기가 심했다. 동궁의 일을 사사건건 간섭했다. 조금이라도 자기 마음에 들지 않는 일이 생기면 조돈에게 앙탈을 부렸다. 조돈이 동궁의 시녀에게 말이라도 걸면 태자가 여색을 밝힌다고 한바탕 난리를 쳤다. 남편이 시할아버지 송고종과 시아버지 송효종에게 효도하는 일도 싫어했다. 조돈은 아내의 이런 무지막지한 행동을 제어하지 못하고 가슴앓이만 했다. 아내의 감시를 피해 아첨꾼들과 어울리는 일이 유일한 즐거움이었다.

건도(乾道) 4년(1168) 태자비 이봉낭이 조돈의 둘째아들 조확(趙擴·1168~1224)을 낳았다. 그녀는 아들을 낳았는데도 남편이 자기를 멀리하는 태도에 분노했다. 시할아버지 송고종에게 태자가 불량한 사람들과 어울린다고 고자질했다. 송고종은 손자며느리의 성품에 문제가 있다는 사실을 진작부터 알고 있었다. 화가 나서 오태후(吳太后)에게 말했다.

"장수 가문의 종자인 이봉낭은 정말로 버르장머리가 없는 계집이야. 내가 황보단의 말에 속았구려."

송고종은 태상황으로서 손자며느리에 불만이 많았지만 육궁의 일에 이래라저래라 간섭할 입장은 아니었다. 이봉낭은 또 시아버지 송효종에게 남편에 대한 험담을 늘어놓았다.

송효종은 며느리에게 여러 차례 경고했다.

"너는 황태후를 모범으로 삼고 따라야 한다. 그렇지 않으면 너를 폐위하겠다."

송나라 역대 황제 평전

황태후는 당시 육궁에서 지체가 가장 높은 오태후(吳太后·1115~1197)를 지칭한다. 그녀는 송고종의 두 번째 황후이자 송효종의 적모(嫡母)로서 만백성의 존경을 받은 진정한 국모였다.

송효종은 태자 조돈에게 양위하기 전에 재상 황덕윤(黃德潤)을 불러 그의 의견을 물었다. 황덕윤이 아뢰었다.

"태자의 인품과 재능은 천자의 대임을 맡을 만합니다. 하지만 태자비의 품행은 천하의 국모가 되기에는 부족합니다. 폐하께서는 신중하게 생각하셔야 합니다."

송효종이 불편한 기색을 보이자, 황덕윤은 또 아뢰었다.

"폐하께서 양위 문제를 신에게 하문하셨기에 신이 감히 용기를 내어 속마음을 털어놓았습니다. 지금 신이 올린 진언(進言) 때문에 향후에 폐하를 다시 배알할 기회가 없을지도 모르겠습니다. 훗날 폐하께서도 신의 진언이 생각나서 신을 만나고 싶어도 만날 수 없지 않을까 합니다."

당시 태자비 이봉낭의 못된 행실에 대한 소문이 조정에 널리 퍼졌던 것 같다. 그래서 조정 중신도 태자비에 대해 부정적인 인식을 드러낸 것이다. 송효종은 태자비 폐위 문제를 심각하게 고민했다. 그렇지만 그는 원칙을 중시한 군주였다. 이봉낭이 조돈의 적처이며 아들을 낳은 상황에서 폐위되면 더 큰 문제가 생길 수 있었다. 태자비를 수시로 훈계하여 부덕(婦德)을 쌓게 하는 수밖에 없었다.

순희 16년(1189) 마침내 송광종 조돈이 황위를 계승했다. 이봉낭도 황후로 책봉되었다. 육궁의 실질적인 안주인이 된 이황후는 송광종의 일거수일투족을 통제했다. 이상하게도 송광종은 그녀의 앞에서는 고양이 앞의 쥐처럼 살살 기었다. 어느 날 아침 송광종이 세수용 대야를 양손으로 받쳐 들고 서있는 궁녀를 보고 무심결에 말했다.

"너의 두 손이 참으로 곱구나!"

그 날 저녁 이황후가 송광종에게 음식을 담는 그릇인 찬합을 보냈다. 송광종이 그것을 열어보자마자 너무 놀라 기절할 뻔 했다. 그 안에는 그 궁녀의 잘린 두 손이 들어있었던 것이다. 송광종은 황제가 되었는데도 아내 한 명 제대로 다스리지 못하는 자신이 부끄러웠다. 우울증을 앓기 시작했다.

송광종에게는 이황후 이외에도 황귀비(黃貴妃), 장귀비(張貴妃), 부첩여(符婕妤) 등 몇 명의 비빈이 있었다. 여느 황제에 비하여 거느린 비빈이 많지 않았다. 원래 황귀비는 송효종 사귀비(謝貴妃)의 시녀였다. 송광종이 태자였을 때 태자비 이봉낭의 눈치를 보느라 궁녀를 취하지 못했다. 송효종은 아들의 처지를 가엾게 여기고 사귀비의 시녀를 하사했다. 송광종은 그녀를 총애했다. 황제로 등극한 후에 그녀를 귀비로 책봉했다.

이황후의 눈에 핏발이 섰다. 황귀비를 호시탐탐 살해할 기회를 노렸다. 소희(紹熙) 2년(1191) 11월 송광종은 제사를 지내고자 궁궐을 떠나 제궁(齋宮)에 머무르고 있었다. 이황후는 황제가 궁궐을 비운 틈을 타서 황귀비를 살해했다. 송광종이 돌아왔을 때 이황후는 황귀비가 급사했다고 거짓말했다. 송광종은 너무 놀라 잠시 의식을 잃었다. 자기가 유일하게 사랑한 여자를 잃은 슬픔에서 헤어나지 못했다. 그녀가 이황후의 흉계로 살해되었음을 짐작하고 있었지만 사실을 밝힐 용기가 나지 않았다. 장귀비와 부첩여도 이황후의 간계에 걸려들어 궁궐에서 쫓겨났다.

송광종은 심신이 날로 쇠약해지기 시작했다. 우울증이 정신질환으로 악화되었다. 조회에 나가 정사를 처리할 수 없었다. 남편을 무능한 인간으로 만든 이황후가 정치의 전면에 나섰다. 국정의 대소사는 모두 그녀의 손에서 결정되었다. 그런데 그녀는 통치에 관심이 있는 게 아니었다. 친인척에게 높은 관직을 하사하고 매관매직을 통해 재물을 긁어모으는 일에만 치중했다.

이황후는 친정 조상 3대를 왕으로 추증하고 조카 이효우(李孝友)와 이효순(李孝純)을 절도사로 임명했다. 이씨 가문의 사당에 나아가 참배했을 때는 친족 26명과 가신 172명에게 은전을 베풀었다. 이씨 집안으로 찾아와 뇌물을 바치는 자들에게도 관직을 하사했다. 심지어 이씨 사당을 지키는 병사들의 인원이 역대 황제들의 위패를 모신 태묘를 지키는 병사들보다 많았다. 봉건왕조 시대에는 도저히 있을 수 없는 참월(僭越)이었으나, 어느 대신도 감히 이황후를 제지하지 못했다.

송광종은 실어증에 걸려 말도 제대로 못하는 처지였다. 이황후가 송광종의 명의로 쓴 조서를 보여주면 겨우 고개만 끄덕일 뿐이었다. 황제는 허수아비에 불과하고, 황후가 천하를 다스린다는 소문은 전국 방방곡곡에 퍼졌다. 미관말직이라도 얻으려면 이씨 집안에 뇌물을 바쳐야 했다. 일시에 천하의 재물이 이씨 집안에 쌓였다.

태상황 송효종은 며느리 이황후의 국정 농단에 분노했다. 이황후를 폐위하려고 했으나 그녀의 농간에 놀아난 대신들의 반대로 뜻을 이루지 못했다.

어느 날 송효종은 아들 송광종이 앓아누워 있다는 얘기를 듣고 환약을 보냈다. 이황후는 남편에게 독약일지 모르니 먹지 말라고 했다. 송광종은 아내의 말이 일리가 있다고 여기고 아버지를 의심하기 시작했다. 송효종은 아들의 근황이 궁금했지만 아들은 문안 인사조차하지 않았다. 아들을 찾아가 보고 싶어도 며느리의 교묘한 방해 때문에 만나지 못했다.
부자 관계가 점점 악화되었다.

소희 4년(1193) 9월 9일 중양절(重陽節)을 맞이했다. 옛날 사람들은 중양
절은 1년 중 양(陽)의 기운이 가장 충만하다고 믿었다. 국가의 중요한 명절
이었다. 백성들 모두 가족의 화목과 건강을 기원하며 이 날 하루를 즐겁
게 보냈다. 대신들은 송광종이 중양절을 계기로 송효종을 배알하기를 바
랐다. 급사중 사심보(謝深甫)가 아뢰었다.

"아버지와 아들이 지극히 친함은 하늘의 이치입니다. 태상황께서 폐하
를 사랑하심은 폐하께서 가왕(嘉王: 송광종의 둘째아들 조확)을 사랑하심과 같
은 이치입니다. 태상황의 춘추가 연만하시어 언제 붕어하실지 모릅니다.
그런데도 폐하께서 찾아뵙지 않으신다면 오랜 세월이 지난 후에, 어떻게
천하의 백성들을 볼 면목이 있겠습니까?"

송광종은 크게 깨달은 바가 있었다. 시종들에게 어가를 준비하게 했
다. 송효종이 머물고 있는 중화궁(重華宮)으로 갈 계획이었다. 문무백관이
도열하여 황제를 기다리고 있었다. 뜻밖에도 이황후가 송광종을 병풍 안
으로 끌어당기고 말했다.

"날씨가 추우니 궁궐로 들어가 술 한 잔 하시지요."

중서사인 진전량(陳傳良)이 황제의 앞을 가로막고 중화궁으로 행차해야
한다고 간곡하게 아뢰었다. 이황후가 화를 벌컥 냈다.

"이게 무슨 짓이냐. 하찮은 수재(秀才) 출신인 네 놈의 모가지가 당장 잘

리는 꼴을 보겠느냐?"

결국 진전량은 파직을 당했으며, 이황후의 방해로 부자 상봉이 끝내 이루어지지 않았다. 송광종은 아내 이황후의 손에 놀아나는 꼭두각시 황제에 불과했다. 소희(紹熙) 5년(1194) 둘째아들 조확(趙擴)에게 양위하고 태상황으로 물러났다.

경원(慶元) 6년(1200) 송광종은 재위 5년, 향년 53세를 일기로 세상을 떠났다. 그는 아무런 업적도 남기지 못하고 아내를 무서워한 군주였다. 오히려 아버지 송효종이 이룬 '건순의 치세'를 망쳐놓았다. 남송은 이때부터 점차 쇠퇴의 길로 접어들었다. 이황후는 이른바 '소희내선(紹熙內禪)'의 와중에 권력을 빼앗긴 후 불교에 심취했다. 남편보다 두 달 앞서 향년 55세를 일기로 세상을 떠났다. 한 시대를 망친 황후였지만 어쨌든 친아들 조확이 황제로 등극하는 모습을 보았으며 비참한 최후를 맞이하지는 않았다.

13

송영종 조확

1. 성장 과정과 황위 계승

13대 황제 송영종(宋寧宗) 조확(趙擴·1168~1224)은 송광종 조돈의 둘째아들로 태어났다. 송광종의 장남 조정(趙梃)이 요절했기 때문에 조확이 실질적인 장남이다. 생모는 자의황후(慈懿皇后) 이봉낭(李鳳娘)이다. 조확은 어렸을 때 영국공, 평양군왕 등 작위를 받았으며, 순희 16년(1189)에는 가왕(嘉王)으로 책봉되었다.

송광종은 즉위한 직후에 적장자 조확의 태자 책봉을 미루고 있었다. 이황후는 불안한 마음을 금할 수 없었다. 친아들 조확이 성년이 되었는데도 자기를 미워하는 태상황 송효종의 반대 때문에, 남편이 결정을 내리지 못하는 게 아닐까 의심했다.

이황후는 남편에게 가왕 조확을 태자로 책봉하여 황제의 정무를 돕게 해야 한다고 주장했다. 당시 불혹의 나이를 넘긴 송광종은 심신이 지친 상태였다. 아내의 말이 일리가 있다고 생각했지만, 태상황 송효종의 윤허를 받아야 한다고 생각했다. 이황후는 송효종을 모시고 연회를 베푸는 자리에서 그에게 가왕을 태자로 책봉해달라고 간청했다. 송효종은 아들이 즉위한지 얼마 안 되었기 때문에 태자 책봉을 거론하는 것은 시기상조라고 말했다. 명백한 거절이었다. 이황후가 시아버지에게 따졌다.

"저는 정식으로 육례(六禮)를 치르고 황상과 혼인했어요. 가왕은 황상과 저의 친아들입니다. 그런데도 왜 안 된다고 하십니까?"

'육례'는 납채(納采), 문명(問名), 납길(納吉), 납폐(納幣), 청기(請期), 친영(親迎) 등 혼인 절차를 말한다. 옛날에는 육례를 치르고 혼인한 여자는 적처(嫡妻)로 인정받았다. 이황후는 자기가 송광종의 본처이고 조확은 적장자이므로, 조확을 태자로 책봉하는 것은 당연하다고 생각했다. 물론 조금도 틀린 말이 아니었다. 더구나 이때 조확은 태자가 되기에 충분한 나이인 26세였다.

그런데도 송효종은 왜 며느리의 간청을 거절했을까. 사실 그는 손자 가국공(嘉國公) 조병(趙抦·1170~1206)을 태자의 재목감으로 생각하고 있었다. 조병은 조개의 둘째아들이었다. 천성이 영민하고 기개가 있었다. 할아버지 송효종의 총애를 받았다. 송효종은 손자 조확이 아들 송광종의 적장자이지만, 자신의 적장손 조병이 태자로 책봉되어야 한다고 생각했다. 그래서 며느리가 태자 책봉의 일을 서두른 것을 반대했다. 자신의 둘째아들 조개에게 양위하지 못한 미안함도 조병을 태자로 삼고 싶은 심리적원인이 되었다. 더구나 그는 평소에 미워한 며느리가 '국본'을 결정하는 일에 간여하는 것을 몹시 못마땅하게 생각하여 며느리의 간청을 거절한 것이다.

이황후는 이간질의 명수였다. 시아버지와 남편의 사이에서 이간질하기로 결심했다. 남편에게 태상황이 다른 '의도'가 있기 때문에 태자 책봉을 꺼리고 있다고 말했다. 송광종은 아버지가 자기를 폐위하려고 한다고 오해했다.

소희(紹熙) 5년(1194) 5월 태상황 송효종이 병상에서 일어나지 못했다. 아들 송광종이 병문안 오기를 애타게 기다렸다. 송광종은 아버지의 병세가 위독하다는 소식을 듣고 중화궁(重華宮)에 가서 문병하고 싶었다. 하지만 이황후의 방해로 뜻을 이루지 못했다. 한 달 후 송효종은 향년 67세를 일기로 세상을 떠났다.

송광종은 친히 상복을 입고 국상을 치러야했다. 하지만 이황후의 방해로 국상을 차일피일 미루었다. 대신들이 분노했다. 아버지가 죽었는데도, 아들이 장례를 치르지 않는 불효가 세상 어디에 있냐고 성토했다. 이황후는 황제의 병세가 위중하기 때문이라고 둘러댔다. 급기야 송효종의 적모, 오태상황후가 불편한 노구를 이끌고 국상을 대행하는 희한한 일이 벌어졌다.

송효종은 천하의 효자로서 명성을 날렸지만, 불행하게도 천하의 불효자 송광종을 아들로 두었기 때문에 효도 한번 제대로 받지 못하고 세상을 떠났다. 아버지와 아들이 끝내 화해하지 못한 까닭은 며느리의 이간질과 아들의 무능 때문이었다.

송광종이 국상을 치르지 않았다는 소식은 신하들은 말할 것도 없고 백성들에게도 엄청난 충격이었다. 그가 아무리 몸이 불편했어도 아버지의 장례를 집전하지 않은 행위는 유가의 충효사상이 절대 진리였던 봉건왕조 시대에 도저히 있을 수 없는 패륜이었다. 백성들은 황제가 정신병자가 아닐까 의심했다. 조정 대신들은 민심의 동요를 두려워했다.

좌승상 유정(留正), 지추밀원사 조여우(趙汝愚) 등 대신들은 정국의 안정

송나라 역대 황제 평전

을 위하여 송광종에게 가왕 조확을 태자로 책봉해야 한다고 주장했다.

"조확은 성품이 인자하고 효성이 지극합니다. 그를 태자로 책봉하여 민심을 안정시켜야 합니다."

송광종은 심신이 지쳐있었다. 오래 전부터 국정을 다스리는 일에 흥미를 잃었으며 관심도 없었다. 쉬고 싶다는 내용이 담긴 조서를 반포하게 했다. 이윽고 대신들의 뜻대로 조확이 태자로 책봉되었다. 그런데 대신들은 또 황제의 퇴위 문제를 놓고 사분오열했다. 조정의 정치에 불만을 품은 유정은 병을 핑계로 사직하고 낙향했다.

조여우는 공부상서 조언변(趙彦邊), 지각문사 한탁주(韓侂胄) 등과 정변을 일으키기로 결심했다. 정변을 성공시키기 위해서는 육궁의 큰 어른 오태상황후의 지지가 절대적으로 필요했다. 그들은 송광종을 태상황으로 물러나게 하고 태자 조확을 황제로 추대한 후 ,태황태후 오씨(吳氏: 송광종이 즉위한 후 오태후는 태황태후로 추존되었다.)에게 수렴청정을 요구할 계획이었다. 조여우는 조확에게 황제로 추대하겠다는 뜻을 밝혔다. 조확은 아버지에 대한 불효를 이유로 들어 사양했다. 조여우가 말했다.

"천자는 종묘사직과 국가를 안정시켜야 효자가 될 수 있습니다. 지금 나라가 안팎으로 혼란합니다. 만약 변란이 일어난다면 태상황제를 어디로 모시겠습니까?"

황제의 적장자인 조확, 당신이 황위 계승을 거부하면 국가가 망할 수도 있다는 무서운 충고였다. 조확은 또 증조모 오태황태후의 윤허가 없이는 등극할 수 없다고 말했다. 오태황태후는 이미 대신들의 결정을 지지하고 있었다. 조여우는 전전통수 곽고(郭杲)에게 금위군을 풀어 황궁을 장악하게 했다.

같은 해 7월 오태황태후는 송효종의 영전 앞에서 조화과 문무백관이 도열한 가운데 송광종의 퇴위와 조화을 새 황제로 추대한다는 조서를 반포했다. 조화은 두려워하며 어찌해야 할지 몰랐다. 오태황태후는 환관에게 즉시 용포를 가지고 오게 했다. 그녀가 친히 조화에게 용포를 입히자, 문무백관은 만세 삼창을 외치며 새 황제의 등극을 축하했다.

이때 송광종은 자신이 태상황으로 물러난 지도 몰랐을 정도로 사리를 분별하지 못했다. 졸지에 권력을 빼앗긴 이황후도 황태후로 물러났다. 송광종이 퇴위하고 송영종 조화이 신하들의 추대를 받고 등극한 일을 '소희내선(紹熙內禪)'이라고 한다. 송영종은 다음 해부터 연호를 경원(慶元)으로 정했다.

2. 경원당금: 대신들 간의 당파싸움으로 도학이 몰락하다

송영종은 즉위 직후에 자신을 황제로 추대한 조여우를 우승상으로 임명했다. 조여우는 종실 출신이었다. '소희내선'의 와중에 일등공신이 되어 송영종의 총애를 등에 업고 조정의 실권을 장악했다. 한탁주도 오태황태후의 지지를 이끌어낸 일등공신이었으므로 절도사에 임용되기를 바랐다. 그런데 그는 오태황태후의 생질이었다. 송영종의 적처 공숙황후(恭淑皇后) 한씨(韓氏)가 조카손녀이기도 했다.

조여우는 "황제의 외척은 공로를 말해서는 안 된다."는 이유를 들어 한탁주를 절도사로 임용하는 것을 반대했다. 한탁주는 조여우에게 원한을 품었다.

송영종은 외척 한탁주를 추밀도승지로 임명했다. 이 관직은 황제의 조서를 관장했다. 한탁주는 수시로 송영종을 배알할 수 있었다. 황제의 총애를 얻어 조여우에게 반격할 기회를 엿보았다. 종실의 우두머리 조여우와 외척의 우두머리 한탁주 사이에 팽팽한 긴장감이 흘렀다.

조여우는 도학(道學)을 숭상한 인물이었다. 도학은 성리학(性理學), 정주학(程朱學), 주자학(朱子學), 이학(理學) 등으로 칭하기도 한다. 북송 시대에 주돈이, 정호, 정이 등이 창도한 유학(儒學)의 일파이다. 남송 시대에 들어와 주희에 의해 집대성되었다. 도학파는 공맹(孔孟) 사상을 바탕으로 인도주의와 왕도정치의 실현을 주장했다. 중국 한족의 또 다른 사유세계의 핵심 축인 도교와 불교에 대해서는 이단으로 평가했다.

송효종 시대에 주희(朱熹), 장식(張栻), 여조겸(呂祖謙), 육구연(陸九淵) 등을 대표로 하는 도학파는 전국에 걸쳐 유학의 주류사상으로 자리매김하고 막강한 영향력을 행사했다. 그들은 재야에서 조정의 정치를 맹렬하게 비판했다. 그런데 그들의 비판은 지나치게 추상적이고 '비판을 위한 비판'의 성격이 강했기 때문에, 송효종과 조정 중신들의 탄압을 받았다.

하지만 순희(淳熙) 말기에 이르러서는 송효종도 도학파의 세력을 인정하지 않을 수 없었다. 도학파는 조정에서 일정한 세력을 형성했다. 이에 조정에 진출한 신진 사대부를 중심으로 하는 도학파와 정통 관료를 중심으로 하는 반도학파의 갈등이 날로 심화되었다.

조여우는 조정의 권력을 장악하자마자 도학파의 영수 주희를 조정으로 불러들여 시강(侍講)으로 임명했다. 시강은 유가의 경전을 황제에게 강론하는 책무가 있었다. 조여우는 송영종을 도학을 숭상하는 군주로 만들어 도학파의 확고한 입지 구축을 도모했다. 송영종은 도학이 꺼림칙했으나 조정에서뿐만 아니라 지방에서도 도학파의 영향력이 강했으므로 불편한 마음을 품고 주희의 강론을 들을 수밖에 없었다.

주희는 이상주의자였다. 송영종에게 『대학(大學)』을 강론하면서 황제는 자신의 과오를 바로잡고 권력을 함부로 행사해서는 안 된다고 주장했다. 틀린 말은 아니었으나 송영종의 비위를 거슬렀다. 그가 주장한 "천리(天理)를 보존하고 인욕(人慾)을 없애야 한다."는 이른바 '존천리(存天理), 멸인욕(滅人慾)' 사상은 인간의 본성과 자유를 억압하는 문제점이 있었다. 그는 또 지나치게 청빈하고 결벽증이 있었다. 대신들 중에서 조금이라도 정도에 어긋난 행동을 하는 자가 있으면 서슴지 않고 탄핵했다.

한탁주는 조여우가 주희와 짜고 황제를 능멸한다고 모함했다. 일단 주희가 송영종에게 강론하는 것을 막아야 했다. 소희 5년(1194) 한탁주가 주희를 탄핵했다. 송영종에게는 가려운 곳을 긁어주는 격이었다. 송영종은 "주희의 주장은 현실에 부합하지 않으며 대부분 헛소리에 불과하다."고 말했다. 주희는 파직을 당했다. 시강의 직책을 맡은 지 겨우 49일 만에 쫓겨났다. 경원 원년(1195) 한탁주의 사주를 받은 우정언 이목(李沐)이 상소했다.

"조여우는 종실이자 재상의 지위에 있습니다. 이런 자는 장차 종묘사
직에 불리한 행동을 할 것입니다."

한탁주도 종실이 재상의 직책을 계속 맡고 있으면 어떤 짓을 벌일지도 모른다고 모함했다. 사실 조여우는 당우(黨友) 주희처럼 충직한 인물이었다. 송광종을 태상황으로 물러나게 하고 송영종을 황제로 추대한 일은 충정의 발로였다. 하지만 한탁주와의 갈등이 그를 궁지로 몰아넣었다. 영원군절도부사로 좌천된 후 형주(衡州)에서 갑자기 사망했다.

경원 2년(1196) 한탁주가 개부의동삼사(開府儀同三司)에 제수되었다. 개부의동삼사는 황제가 공신에게 하사하는 최고위 관직이었다. 그 권위가 재

상을 능가했다. 한탁주를 중심으로 도학에 반대하는 인사들이 당파를 결성했다. 간의대부 유덕수(劉德秀)는 도학을 '위학(僞學)'으로 규정해야 한다고 주장했다. 위학은 정도에 어긋난 거짓 학문이라는 뜻이다.

어사중승 하담(何澹)도 도학을 금지해야 한다는 상소를 했다. 유덕수와 하담은 한탁주의 당우였다. 송영종은 하담의 상소를 조당(朝堂)의 기둥에 걸어놓게 했다. 도학을 숭상하는 자들을 퇴출하겠다는 황제의 명백한 의도였다.

반도학파는 이미 시강의 직위를 박탈당한 주희를 타도의 대상으로 삼았다. 건원 2년(1196) 12월 감찰어사 심계조(沈繼祖)가 주희의 '십대죄상(十大罪狀)'을 거론하며 주희를 탄핵했다. 십대죄상은 대부분 낭설과 모함으로 꾸며낸 것이었다.

이를테면 주희가 여승 두 명을 유혹하여 첩으로 삼았다는 황당무계한 내용도 있었다. 주희는 졸지에 타락한 인간으로 낙인찍혔다. 심계조는 춘추시대에 공자가 노(魯)나라의 대부이자 천하의 악인이었던 소정묘(少正卯)를 주살했던 것처럼 주희를 죽여야 한다고 주장했다. 송영종은 주희를 차마 죽이지 못하고 삭탈관직한 후 귀양 보냈다. 주희의 제자들은 관직에서 쫓겨나거나 유배를 당했다.

한탁주와 그의 당파는 그들과 정치적 견해를 달리하는 자들을 '도학의 무리'로 규정하고 탄압했다. 과거(科擧)는 입신양명의 뜻을 품은 사대부들의 정계 진출의 등용문이었다. 도학에 영향을 받은 지방 유생들이 적지 않았다. 그들이 과거에 응시할 때 도학을 언급하면 무조건 낙방했다. 심지어 『논어』, 『맹자』, 『대학』 등 도학의 중요한 경전이 한때 금서로 지정된 적도 있었다. 관리들은 자신이 도학파와 아무런 관련이 없음을 입증해야 자리를 지킬 수 있었다. 그 후 도학을 숭상한 무리는 '역당(逆黨)'이라는 죄명을 쓰고 탄압을 당했다.

건원 3년(1197) 지방관 왕연(王沇)이 위학(僞學)의 족보를 만들어 위학을 추종하는 무리를 발본색원해야 한다고 상소했다. 송영종의 어명에 따라『위학역당적(僞學逆黨籍)』이 작성되었다. 조여우, 유정, 주희 등 59명이 당적에 기재되었다. 일종의 '블랙리스트'였다. 그들 가운데에는 도학파가 아닌 인사도 있었다. 이는 한탁주가 자신의 권력 유지에 방해가 되는 인사들을 도학파로 몰아 탄압한 것이다.

경원(慶元) 원년(1195)부터 본격적으로 시작된 도학파와 한탁주 일파 간의 권력투쟁은 결국 한탁주 일파의 승리로 끝났다. 두 당파의 정치 투쟁을 '경원당금(慶元黨禁)'이라 칭한다.

경원 6년(1200) 주희는 향년 70세를 일기로 세상을 떠났다. 그의 죽음을 추모하는 제자들이 전국에서 몰려들었다. 그들은 건양현(建陽縣)에서 성대한 장례식을 치르며 송영종에게 스승에 대한 올바른 평가를 요구했다. 송영종은 주희의 억울한 누명을 벗겨주었다. 이 시기부터 도학파에 대한 탄압이 다소 완화되었지만, 조정의 권력은 완전히 한탁주의 손에 들어갔다.

3. 북벌을 단행했으나 실패하여 굴욕적인 화의를 맺다

권신 한탁주는 송영종의 비호 아래 무소불위의 권력을 휘둘렀다. 조정 대신들은 말할 것도 없고 지방 관리들도 그에게 충성을 맹세했다. 그에게 잘 보여 관직을 얻으려는 자들이 문전성시를 이루었다. 전국 각지에서 진상한 금은보화가 그의 대저택에 산더미처럼 쌓였다. 그의 뒷배는 공숙황후(恭淑皇后) 한씨(韓氏)였다. 한씨는 그의 조카손녀가 아닌가.

그런데 경원 6년(1200)에 한씨가 세상을 떠나자, 송영종의 두 번째 부인

공성인열황후(恭聖仁烈皇后) 양씨(楊氏)가 황후로 책봉되었다. 양씨는 한탁주의 권력 남용에 심한 반감을 가지고 있었다. 두 사람 사이에 미묘한 신경전이 벌어졌다.

한탁주는 송영종이 양씨를 총애하는 모습을 보고 불안했다. 더구나 그가 황제에 버금가는 사치스러운 생활을 한다는 소문이 조정 안팎에 퍼졌다. 그는 황제의 총애를 잃지 않기 위해서는 무슨 일이든 꾸며야 했다.

당시 송나라의 철천지원수, 금나라는 금장종(金章宗) 완안경(完顔璟·1168~1208)이 통치하고 있었다. 금장종은 재위 초기에는 유가사상을 숭상하고 어진 정치를 펴서 금나라를 성숙한 문명국가로 발전시켰다. 하지만 재위 후기에는 국정을 돌보지 않고 총비 이사아(李師兒)와 함께 음주가무를 즐기는 일에만 탐닉했다. 설상가상으로 여러 해에 걸친 황하의 범람과 북방 몽골부족의 침략은 금나라의 국력을 날로 쇠약하게 했다. 그럼에도 금나라는 여전히 남송에 대한 정치적 우위를 점하고 있었다.

송영종은 송나라가 해마다 금나라에게 세폐를 바치고 금나라의 황제를 '숙부'로 불러야 하는 자신의 처지가 자존심을 상하게 했다. 한탁주는 바로 송영종의 이러한 심리 상태를 이용하기로 결심했다. 느닷없이 북벌을 주장했다. 북벌이 그에게는 자신의 정치적 위기를 타개할 수단이었다. 그는 송영종에게 금나라의 국력이 약해진 틈을 타서 금나라를 공격하여 중원의 실지를 회복해야 한다고 주장했다.

송영종은 한탁주의 주장에 공감했다. 먼저 북벌의 정당성을 확보하기 위해서 억울한 누명을 쓰고 죽은 명장 악비를 추존해야 했다. 가태(嘉泰) 4년(1204) 악비는 악왕(鄂王)으로 추증되었다. 얼마 후 송영종은 연호를 개희(開禧)로 바꾸었다. 송태조 시대의 연호 개보(開寶)의 '개(開)' 자와 송진종 시대의 연호 천희(天禧)의 '희(禧)' 자를 조합하여 만든 연호였다. 이는 송영종이 송태조와 송진종처럼 중원의 영토를 회복하겠다는 의지를 드러낸 것이다.

송영종은 또 한탁주의 건의에 따라 개희 2년(1206)에 금나라와의 화의를 성사시키고 이미 저 세상 사람이 된 진회(秦檜)에게 추증한 작위 신왕(申王)과 시호 충헌(忠獻)을 박탈하고 '유추(謬醜)'라는 시호를 다시 내렸다. 유추란 "잘못을 저지르고 추악한 짓을 했다."는 뜻이다. 아울러 진회를 천고의 간신이자 악인으로 매도했다.

송영종의 이러한 조치는 백성들의 호응을 얻었다. 송영종은 한탁주를 평장군국사(平章軍國事)로 임명하고 그에게 북벌의 대임을 맡겼다. 하지만 한탁주가 각 지방에 군사 동원령을 내리자, 사대부들이 전국 곳곳에서 북벌을 반대하는 상소를 연이어 올렸다. 그들은 송나라의 군사력이 아직도 금나라에 크게 미치지 못하고 방비도 허술하기 그지없는데도, 북벌을 단행함은 스스로 무덤을 파는 일이라고 비판했다.

영가수제(永嘉守制) 섭적(葉適)은 원래 항전파였다. 하지만 그가 볼 때 한탁주의 북벌 계획은 즉흥적으로 결정되어서 주도면밀하지 못했다. 송영종에게 철저한 준비 없이 금나라를 공격하는 일은 반드시 실패로 끝날 거라고 주장했다.

하지만 송영종은 그의 충고를 듣지 않았다. 섭적은 선전 포고문을 쓰라는 어명을 거절하고 사직했다. 시인 화악(華嶽)은 송나라군은 싸우기도 전에 스스로 패배할 것이라고 말하며 한탁주를 주살해야 한다는 극언을 서슴지 않았다가 감옥에 갇혀 모진 고문을 당했다.

한탁주는 그럴듯한 명분을 내걸어 주화파를 진회와 같은 간신으로 몰아 탄압했다. 신기질(辛棄疾), 육유(陸游) 등 북벌에 동조하는 인사들을 중용했다. 마침내 남송군은 한탁주의 주도 아래 네 갈래 길로 진격했다. 산동 동경초무사 곽예(郭倪)는 숙주(宿州: 지금의 안휘성 숙주)를, 건강부도통제 이상(李爽)은 수주(壽州: 지금의 안휘성 봉대·鳳台)를, 강릉부부도통제 황보빈(皇甫斌)은 당

송나라 역대 황제 평전

주(唐州: 지금의 하남성 당하·唐河)를, 강주도통제 왕대절(王大節)은 채주(蔡州: 지금의 하남성 여남·汝南)를 선제 공격했다.

개전 초기에는 남송군이 우세했으나 시간이 지날수록 전황이 역전되었다. 금군은 남송군을 궤멸시키고 파죽지세로 남진했다. 남송 조정은 실지를 회복하려다가 오히려 풍전등화의 위기에 빠졌다. 사천선무부사 오희(吳曦)는 거센 파도처럼 밀려오는 금군에 대항할 자신이 없었다. 사촌동생 오현(吳晛) 등과 모반을 획책했다. 금나라에 영토를 할양하고 촉(蜀) 지방에서 군림하는 왕이 되고 싶었다. 오희는 비밀리에 식객 요회원(姚淮源)을 금군의 진영으로 보냈다. 계주(階州), 성주(成州), 화주(和州), 봉주(鳳州) 등 사주(四州)를 금나라에 바치겠으니, 자기를 촉왕(蜀王)으로 책봉해달라고 간청했다. 금나라로서는 마다할 이유가 없었다.

송영종은 오희가 촉왕을 참칭했다는 소식을 듣고 경악했다. 한탁주를 초치하여 심하게 질책했다. 패전의 책임을 뒤집어 쓴 한탁주는 금나라로 사신을 보내 화의를 간청하는 수밖에 없었다. 그런데 조정 대신들 가운데 누구도 사신으로 가겠다는 자가 없었다. 사신으로 가면 살아 돌아올 수 없다는 공포심 때문이었다. 우여곡절 끝에 강직하고 언변이 뛰어난 소산현승 방신유(方信孺)가 사신으로 결정되었다.

방신유 일행이 호주(濠州)에 도착했다. 금군의 장수 흘석렬자인(紇石烈子仁)은 즉시 사절단을 감옥에 가두게 했다. 그들에게 음식을 주지 않고 다섯 가지 사항을 요구했다. 요구사항 가운데 한 가지가 전쟁을 도발한 한탁주의 목을 내놓으라는 것이었다. 방신유가 말했다.

"포로를 교환하고 세폐를 늘리는 일은 가능하오. 하지만 전쟁을 일으킨 주모자를 적국에 송환하는 일은 자고이래로 없었소. 또한 속국을 칭하고 영토를 할양하는 일은 내가 감히 논할 수 없소."

흘석렬자인이 분노했다.

"네 놈은 살아서 돌아가고 싶지 않은가 보구나."

방신유가 침착하게 대답했다.

"제가 어명을 받고 사신 길에 나섰을 때 죽고 사는 문제는 마음에 두지 않기로 맹세했소."

방신유의 당당한 태도에 놀란 흘석렬자인은 사절단을 풀어주고 금나라의 변경(汴京)으로 가게 했다. 방신유는 변경에 도착하여 좌승상 완안종호(完顏宗浩)를 만났다. 완안종호는 그를 심하게 꾸짖었다.

"예전에는 전쟁을 일으키더니, 오늘은 비굴하게 찾아와서 화의를 애걸하는 이유가 무엇이냐?"

"예전에 병사를 일으켜 복수하고자 한 일은 종묘사직을 위해서였소. 지금 비굴하게 화의를 간청하는 일은 백성을 위해서 하는 것이오."

완안종호는 말문이 막히고 말았다. 그 후 방신유는 두 나라 사이를 여러 차례 오가며 화의를 중재했다. 한탁주에게 말했다.

"적이 다섯 가지 사항을 요구하고 있습니다. 양회(兩淮) 지방을 할양하라는 것이 첫 번째입니다. 세폐를 늘려달라는 것이 두 번째입니다. 군대를 위로하는 전쟁 배상금을 내라는 것이 세 번째입니다. 전쟁 포로를 돌려달라는 것이 네 번째입니다. 다섯 번째는 제가 감히 말할 수 없습니다."

한탁주가 화를 내며 다섯 번째 요구가 무엇이냐고 물어보았다. 방신유는 침착하게 대답했다.

"태사(太師)의 목입니다."

한탁주는 분노하여 방신유의 관직을 세 단계나 낮추었다. 하지만 방신유 이외에는 사신으로 보낼만한 인물이 없었다. 그에게 계속 사신 업무를 맡기는 수밖에 없었다.

송영종은 한탁주 일파가 조정을 장악한 상황에서 이러지도 저러지도 못하는 신세가 되었다. 양국은 전쟁을 일으킨 책임 문제를 놓고 팽팽하게 대립했다. 금나라는 한탁주의 목을 보내지 않으면 절대 화의할 수 없다고 협박했다.

한편 촉왕을 참칭한 오희는 촉 지방 백성들의 거센 비난에 직면했다. 송나라를 배신하고 불구대천의 원수, 금나라의 신하를 자처하여 천하의 매국노가 되었다는 분노였다. 오희는 명사들을 초청하여 높은 관직과 금은보화로 유혹했으나 그들의 마음을 얻지 못했다. 개의 3년(1207) 2월 양거원(楊巨源), 이호의(李好義) 등 장수들이 오희의 침전을 급습하여 그를 살해했다.

오희는 왕을 참칭한지 41일 만이 피살되었다. 그의 잘린 목은 남송 조정으로 보내졌다. 때마침 남송군을 궤멸시킨 금군의 장수 복산규(僕散揆)가 진중에서 병사했다. 금군의 진격작전이 잠시 중단되었다. 이에 남송 조정은 가까스로 안정을 찾을 수 있었다.

하지만 금나라는 계속 남송 조정을 압박했다. 전쟁 배상금 이외에도 한탁주의 목을 보내지 않으면 군사를 일으켜 다시 공격하겠다고 협박했다. 주화파의 우두머리 예부시랑 사미원(史彌遠)은 양황후의 오빠 양차산(楊次山)을 통해 양황후에게 한탁주를 제거하여 금나라와의 화의를 이루자고 은밀히 제안했다. 평소에 한탁주에게 불만을 품은 양황후는 흔쾌히 동의했다. 사미원은 송영종에게 한탁주를 계속 중용하면 종묘사직이 위태로워질 수 있다고 말했다. 양황후도 황제의 곁에서 종묘사직의 안정을 위해 하루빨리 한탁주를 재상의 직에서 물러나게 해야 한다고 조언했다. 그런데 송영종은 북벌에 대한 미련을 버리지 못하고 주저했다.

양황후는 송영종의 주저하는 태도에 실망했다. 만약 한탁주가 음모를 눈치 채면 역공을 당하지 않을까 두려웠다. 먼저 선수를 치기로 결심했다. 개희 3년(1207) 11월 사미원, 참지정사 전상조(錢象祖) 등과 한탁주 살해를 모의했다. 한탁주는 조회에 나가는 길에 금군의 장수 하진(夏震)의 부하들에게 피살되었다. 사미원은 즉시 한탁주의 잘린 머리를 금나라로 보냈다. 송영종은 그 소식을 뒤늦게 듣고 대신들에게 말했다.

"중원 지방을 수복하는 것이 어찌 아름다운 일이 아니겠느냐? 다만 우리의 역량이 부족할 따름이구나."

송영종은 어쩔 수 없이 주화파 대신들의 화의 주장을 받아들였지만 자신과 한탁주의 영토 수복 의지가 잘못되지 않았음을 간접적으로 표현했다. 양국은 한탁주 사후에 협상을 재개했다. 가정(嘉定) 원년(1208) 가정화의(嘉定和議)를 체결했다. 송효종 시대인 융흥 2년(1164)에 양국이 '융흥화의(隆興和議)'를 체결한 이래, 44년 만에 다시 체결한 불평등 평화조약이었다.

가정화의는 융흥화의보다 더 굴욕적이었다. 세폐를 5만 냥 더 늘리고, 전쟁 배상금 300만 냥을 바쳐야 했다. 또 남송 황제와 금나라 황제의 관계가 조카와 작은아버지 관계에서 조카와 큰아버지의 관계로 바뀌었다.

송영종은 역대 황제들이 금나라에게 치욕을 당한 일에 자존심이 상했다. 그래서 한탁주가 북벌을 주장했을 때 그를 지지했다. 하지만 한탁주는 북벌을 자신의 정치적 입지를 구축하기 위한 수단으로 이용했다. 주도면밀한 계획과 충분한 준비를 하지 못했기 때문에 실패로 끝나고 말았다. 그가 주도하여 일으킨 북벌을 '개희북벌(開禧北伐)'이라 칭한다.

송영종은 인생 말년에 도교의 연금술에 심취했다. 가정(嘉定) 17년(1224) 재위 30년, 향년 56세를 일기로 세상을 떠났다. 역사서 『동남기문(東南紀聞)』의 기록에 의하면, 송영종은 권신 사미원이 진상한 금단(金丹)을 복용하고 난 후에 사망했다고 한다. 사미원에게 독살을 당한 게 아닌가 한다.

송영종은 정치적으로 별다른 업적을 남기지 못했다. 재위 전반기에는 권신 한탁주가 정국을 주도했으며, 후반기에는 사미원과 양황후가 권력을 장악하고 실권을 행사했다. 하지만 송영종은 신하의 간언을 멀리하는 군주는 아니었다. 황제의 언행을 기록하는 책임이 있는 기거사인(起居舍人) 위경(衛涇)은 송영종이 조회에 나가서 대신들을 대하는 모습을 이렇게 묘사했다.

"폐하께서는 대신들을 접견할 때마다 그들이 상주문을 읽고 장광설을 늘어놓아도 조금도 짜증을 내지 않고 기쁜 표정을 지으며 끝까지 들었다. 또 폐하께서는 참으로 겸손했다. 대신들에게 자문을 구하면 대부분 그들의 의견을 받아들였다."

이처럼 송영종이 열린 마음을 가진 군주였는데도 성공하지 못한 군주가 된 이유는 무엇일까. 그는 신하들의 간언을 듣기만 했을 뿐 실천에 옮기지 못했기 때문이다. 제왕은 신하들의 다양한 의견을 충분히 수렴한 후 냉철한 판단력으로 국정을 결정하고 이끌어야 한다. 송영종은 이런 강력한 주도력이 부족했던 것이다.

14

제14장

송이종 조윤

1. 성장 과정과 황위 계승

송영종 조확 시대에 황후는 공숙황후(恭淑皇后) 한씨(韓氏)와 공성인열황후(恭聖仁烈皇后) 양씨(楊氏), 두 명이었다. 그런데 한씨가 경원 6년(1200)에 세상을 떠났다. 송영종 시대 중후반기의 황후는 양씨뿐이었다. 두 황후 이외에도 조미인(曹美人) 등 후궁을 3명 거느렸다. 황제의 비빈이 모두 5명에 불과한 것을 감안하면, 송영종은 그다지 여색을 밝히지 않았던 것 같다. 몸이 선천적으로 건강하지 못했다고 한다.

송영종은 불행하게도 자식복이 털끝만큼도 없었다. 조준(趙埈) 등 황자 9명과 황녀 기국공주(祁國公主) 1명, 모두 10명의 자식을 두었으나, 그들 모두 성인이 되기 전에 요절했다. 황위를 계승할 친아들이 없었으니 얼마나 심란했겠는가. 태자 책봉은 제국의 미래가 달린 중대사였다. 종실 자제들 중에서 대를 이을 양자를 간택하는 수밖에 없었다.

경원 4년(1198) 송태조 조광윤의 후예, 연의왕(燕懿王) 조덕소(趙德昭)의 9세손 조여원(趙與願·1192~1220)을 양자로 받아들였다. 송영종은 그에게 일엄(日嚴)이라는 이름을 하사했다. 조일엄은 13세 때 영왕(榮王)으로 책봉되었으며, 다음 해에 태자로 책봉되었다. 이 시기에 다시 조순(趙詢)으로 개명했다. 그런데 조순은 가정 13년(1220)에 28세의 젊은 나이에 병사했다. 6세때 궁궐로 들어와 후계자 수업을 착실하게 받고 있었던 그의 죽음은 송영종을 실의에 빠지게 했다.

조정 중신들은 태자의 자리는 하루라도 비워둘 수 없다고 주장했다. 송영종은 또 종실 자제들 중에서 후계자가 될 만한 인물을 선택해야 했다. 가정 14년(1221) 송태조 조광윤의 넷째아들, 진왕(秦王) 조덕방(趙德芳)의 9세손 조귀화(趙貴和)를 황자로 세우고 그에게 조횡(趙竑)이라는 이름을 하사했다. 조횡은 영무군절도사, 기국공, 검교소보, 제국공 등 고위 관직과 작위를 하사받고 국정에 참여했다.

권신 사미원(史彌遠·1164~1233)은 송영종의 황후인 양황후(楊皇后)와 결탁하여 국정을 좌지우지했다. 조횡은 그에게 불만을 품었지만 대항할 힘이 없었다. 사미원은 미인계로 '미래의 황제'인 조횡을 손아귀에 넣고 통제하고 싶었다. 조횡이 거문고 연주를 좋아한다는 사실을 알고 거문고를 잘타는 미녀를 그에게 바쳤다. 그녀는 사미원에게 매수된 여자였다. 조횡의 환심을 산 그녀는 그의 일거수일투족을 사미원에게 몰래 보고했다. 하루는 조횡이 궁궐의 벽에 걸린 커다란 지도에 표시된 애주(崖州: 지금의 해남도·海南島 애주)를 손가락으로 가리키며 말했다.

"내가 훗날 뜻을 얻으면 사미원을 애주로 귀양을 보내겠다."

애주는 남송의 최남단에 자리 잡은 해남도에 있는 유배지였다. 그 미녀를 통해 조횡의 말을 전해들은 사미원은 조횡을 제거하지 않으면 자기가 당할 수 있다는 두려움을 느꼈다. 그를 은밀히 제거하기로 결심했다. 조횡이 유흥만을 즐기고 여색에 빠져 지낸다는 소문을 냈다. 소문이 송영종의 귀에까지 들어왔다. 연금술에 심취한 송영종은 별다른 관심을 보이지 않았다. 사미원은 초조한 마음을 억누를 수 없었다. 병약한 송영종이 어느 날 갑자기 사망하면 유일하게 송영종의 황자로 인정된 조횡이 황위를 계승하여 자신에게 위해를 가할 것이 분명했다.

사미원은 조횡을 대체할만한 인물을 찾아야 했다. 소흥부 산음현 현위를 지낸 조희로(趙希瓐)라는 자가 있었다. 그는 종실이었으나 황실과의 혈연 관계가 너무 멀었기 때문에 어떤 작위도 받지 못한 평범한 지방 관리에 불과했다. 그에게는 조여거(趙與莒)와 조여예(趙與芮), 두 아들이 있었다. 조여거가 7세 때 아버지가 사망했다. 어머니 전씨(全氏)는 두 아들을 데리고 친정오빠 전보장(全保長)의 집에 가서 기거했다. 모자 세 사람은 평민과 다를 바 없는 생활을 했다.

개희 2년(1206) 기왕(沂王) 조병(趙抦)이 후사를 남기지 못하고 사망했다. 그는 송효종의 손자이자 송영종의 사촌동생이었다. 앞서 언급했듯이 송영종은 아들들이 모두 요절했으므로 기왕으로 책봉할 아들이 없었다. 그 후 여러 해 동안 기왕의 자리는 공석으로 남아있었다. 송영종은 늘그막에 재상 사미원에게 종실들 중에서 기왕의 왕위를 승계할 인물을 찾게 했다. 사미원은 심복 여천석(余天錫)에게 이 일을 맡겼다.

어느 날 여천석은 소흥부에서 배를 타고 가다가 갑자기 소나기를 만나 어느 민가에 들어가 비를 피했다. 공교롭게도 그 민가는 전보장의 집이었다. 그곳에서 우연히 만난 조여거와 조여예, 형제가 조씨 황실의 후예임을 알았다. 두 형제의 외모가 준수하고 품행이 단정한 모습을 보고 사미원에게 두 형제를 기왕의 후사(後嗣)로 추천했다.

사미원은 두 형제 중에서 누가 자기 말을 잘 들을 지 면밀히 관찰했다. 송영종에게 조여거를 천거했다. 송영종이 죽으면 그를 꼭두각시 황제로 추대하여 부릴 생각이었다. 가정 14년(1221) 조여거는 16세 때 궁궐로 들어와 기왕으로 책봉되었다. 송영종은 그에게 조귀성(趙貴誠)이라는 이름을 하사했다.

가정 17년(1224) 8월 단약에 중독된 송영종이 혼수상태에 빠졌다. 사미원은 황제의 목숨이 얼마 남지 않았음을 직감했다. 제국공 조횡을 제거하고 기왕 조귀성을 황제로 추대할 음모를 국자학록 정청지(鄭淸之)와 꾸몄다. 사미원은 황제의 침전을 철저하게 봉쇄한 후 가짜 성지를 반포하게 했다. 조귀성을 태자로 책봉하고 그의 이름을 조윤(趙昀·1205~1264)으로 개명한다는 내용이었다.

며칠 후 송영종이 붕어했다. 사미원과 정청지는 또 가짜 유조(遺詔)를 만들어 조윤에게 황위를 계승하게 했다. 하지만 조윤은 소흥부에 아직도 노모가 생존해계신다는 이유를 들어 그들의 요구를 거절했다. 사미원은 양황후를 자기편으로 끌어들여야만 조윤을 움직일 수 있다고 판단했다. 양황후의 조카 양곡(楊谷)과 양석(楊石)을 통해 양황후에게 태자 조윤을 아들로 인정하고 그가 황위를 계승할 수 있도록 도와달라고 요청했다. 아울러 조윤을 새 황제로 추대한 후 그녀가 황태후로서 수렴청정하기를 은근히 바랐다.

양황후는 조정의 실권을 쥔 사미원과 결탁하여 양씨 가문의 권세를 누리는 게 자신에게 유리한 현실을 깨달았다. 그녀도 배후에서 사미원을 은밀히 지원했다.

한편 조횡은 자신을 새 황제로 지명한다는 유조(遺詔)가 선포되기를 학수고대했다. 그런데 사미원이 조윤에게 송영종의 영구를 모시게 했다는 얘기를 듣고 상황이 심상치 않게 돌아가고 있음을 직감했다. 아니나 다를까, 그가 뒤늦게 영구 앞으로 갔을 때는 문무백관이 도열한 채 양황후를 기다리고 있었다. 이윽고 등장한 양황후는 조윤을 새 황제로 추대한다는 가짜 유조를 반포했다. 조정 중신들은 모두 사미원의 측근이었다. 그것이 가짜 유조인지 알고 있었지만 모른 척했다.

조윤은 벌벌 떨며 황제의 옥좌에 앉았다. 문무백관이 새 황제에게 무릎을 꿇고 하례를 올릴 때 조횡은 눈을 부릅뜨고 서있었다. 자기는 새 황제를 인정하지 못하겠다는 태도였다. 금위군 장수 하진(夏震)이 그에게 달려들어 그를 강제로 꿇어앉혔다. 조횡은 눈물을 머금고 어쩔 수 없이 만세 삼창을 외쳐야 했다. 남송의 새 황제 조윤은 19세의 나이에 이렇게 권신 사미원의 계략에 의해 결정되었다.

조윤이 곧 14대 황제 송이종(宋理宗)이다. 송이종은 조횡을 제왕(濟王)으로 책봉했다. 얼마 후 또 그를 예천관사(醴泉觀使)로 임명하고 그에게 저택을 하사하는 호의를 베풀었다. 황위 쟁탈전에서 밀려난 조횡에 대한 배려였다. 하지만 조횡은 보경(寶慶) 원년(1225)에 사미원의 박해를 받고 스스로 목을 매고 죽었다. 사미원에게 그는 제거 대상 영순위였다.

사미원은 송영종과 송이종의 양조(兩朝)에 걸쳐 26년 동안 권력을 장악하고 국정을 좌지우지했다. 금나라에게는 복종과 타협의 자세로 일관하면서 자기의 수족 노릇을 했던 '사목삼흉(四木三凶)'을 앞세워 남송 백성들을 가혹하게 착취했다.

'사목삼흉'은 남송 시기에 사미원이 재상으로 있었을 때 간신 7명을 말한다. '사목'은 설극(薛極), 호구(胡榘), 섭자술(聶子述), 조여술(趙汝述) 등 4명을 지칭한다. 이들의 이름에 모두 나무 '목(木)' 자가 있어서 사목이라고 한다. '삼흉'은 이지효(李知孝), 양성대(梁成大), 막택(莫澤) 등 3명을 지칭한다. 사목삼흉은 사미원에게 빌붙어 동당벌이를 일삼고 백성들을 도탄에 빠트린 주범이었다.

송이종은 사미원과 사목삼행의 전횡을 알고 있었으나 그들을 통제하지 못했다. 자기를 황제로 추대한 사미원의 막강한 권력에 대항할 힘이 없었기 때문이다.

2. 몽골과 연합하여 금나라를 멸망시키다

남송과 금나라가 12세기에 들어와 전쟁과 화의를 반복하며 끊임없이 갈등을 빚고 있을 때 동아시아 북방의 사막과 초원 지대에서 지대한 변화가 일어났다. 바로 몽골제국의 등장이었다. 옛날에 중국의 한족은 몽골을 흉노(匈奴), 선비(鮮卑), 유연(柔然), 돌궐(突厥) 등으로 호칭했다. 고대 몽골인은 유목 생활을 하면서 한족과는 다르게 고대국가 체제를 완성하지 못했으나, 전광석화처럼 빠른 기병으로 중원의 한족을 끊임없이 공격하고 유린했다. 언제나 몽골인은 한족에게 공포의 대상이었다. 한족이 진(秦)나라 때부터 명(明)나라에 이르는 2천여 년이 넘는 장구한 세월 동안 만리장성을 쌓은 것이 그 증거이다. 그래서 한족의 고대 역사는 몽골의 침략과 불가분의 관계를 가지고 있다고 말해도 지나치지 않을 정도이다.

몽골은 오랜 세월 동안 통일국가를 이루지 못하고 부족 연맹 체제를 이루며 존속해왔다. 1206년 칭기즈칸(1162~1227)이 몽골의 여러 부족들을 정복하고 몽골제국을 건국한 후부터 중국역사에 엄청난 파장을 일으켰다. 1206년은 송영종 개희(開禧) 2년, 금장종 태화(泰和) 6년에 해당한다. 이 시기에 남송은 금나라에 대한 '개희북벌'을 단행했다. 남송과 금나라가 물고 뜯는 혈전을 벌이는 와중에 칭기즈칸의 몽골제국이 등장한 것이다.

남송은 금나라를 불구대천의 원수로 간주했다. 남송 조정에서는 금나라를 멸망시키고 중원 지방을 회복할 수 있다면 몽골과의 동맹도 필요하다는 분위기가 조성되었다. 이른바 '이이제이(以夷制夷)' 전법이었다. 물론 몽골과의 동맹을 반대한 대신도 없지 않았다. 늑대를 쫓아내려다 호랑이를 불러들일 수 있다는 두려움이었다. 하지만 남송의 황제와 신하, 심지어는 일반 백성들조차도 금나라에 대한 원한이 뼛속까지 사무쳐 있었다. 소수의 '이성적 의견'은 지지를 받지 못했다.

당시 금나라는 극심한 외우내환에 시달렸다. 태화 8년(1208) 금장종 완안경이 사망한 후, 그의 숙부 위소왕(衛紹王) 완안영제(完顔永濟·?~1213)가 황위를 계승했다. 완안영제는 성격이 우유부단하고 충신과 간신을 구분하지 못하는 무능한 군주였다. 조정은 간신배로 들끓었다.

지녕(至寧) 원년(1213) 칭기즈칸이 기병을 이끌고 금나라의 수도인 중도(中都: 지금의 북경)를 포위 공격했다. 중도의 수비를 맡은 우부원수 호사호(胡沙虎)는 몽골의 공격에 적극적으로 대항하지 않고 수렵 활동에만 정신이 팔렸다.

완안영제는 사자를 호사호의 군영으로 보냈다. 왜 필사적으로 대항하지 않고 한가롭게 놀고만 있냐고 호사호를 질책했다. 마침 새매에게 먹이를 주고 있었던 호사호는 새매를 손으로 눌러 죽이고 말했다.

"나 호사호는 원래 하고 싶은 대로 행동한다. 누구도 감히 나를 간섭할 수 없다. 내 행동을 간섭하려는 놈이 있으면, 이 새매처럼 죽음을 면치 못할 것이다."

완안영제는 호사호의 반란 음모를 눈치 채고 있었으나 과감하게 제거하지 못했다. 얼마 후 호사호는 완안추노(完顔醜奴) 등 장수들과 반란을 일으켜 황궁을 점령했다. 황궁에서 쫓겨난 완안영제는 결국 독살 당했다. 호사호는 금장종의 이복형 완안순(完顔珣·1163~1224)을 새 황제로 추대했다.

완안순이 금나라 8대 황제 금선종(金宣宗)이다.

금선종은 칭기즈칸에게 화의를 간청하고 도성을 중도에서 변경(汴京)으로 옮겼다. 칭기즈칸은 금나라로부터 막대한 전쟁 배상금을 챙기고 중앙아시아로 원정을 떠났다.

금선종은 몽골과의 화의를 틈타 흥정(興定) 원년(1217)에 남송을 침략했다. 먼저 남송을 멸망시키고 국력을 회복한 후 몽골에 대항하는 전략의 일환이었다. 개전 초기에는 금군이 우세했으나, 시간이 흐를수록 역공을 당했다. 더구나 금나라의 전국 각지에서 일어난 반란은 금나라를 더욱 궁지에 몰아넣었다. 과거에 금나라와 싸우면 패배하기만 했던 남송은 이 시기부터 금나라의 약점을 꿰뚫고 금군에 대한 공포심을 극복할 수 있었다.

금나라 천흥(天興) 2년(1224) 금선종이 사망했다. 그의 셋째아들이자 태자 완안수서(完顏守緒·1198~1234)가 황위를 계승했다. 그가 사실상 금나라의 마지막 황제 금애종(金哀宗)이다. 당시 금나라는 북방의 몽골과 남방의 남송 사이에 끼어있는 형국이었다. 전략적으로 대단히 불리했다. 만약 몽골과 남송이 동맹을 맺고 금나라를 공격하면 금나라의 패망은 명약관화했다. 그래서 금애종은 몽골과 맞서 싸우면서 남송과의 관계 개선을 바랐다.

남송 소정(紹定) 5년(1232) 몽골의 2대 황제 오고타이(1185~1241)가 금나라 출신의 장수 왕즙(王檝)을 남송으로 보냈다. 왕즙은 경호(京湖)에서 경호제치사 사숭지(史嵩之)를 만나서 몽골과 남송이 연합하여 금나라를 공격하자는 황제의 뜻을 전했다. 사숭지의 보고를 받은 조정 중신들은 대부분 몽골 황제의 제의에 찬동했다. 몽골과 동맹을 맺어 금나라를 멸망시키면 100여 년 전에 당했던 '정강(靖康)의 치욕'을 씻을 수 있을 뿐만 아니라 몽골과의 협상을 통해 금나라에게 빼앗긴 중원 지방도 수복할 수 있다고 판단했다.

하지만 양회제치사 조범(趙范)이 반대 의견을 냈다. 송휘종 시대에 요나라에게 빼앗긴 연운 16주를 수복할 목적으로 금나라와 '해상(海上)의 동맹'을 맺어 요나라를 멸망시킨 일을 거론했다. 요나라가 망한 후 금나라는 동맹을 파기하고 송나라를 침략했지 않은가. 몽골은 금나라를 멸망시킨 후 반드시 송나라를 공격할 것이라고 조범은 확신했다. 따라서 그는 금나라에 대한 구원(舊怨)을 잊고 몽골과 금나라 사이에서 전략적 실리를 취해야 한다고 주장했다. 조금도 틀린 주장이 아니었다.

하지만 송이종은 그의 주장을 묵살했다. 금나라에 대한 뼈에 사무친 원한이 그의 판단을 흐리게 했는데도, 오히려 중원 지방을 수복할 수 있는 천재일우의 기회가 왔다고 판단했다. 송이종은 사숭지를 통해 몽골 황제의 제의를 받아들였다. 오고타이는 뛸 듯이 기뻤다. 금나라를 멸망시킨 후 황하 이남 지역을 남송에 할양하겠다고 약속했다. 그런데 그는 구두로 약속했을 뿐이었다. 몽골과 남송은 동맹을 맺었으나 구체적인 내용을 문서로 남기지 않았다. 이는 조범이 예측한 대로 훗날 남송에게 거대한 재앙으로 다가왔다.

금애종은 몽골과 남송이 동맹을 맺었다는 소식을 듣고 기겁했다. 즉시 남송에 사신을 보냈다. 이미 40개 국가를 멸망시킨 몽골이 금나라를 멸망시키면 남송도 살아남을 수 없기 때문에 하루빨리 금나라와 남송이 연합하여 몽골에 대항해야 한다고 주장했다. 이른바 '순망치한(脣亡齒寒)'의 이치를 거론했다. 송이종은 금애종의 제의를 단호히 거절했다.

금나라 천흥 원년(1232) 몽골군은 금나라의 도성 변경성을 포위 공격했다. 금군은 1년 가까이 결사 항전했다. 성안에 역병이 돌고 양식이 떨어지자, 병들어 죽거나 굶어죽는 자가 속출했다. 성안의 백성 90여 만 명이 희생되었다. 금애종은 포위망을 뚫고 귀덕(歸德: 지금의 하남성 상구·商丘)으로 달아났다. 천흥 2년(1233) 금애종은 또 채주(蔡州: 지금의 하남성 여남·汝南)로 달아났다.

송이종은 사숭지에게 몽골과 연합하여 금군을 공격하게 했다. 남송군은 등주(鄧州), 당주(唐州) 등을 연이어 공략했다. 남송 단평(端平) 원년(1234) 1월 남송군과 몽골군은 채주성을 맹렬하게 공격했다. 금군은 3개월 동안 버텼지만 식량이 떨어지자, 사람이 사람을 잡아먹는 비극이 시작되었다. 금애종은 망국의 날이 가까워졌음을 직감했다. 그런데 죽음은 두렵지 않았으나, 자기가 망국의 군주가 되는 치욕은 견딜 수 없었다. 종실 완안승린(完顏承麟·1202~1234)에게 양위의 뜻을 밝혔다. 완안승린이 거절하자, 금애종은 비통한 표정을 짓고 말했다.

> "금제국의 강산과 사직을 너에게 맡긴다. 짐은 몸이 비대하여 말을 타고 출정할 수 없다. 만일 성이 함락되면 짐은 탈출할 수 없을 것이다. 너는 몸이 건장할 뿐만 아니라 장수의 재능과 지략도 갖추고 있다. 다행히도 네가 탈출할 수 있으면 국가의 복록을 이어갈 수 있을 것이다. 짐의 뜻을 따르기 바란다."

금애종은 완안승린에게 종묘사직을 이어가라고 신신당부한 후 스스로 목을 매어 죽었다. 완안승린은 혼란의 와중에서 황제 즉위식을 마친 후 불과 몇 시간 만에 피살당했다. 완안승린을 금말제(金末帝)라고 칭한다. 금나라 최후의 황제라는 뜻이다. 중국역사에서 가장 짧은 재위 기간을 기록했다. 금애종이 자살하고 완안승린이 피살된 1234년 2월 9일에, 금나라는 역사 속으로 사라졌다. 여진족 금태조 완안아골타가 금나라를 건국한 지 119년 만에 망한 것이다.

여진족은 오랜 세월 동안 한족에게 '야만인' 취급을 받았지만 금나라를 건국하여 오늘날 중국의 동북부, 중원의 광대한 지역을 통치하면서 중국통일의 웅대한 포부를 가지고 있었다. 금나라가 망한 후 여진족은 또 소수 민족으로 전락하여 수백 년 동안 한족에게 멸시와 핍박을 받았다.

하지만 청태조 누르하치(1599~1626)에 이르러 여진족은 다시 중국 역사에 화려하게 부활했다. 누르하치의 후손들은 청나라를 건국함으로써 금나라 황제들의 중국통일의 염원을 완벽하게 실현했다. 오늘날 여진족은 만주족이라는 이름으로 부른다. 만주족은 이미 한족에게 동화되어 명맥만 유지되고 있을 뿐이다.

어쨌든 남송과 몽골이 연합하여 금나라를 멸망시켰다. 그런데 몽골군이 주력군이었으며, 남송군은 몽골군을 측면에서 도와주는 역할만 했을 뿐이다. 남송은 금나라를 멸망시킴으로써 천추의 한을 풀었지만 몽골이 얼마나 강력하고 사나운 국가인지 몰랐다. 몽골과의 화의가 남송의 미래를 보장해 줄 것이라는 믿음은 세월이 흐를수록 몽골에 대한 공포심으로 바뀌었다.

3. 중원 지방으로 진격했으나 몽골군에게 대패를 당하다

단평 원년(1234) 금나라가 패망한 후, 남송군과 몽골군은 약속에 따라 각자 본국으로 철수했다. 남송의 장수 맹공(孟珙)은 금애종의 시신을 넣은 관을 도성 임안으로 운구해왔다. 송이종과 대신들은 금애종의 시신을 태묘에 놓고 지난 날 금나라에게 치욕을 당하고 죽은 선황제들의 영혼을 위로했다. 승리의 기쁨을 만끽하는 백성들의 환호성이 전국에 걸쳐 끊이질 않았다.

몽골의 황제 오고타이도 금나라를 멸망시킨 후 황하 이남 지역을 남송에게 돌려주겠다는 구두 약속을 했었다. 이 지역은 방목에 적합한 초원 지대가 아니고 날씨가 점차 더워지기 시작했기 때문에, 그는 몽골군을 황하 이북으로 이동하게 했다. 이 지역은 무주공산이 되었다.

남송은 몽골군이 철수한 틈을 타서 금나라에게 빼앗긴 북송 시대의 삼경(三京)을 수복할 수 있다는 기대감을 품었다. 삼경은 동경 개봉부(지금의 하남성 개봉)와 서경 하남부(지금의 하남성 낙양) 그리고 남경 응천부(지금의 하남성 상구)를 지칭한다. 황하 유역에 자리 잡은 북송 시대의 3대 중추 도시였다.

한편 송영종과 송이종 시대에 26년 동안 권력을 장악하고 국정을 농단했던 사미원이 소정 6년(1233)에 향년 68세를 일기로 병사했다. 송이종은 그를 위왕(衛王)으로 추봉하고 충헌(忠獻)이라는 시호를 내렸다. 표면적으로는 그의 공적을 높이 평가하여 왕으로 추봉했지만, 시호가 간신 진회의 시호와 같았다. 이는 송이종이 마음속으로 사미원을 진회와 같은 천고의 간신으로 생각했다는 뜻일 것이다. 권신 사미원의 사후에야 송이종은 비로소 친정을 시작할 수 있었다. 이때 그의 나이 28세였다.

송이종은 연호를 단평(端平)으로 바꾸고 사미원에게 빌붙어 국정을 농락한 설극, 이지효, 양성대 등 간신들을 조정에서 축출한 후 일련의 개혁 조치를 단행했다. 아울러 신진 인사들을 중용했다. 조범(趙范), 조규(趙葵) 형제가 핵심 인물이었다.

조씨 형제는 소정 4년(1231)에 금나라 홍오군(紅襖軍)의 우두머리 이전(李全)이 남송에 귀부한 후에 일으킨 반란을 진압한 공로가 있었다. 그런데 남송이 금나라를 멸망시키는 데에는 별다른 전공을 세우지 못했다. 경호 제치사 사숭지가 가장 큰 전공을 세웠다. 그는 사미원의 조카이기도 했다. 조씨 형제는 황제의 총애를 받고 있는 사숭지가 권력을 장악하면 사미원을 능가하는 권신이 되지 않을까 우려했다. 사숭지를 견제하기 위해서는 전공을 세워야 했다. 조씨 형제가 송이종에게 아뢰었다.

"몽골군이 북방으로 철수한 틈을 타서 북벌을 단행해야 합니다. 중원을 평정하여 백성들을 위로하고 황하를 굳건히 지키며 동관(潼關)을 점거하고 삼경(三京)을 수복해야 합니다."

동관은 오늘날 섬서성 위남시(渭南市) 동관현에 있는 관문이다. 옛날부터 황하 이북의 세력 집단이 관중 지방으로 진출하려면 동관을 통과해야 했다. 병가(兵家)에서는 반드시 쟁취해야 하는 천혜의 요새였다. 송이종은 자기가 선황제들의 한을 풀고 북송의 영토를 되찾는 위대한 업적을 쌓을 수 있는 절호의 기회가 왔다고 생각하니 흥분을 감출 수 없었다. 하지만 대신들의 격렬한 반대에 부딪쳤다. 참지정사 교행간(喬行簡)은 병상에서 아픈 배를 움켜쥐고 상소했다.

"옛날부터 영민한 군주는 계획을 세워 영토를 확장하려면 반드시 능력이 뛰어난 장수를 선발하고 병사를 조련하며 물자와 군량을 충분히 확보한 연후에야 군사를 일으켰습니다. 지금 변경 지방은 아득히 멀고 광활하므로 군사를 한 갈래 길로만 출정시킬 수 없습니다. 여러 갈래 길을 따라 출정해야 합니다."

"그런데도 폐하의 장수들 가운데 한 갈래 길이라도 맡아 출정할 장수는 도대체 몇 명이나 됩니까. 그리고 용감하게 싸울 수 있는 장수는 몇 명입니까. 지모가 뛰어난 장수는 몇 명입니까. 손가락을 꼽아 헤아려보아도 겨우 2~30명에 불과하지 않습니까? 이처럼 적은 장수로는 전장에서 승리하지 못할까 두렵습니다."

"또 폐하의 병사들 가운데 싸움을 잘하는 병사는 도대체 몇 만 명이나 됩니까. 그리고 여러 갈래 길을 따라 변경과 낙양으로 진격할 병사는 몇 만 명입니까. 양회(兩淮), 양양(襄陽) 지방에 주둔하면서 수비를 맡을 병사는 몇 만 명입니까. 군적(軍籍)의 기록에 의하면 겨우 2~30만 명에 불과하지 않습니까? 이처럼 적은 병사로는 소기의 성과를 이루지 못할까 두렵습니다."

요컨대 남송이 사전에 전쟁 준비를 충분히 하지 않은 상황에서 약한 군사력으로 몽골군과 싸워 광활한 중원 지방을 수복할 수 없다는 주장이다. 회서총령 오잠(吳潛)도 반대 의견을 냈다.

"조정에서 중원 지방을 수복할 계책을 세우는 자가 있다는 얘기를 들었습니다. 그의 계책은 참으로 뛰어납니다. 그런데 중원 지방을 취하는 일은 어렵지 않으나, 지키는 일은 아주 어렵습니다. 군사를 동원하여 정벌을 떠나는 데 필요한 물자는 또 어디에서 조달할 수 있겠습니까. 백성들은 삶이 피폐해져서 더 이상 견딜 수 없는 지경에 이르면 변란을 일으키는 법입니다. 그러면 온 나라는 도둑떼로 들끓을 것입니다. 군사를 일으키는 일은 이처럼 국가의 운명이 달린 문제인데도, 어찌 경솔하게 의논할 수 있겠습니까?"

전방을 지키고 있는 장수들도 설령 삼경과 동관을 수복하더라도 광활한 황하 유역에서 방어선을 구축하여 몽골의 침략에 대비하려면 엄청난 병력과 물자가 필요하다는 이유를 들어 반대했다. 오히려 몽골을 자극하여 역공을 당할 수 있다고 주장했다.

하지만 송이종은 그들의 의견을 묵살하고 조씨 형제에게 북벌을 명했다. 단평 원년(1234) 5월 병부상서로 임명되어 주장(主將)이 된 조규는 주력군 5만여 명을 이끌고 회하(淮河)를 건너 북상했다. 조범은 황주(黃州·지금의 호북성 황강·黃岡), 광주(光州: 지금의 하남성 황천·潢川) 일대로 진격하여 군대를 주둔시켰다. 또 전자재(全子才)는 1만여 명의 병사를 이끌고 변경(汴京)으로 진격했다.

당시 몽골의 주력군은 이미 황하 이북으로 철수한 상태였다. 남송군은 별다른 저항을 받지 않고 중원 지방으로 진격할 수 있었다. 남송군은 북송의 수도였던 변경성을 수복하는 것을 제일의 목표로 삼았다. 전자재의 군대가 먼저 변경성의 외곽에 이르렀다. 몽골에 투항한 금나라 출신의 장수 최립(崔立)이 변경성 일대를 통치하고 있었다. 그는 몽골의 위세를 등에 업고 황제 흉내를 내며 폭정을 자행했다. 백성들의 원성이 자자했다. 그의 부하 장수 이백연(李伯淵)이 반란을 일으켜 그를 살해하고 남송군에 투항했다.

전자재의 군사가 변경성에 무혈입성했다. 얼마 후 남송의 주력군도 변경성에 입성했다. 그런데 변경성은 남송의 장졸들이 꿈에 그리던 화려한 도성이 아니었다. 도성 곳곳은 파괴되었고 전성기 때 1백만 명이나 달했던 인구는 몇 천 명에 불과했다. 몽골군이 변경성을 함락할 때 얼마나 많은 사람들이 살해되었는지, 거리에는 아직도 백골이 나뒹굴고 있었다.

남송군이 변경성에 입성했다는 소식이 도성 임안에 전해졌다. 송이종과 대신들은 감격의 눈물을 흘리며 기뻐했다. 송이종은 선황제들이 그토록 간절히 바랐던 변경성 수복을 자신의 힘으로 이루어 송나라 중흥의 황제가 되었다는 흥분을 감추지 못했다. 그는 조범을 동경유수(東京留守)로, 조규를 남경유수(南京留守)로, 전자재를 서경유수(西京留守)로 임명했다. 그의 의도는 명약관화했다. 세 장수에게 삼경을 수복하게 한 후 중원 지방을 완전히 장악할 속셈이었다.

한편 몽골의 장수 탑찰아(塔察兒)는 남송군이 약속을 어기고 중원 지방으로 진격하고 있다는 첩보를 듣고 분노했다. 그는 지략이 뛰어난 장수였다. 일단 중원 지방에 남아 있는 잔여 병력을 황하 이북으로 이동하게 했다. 남송군을 내륙 깊숙이 끌어들이고 보급로를 차단한 후 일거에 섬멸할 전략을 짰다.

단평 원년(1234) 7월 남송군은 또 무주공산이나 다름이 없는 낙양성을 접수했다. 그런데 낙양성도 황폐하기 그지없었다. 탑찰해는 남송군이 올가미에 걸려들었다고 판단했다. 신속하게 기병을 이끌고 낙양성을 포위 공격했다. 공성과 수성의 격렬한 전투가 벌어졌다. 남송군은 몽골군의 적수가 되지 못했다. 몽골군은 낙양성을 함락한 후 또 파죽지세로 변경성도 점령했다. 송이종의 중원 수복의 의지는 불과 한두 달 만에 일장춘몽으로 끝났다.

송이종은 북벌에 실패한 장수들을 강등했다. 본인도 성난 민심을 달래기 위하여 자기 잘못을 시인하는 「죄기조(罪己詔)」를 반포하지 않을 수 없었다.

"짐은 덕이 부족하여 병사들을 전장에 내몰아 죽게 했으며 백성들을 유리걸식하게 했다. 또 마을의 집들은 파괴되었고 부패한 시신과 백골이 곳곳에 널려 있게 했다. 이 모든 비극은 짐의 어진 정치를 펴고자 하는 행동이 천하에 제대로 시행되지 않았고 짐의 덕행이 백성들을 교화하지 못했으며, 위로는 천심을 예측하지 못했으며 아래로는 백성의 간절한 기대를 충족시키지 못했기 때문이다."

남송군이 단평 원년(1234)에 중원 지방으로 진격하여 낙양성에 입성했다가 몽골군의 반격에 궤멸을 당하고 퇴각한 역사적 사건을 '단평입낙(端平入洛)'이라고 칭한다.

몽골 황제 오고타이는 이 사건을 구실로 삼아 남송 정벌을 결심했다. 몽골 사신 왕즙(王檝)이 임안으로 가서 남송이 동맹을 파기하고 군사를 일으킨 일을 호되게 질책했다. 송이종과 조정 중신들은 유구무언이었다. 또 주화파와 항전파 사이에 책임 공방이 벌어졌다. 남송 조정은 막대한 금은과 비단을 몽골에 보내 오고타이의 환심을 사려고 했다. 오고타이는 재물만 챙겼을 뿐 남송 조정에 유화적 조치를 취하지 않았다.

단평 2년(1235) 오고타이는 둘째아들 활단(闊端·1206~1251)에게 남송 정벌을 명했다. 이 시기부터 몽골과 남송은 반세기 동안 전면전을 벌이기 시작했다. 결국 '단평입락'은 남송이 50여 년 후에 패망하는 단초를 제공한 것이다.

4. 간신들이 국정을 혼란에 빠트리다

송이종은 중원 수복이 실패로 끝난 후 의기소침했다. 점차 국정을 돌보지 않고 술과 여색에 빠져들었다. 허전한 마음을 달래기 위하여 거대한 불교사찰을 조성하여 복을 기원하거나 곳곳에 누각을 짓고 호화로운 연회를 베풀었다. 도성의 백성들은 토목공사에 동원되어 생업에 종사할 수 없었다. 그들의 원성이 자자한데도 송이종은 모르는 척했다. 향락을 즐기는 일 이외에는 만사가 귀찮았다.

송이종은 만년에 염귀비(閻貴妃)에게 홀딱 빠졌다. 그녀를 하루라도 못 보면 안달이 날 지경이었다. 요염하게 생긴 그녀는 사치가 심했을 뿐만 아니라 권력도 탐했다. 정대전(丁大全), 마천기(馬天驥), 동송신(董宋臣) 등 간신들이 그녀와 결탁하여 조정의 정치를 좌지우지했다.

엄귀비는 황제와 자신의 공덕을 기리는 공덕사(功德寺)를 짓고 싶었다.

송이종은 재화를 아끼지 말고 거대하고 호화로운 사찰을 짓게 했다. 전국 각지에서 진귀한 목재들이 도성 임안으로 운반되었다. 3년여의 대공사 끝에 공덕사가 완공되었다. 국고는 바닥을 드러내고, 백성들은 도탄에 빠졌다. 황제를 원망하는 소리가 끊이질 않았다.

보우(宝祐) 5년(1257) 어떤 사람이 "엄귀비, 정대전, 마천기, 동송신 등이 국정을 농단하니 장차 송나라가 망할 것이다."라는 글을 궁궐의 대문에 몰래 썼다. 송이종은 민심이 심각하게 이반되었음을 깨닫고 신안군후(信安郡侯) 마천기를 파면하는 선에서 위기를 벗어나고자 했다.

한편 몽골에서는 칭기즈칸의 손자 몽케(1209~1259)가 4대 황제로 집권하고 있었다. 보우 6년(1258) 몽케는 동생 쿠빌라이(1215~1294), 올량합(兀良哈) 등과 함께 남송을 침략하기 시작했다. 개경(開慶) 원년(1259) 몽골군은 형주(邢州: 지금의 하북성 형대·邢台)를 공략했다. 변방을 지키고 있었던 남송 장수들은 황급히 조정에 급보를 보냈다. 형주 일대가 몽골군의 수중에 들어갔다는 충격적인 소식이었다. 그런데 재상 정대전은 사실을 은폐하고 송이종에게 보고하지 않았다.

몽골군은 파죽지세로 운남, 광서 등 남서 지방을 유린하고 호남 지방으로 진격했다. 몽골군의 전광석화처럼 빠른 공격에 놀란 정대전은 송이종에게 풍전등화의 전황을 사실대로 보고하지 않을 수 없었다. 송이종과 조정 중신들은 공황 상태에 빠졌다. 정대전을 탄핵하는 상소가 연이어 올라왔다. 송이종은 정대전에게 책임을 전가했다. 파면을 당한 정대전은 섬으로 귀양을 가던 도중에 피살되었다.

개경 원년(1259) 8월 뜻밖에도 몽골황제 몽케가 합주(合州: 지금의 사천성 중경·重慶)의 조어성(釣魚城)을 공격하던 중에 사망했다. 그는 후계자를 지명하지 못하고 죽었다. 몽골 조정에서 후계자 '칸'의 자리를 놓고 권력 다툼이 일어났다. 당시 쿠빌라이는 회하(淮河)를 건너 악주(鄂州)를 공략하고 있었다. 막료 학경(郝經)은 쿠빌라이에게 하루빨리 연경(燕京)으로 회군하여 권력을 장악한 후 칸으로 등극해야 한다고 주장했다.

한편 남송의 권신 가사도(賈似道·1213~1275)는 장강 방어선을 책임지고 한양(漢陽: 지금의 호북성 무한·武漢)에 있었다. 적지 않은 병사들을 거느리고 있었지만 몽골군의 강력한 무력과 잔인함에 전의를 상실한 상태였다. 쿠빌라이와 화친을 시도했다. 쿠빌라이도 학경의 건의에 따라 잠시 남송 원정을 멈추고 연경으로 돌아갈 결심을 한 상태였다.

가사도는 남송은 몽골의 신하가 되고 국경은 장강을 경계로 하며, 매년 은 20만 냥, 비단 20만 필을 바치겠다고 쿠빌라이에게 약속했다. 쿠빌라이는 가사도의 제의를 받아들이고 서둘러 북상했다.

이때 송이종은 가사도의 이러한 굴욕적인 화친조약을 까맣게 모르고 있었다. 만약 몽케가 사망하지 않았다면, 남송은 이 시기에 멸망했을 것이다. 남송으로서는 생명줄을 조금 연장할 수 있었다. 송이종은 흩어진 민심을 수습할 목적으로 연호를 경정(景定)으로 바꾸었다. 경정 원년(1260) 염귀비가 병사했다. 그녀는 국정을 혼란에 빠트린 주범이었는데도, 송이종은 그녀의 죽음을 애도했다.

동송신이 송나라를 망하게 할 거라는 여론이 들끓었다. 그는 송이종을 측근에서 모시는 내시였다. 황제의 비위를 기가 막히게 맞추었다. 무더운 여름 송이종이 연못의 연꽃을 감상할 일이 있으면, 시원한 바람이 들어오는 정자를 하루 만에 만들어 황제를 기분 좋게 했다. 또 한 겨울에 송이종이 매화를 감상할 때면, 사전에 찬바람을 피할 수 있는 누각을 만들었다.

하루는 송이종이 건물을 신축하는 데 재화를 낭비하고 백성을 동원하지 않았냐고 동송신을 나무란 적이 있었다. 동송신은 다른 곳에서 옮겨 온 것이라고 둘러댔다. 송이종은 그가 일을 잘한다고 칭찬해마지 않았다.

송이종은 늘그막에 여색을 밝혔다. 비빈과 궁녀만으로는 그의 욕정을 만족시킬 수 없었다. 동송신은 임안의 유명한 기생 당안안(唐安安)을 입궁시켰다. 송이종은 당안안을 보자마자 한눈에 반했다. 두 사람은 밤낮을 가리지 않고 욕정을 불태웠다. 황제가 음란한 짓을 일삼는다는 소문이 궁궐 안팎으로 퍼졌다. 기거랑 모자재(牟子才)가 상소했다.

"근래에 이르러서 폐하께서 기녀를 가까이 하신다는 소문이 돌고 있습니다. 30여 년 동안 여색을 멀리하시고 국정을 성실하게 돌보신 폐하의 업적에 오명을 남기지 않을까 두렵습니다."

송이종은 모자재의 충고에 뜨끔했던지 내시를 보내 다른 신하들에게는 황제의 은밀한 행동을 발설하지 말게 했다. 태자사인 요면(姚勉)도 당현종이 양귀비와 고력사에게 놀아나 국정을 망친 일을 송이종에게 거론하며 절제 있는 생활을 당부했다. 송이종은 오히려 이렇게 대답했다.

"짐은 덕이 부족한 군주임은 인정하겠소. 하지만 당현종처럼 방탕한 생활은 하지 않았소."

남송 사람들은 동송신을 '동염라대왕'이라고 부르며 그의 국정 농단을 비난했으나, 송이종은 끝까지 그를 옹호했다. 경정 5년(1264) 동송신이 죽었다. 송이종은 그에게 절도사의 직책을 추증했다.

한편 몽골에서는 엄청난 변화가 생겼다. 1260년 3월 쿠빌라이는 개평성(開平城: 지금의 내몽골자치구 석림곽륵맹·錫林郭勒盟)에서 '쿠릴타이'를 소집했다. 쿠릴타이는 왕족과 장수들로 구성된 부족장회의이다. 다가차르, 이승게, 하단 등 여러 왕들이 그를 새로운 칸으로 추대했다. 쿠빌라이칸은 즉위 직후에 막료 학경을 국신사(國信使)의 자격으로 남송에 보냈다. 자기가 칸으로 등극했다는 소식을 알리고 예전에 가사도와 맺었던 화친조약을 이행하라고 촉구했다.

가사도는 학경이 임안에 당도하면 모든 비밀이 탄로 나지 않을까 두려웠다. 자구책으로 사신으로 온 학경을 진주(眞州: 지금의 강소성 의정·儀征)에서 구금했다. 학경은 송이종에게 서신을 여러 차례 보냈으나, 가사도가 중간에서 번번이 가로챘다. 송이종은 북방에서 사신이 왔다는 소식을 풍문으로 듣고 가사도에게 물었다.

"북조(北朝)에서 사신이 왔다는데 서로 화친을 맺는 일을 의논해야 되지 않겠소?"

가사도가 대답했다.

"화친을 논하자는 얘기는 저들의 계략일 뿐입니다. 어찌 풍문을 믿고 쉽게 따르겠습니까?"

쿠빌라이칸은 또 사신을 보내 학경을 찾았지만 회답을 얻지 못했다. 이처럼 가사도의 농간으로 두 나라는 서로 왕래하지 못하고 대치 상태에 빠졌다.

경정 5년(1264) 10월 송이종은 재위 40년, 향년 59세를 일기로 세상을 떠났다. 훗날 송나라가 멸망한 후, 원나라 조정에서 라마승 양련진가(楊璉真伽)를 임안으로 보내 남송 황제들의 황릉을 도굴하게 했다. 이때 송이종의 두개골은 금은을 상감한 화려한 술잔으로 제작되었다. 원나라 황제들은 조상에게 제사를 지낼 때 이 두개골 술잔을 의식용 제기로 사용했다.

그때부터 100여 년의 세월이 지난 후, 명태조 주원장이 원나라의 도성, 대도를 점령했을 때 황궁에서 이것을 찾아 응천부(應天府: 지금의 강소성 남경)로 가지고 와서 황릉에 다시 안장했다고 한다.

송이종 사후에 그의 조카이자 태자 조기(趙禥·1240~1274)가 황위를 계승했다. 송이종은 폭군은 아니었다. 사미원 사후에 친정을 시작한 직후에는 나름대로 중흥을 도모했다. 그리고 이학(理學)을 숭상한 것은 훗날 이학이 중국사상사의 주류로 자리매김하게 했다. 하지만 중원 회복의 야망이 꺾인 후에는 간신들에게 휘둘려 국정을 제대로 돌보지 못했다. 명나라 때의 저명한 사상가 이지(李贄)는 송이종을 "공적과 과오가 반반인 군주였다."라고 평가했다.

15

제15장

송도종 조기

1. 성장 과정과 황위 계승

송이종 조윤의 황후는 사도청(謝道淸·1210~1283)이다. 사도청의 조부 사심보(謝深甫)는 송영종 조확의 두 번째 황후, 양황후가 권신 사미원과 결탁하여 권세를 부리는 데 힘을 보탰다. 송이종이 즉위한 직후에 태후가 된 양태후는 자신을 지지한 사심보의 가문에서 송이종의 황후를 간택하기를 원했다. 그래서 사도청이 황후로 책봉되었다. 그런데 송이종은 사황후를 좋아하지 않았다. 사황후는 황자를 낳지 못했다.

송이종은 남송 말기의 권신 가사도의 누나 가귀비(賈貴妃)를 총애했다. 가귀비는 황녀 서국공주(瑞國公主)를 낳았을 뿐, 황자를 낳지 못했다. 서국 공주는 21세 때 요절했다. 송이종은 가귀비가 세상을 떠난 후 염귀비(閻貴妃)를 총애했으나, 염귀비도 황자를 낳지 못했다.

가희(嘉熙) 2년(1238) 송이종은 궁녀 사이에서 유일한 아들 조유(趙維)를 얻었다. 그런데 조유도 태어난 지 두 달 만에 요절했다. 이런 이유로 송이종은 송영종 조환처럼 황위를 물려줄 아들이 없었다.

송이종도 양자를 들이는 수밖에 없었다. 송이종의 친동생 영왕(榮王) 조여예(趙與芮·1207~1287)의 아들, 조기(趙禥)가 송이종과의 혈연관계가 가장 가까웠다. 조기가 곧 15대 황제 송도종(宋度宗·1240~1274)이다.

조기의 생모 황정희(黄定喜)는 남의 집 시녀 노릇을 하다가 조여예의 첩이 된 여자이다. 조여예의 본부인은 황정희가 임신했다는 얘기를 듣고 몰래 낙태약을 지어 그녀에게 강제로 먹이게 했으나 낙태 효과가 없었다. 갓 태어난 조기는 몸이 무척 허약했다. 보통의 어린아이와는 다르게 제대로 걷지도 못했다. 일곱 살이 되어서야 겨우 말을 할 수 있었다. 지능도 평균 이하였다. 하지만 황제의 근친 가운데 유일한 사내아이였기 때문에 보살핌을 받을 수 있었다.

송이종은 양자로 입적한 조기를 애지중지했다. 비빈과 궁녀들에게 조기를 각별하게 돌보게 했다. 학식이 깊은 신하들에게 그를 잘 지도하도록 신신당부했다. 하지만 조기는 송이종의 세심한 배려에도 불구하고 아둔하기 그지없었다. 송이종이 조기에게 학습 내용을 물어보면 엉뚱한 대답을 하기가 일쑤였다. 송이종은 너무 기가 막혀 현기증이 날 정도였다.

좌승상 오잠(吳潛)은 조기가 송제국의 황제가 되기에는 부족한 점이 너무 많으므로 종실 중에서 제왕의 재목감을 찾아야한다고 주장했다. 송이종은 황실의 먼 친척으로서 황위를 계승한 약점이 있었다. 또 이런 일이 반복되면 황제의 정통성에 심각한 문제가 생길 수 있다고 생각했다. 간신 가사도는 어리석은 조기가 황제로 등극하는 것이 자기의 권력 유지에 유리하다고 생각했다. 송이종에게 오잠이 불순한 의도로 조기를 쫓아내려고 한다고 모함했다. 송이종은 가사도를 충신으로 여겼다. 오잠이 조정에서 쫓겨난 후에는, 누구도 감히 이 문제를 거론하지 못했다. 조정은 점차 가사도의 수중에 들어왔다.

경정 원년(1260) 조기는 20세의 나이에 태자로 책봉되어 동궁에서 생활하게 되었다. 송이종은 태자의 교육을 맡은 대신들에게 조기를 엄격하게 가르치게 했다. 수시로 조기를 불러 당일 배운 내용을 물어보았다. 조기가 답변을 잘하면 진귀한 차를 하사했다. 조기가 모르는 내용이 있으면 이해할 때까지 공부하게 했다.

경정 2년(1261) 영가군부인(永嘉郡夫人) 전씨(全氏)를 황태자비로 책봉했다. 송이종은 이 시기에 정치에 무관심하고 여색을 밝혔지만, 어쨌든 황위를 계승할 태자가 있었기 때문에 마음을 놓을 수 있었다.

경정 5년(1264) 송이종이 붕어했다. 조기는 절차와 예법에 따라 황제의 옥좌에 앉았다. 연호는 함순(咸淳)으로 정했다. 사황후는 황태후로 추존되었다. 조정의 충직한 신하들은 송도종 조기가 얼마나 무능한 인물인지 잘 알고 있었다. 사황태후에게 섭정을 권유했다. 하지만 사황태후는 황제가 성년이라는 이유를 들어 거절했다. 훗날 그녀는 남송이 망하는 비극을 겪고 죽었다.

2. 황음무도한 생활을 하다가 원나라의 침략을 당하다

송도종은 몸이 부실하고 지능이 낮았다. 황제로 등극하기 전부터 그의 유일한 관심사는 주색잡기였다. 태자 시절에는 황제의 눈치를 보느라 은밀하게 음탕한 생활을 했으나, 남송 천하의 주인이 된 후로부터는 마음속에서 꿈틀거리는 욕망을 마음껏 발산했다. 『속자치통감·송기 권180』에 이런 기록이 있다.

"황제께서는 태자 시절부터 여색을 밝힌다는 소문이 동궁에서 자자했다. 황제로 즉위한 후부터는 완전히 주색에 빠졌다. 궁궐의 관례에 의하면 비빈과 소첩들이 밤에 황제를 모시고 잠을 자면 그 다음 날 아침에 합문(閤門: 궁궐의 옆문)으로 가서 황제의 성은에 감사해야 했다. 황제의 밤일을 책임진 내시는 그녀들이 황제를 모신 날짜를 구체적으로 기록했다. 즉위 초기에 하루 동안 황제의 성은에 감사한 여자들이 30여 명에 달하기도 했다."

송도종은 즉위 초기에 하루 동안 30여 명의 여자와 질펀한 성생활을 즐긴 적도 있었다는 얘기이다. 몸이 허약한 그가 최음제를 먹지 않고서야, 어찌 이런 일이 가능하겠는가. 몸이 얼마나 망가졌는지 미루어 짐작할 수 있다. 그는 궁궐의 여인들 가운데 총애하는 여자 4명을 '춘하추동(春夏秋冬) 사부인(四夫人)'이라고 불렀다. 봄에는 춘부인에게, 여름에는 하부인에게, 가을에는 추부인에게, 겨울에는 동부인에게 황제의 조칙을 건네주고 처리하게 했다. 비빈, 심지어는 소첩들이 황제의 뜻을 왜곡하여 전달하는 일이 벌어지기도 했다.

송도종은 가사도를 총애했다. 원래 가사도는 놀고먹는 건달이었다. 송이종 시대에 그의 누나 가귀비가 황제의 총애를 받은 덕분에 승승장구했다. 가사도는 무능한 송도종을 황제로 추대하는 데 결정적인 역할을 했다. 그는 권모술수가 뛰어난 권신이었다. 송도종을 주지육림에서 헤어나지 못하게 했다.

송도종은 가사도가 없으면 아무 일도 하지 못했다. 가사도가 조회에 참석할 때마다 제자가 스승을 섬기 듯 공손히 답례했다. 가사도는 황제를 자기 손아귀에 넣고 싶었다. 일부러 재상의 직을 포기하고 고향 천태현으로 돌아갔다. 국정을 자기에게 완전히 위임하지 않으면 조정으로 돌아가지 않겠다고 으름장을 놓았다.

깜짝 놀란 송도종은 황급히 그를 태사 겸 위국공(魏國公)으로 임명하고 돌아오기를 간청했다. 가사도는 황제의 간청을 못 이기는 척 하고 벼슬을 받았다. 그 후 그는 툭하면 송도종에게 사직을 청원했다. 송도종은 그에게 많은 금은보화를 하사하며 제발 자기를 지켜달라고 애걸했다. 또 가사도에게 평장군국중사(平章軍國重事) 관직을 추가로 제수했다. 가사도는 국정을 완전히 장악했다.

송도종은 가사도의 환심을 사기 위하여 그에게 거대하고 호화로운 저택을 하사했다. 조회는 열흘에 한번 씩 참석해도 좋다고 했다. 가사도는 대저택에서 황제를 능가하는 권력을 부리며 호사스러운 생활을 했다. 도대체 누가 황제이고, 누가 신하인지 모를 지경이었다. 조정은 그에게 뇌물을 바치고 아부한 자들로 채워졌다. 지방의 관직도 매관매직되었다.

한편 쿠빌라이는 몽골에서 칸으로 등극한 후 중국의 연호 제도를 받아들여 중통(中統·1260~1264)이라는 연호를 반포했다. 이는 쿠빌라이칸이 한족문명을 적극적으로 수용하여 전 중국을 통일하겠다는 원대한 야망을 드러낸 몽골 최초의 연호였다. 이 시기부터 오랜 세월 동안 한족에게 북방의 '오랑캐'로 멸시를 당해왔던 몽골족이 중국역사의 주역으로 등장하기 시작했다.

당시 카라코룸(몽골 서부 오르콘 강 유역)에 있던 쿠빌라이의 동생 아리크부카(1219~1266)도 쿠릴타이를 소집하여 일부 부족장들의 지지를 받고 칸으로 등극했다. 마침내 몽골제국에는 두 명의 칸이 존재하게 되었다. 하늘에는 두 개의 태양이 있을 수 없듯이, 형과 아우는 칸의 자리를 놓고 건곤일척의 승부를 겨루어야 했다. 형의 승리로 끝났다. 1264년 7월 아리크부카가 개평성으로 와서 항복했다. 쿠빌라이가 그에게 물었다.

"이치를 따지면, 너는 우리 두 사람 중에서 누가 칸의 지위를 계승해야 옳다고 생각하느냐?"

아리크부카가 대답했다.

"이치대로 하자면 당연히 내가 계승해야지요. 하지만 지금은 형님이 싸움에서 이겼으므로 칸이 되는 것이 옳다고 생각해요."

몽골인의 관습으로는 장자계승이 아닌 말자계승이 원칙이므로 아리크부카가 칸이 되어야 했다. 그래서 그는 쿠빌라이에게 당당하게 말한 것이다. 쿠빌라이는 자기에게 대항했던 아리크부카 등 칭기즈칸의 후손들은 살려주고 그들 수하의 심복들은 모조리 죽였다.

1264년 8월 몽골제국 내의 모든 반대 세력을 제압한 쿠빌라이칸은 연호를 지원(至元)으로 고쳤고, 1267년에는 수도를 카라코룸에서 대도(大都: 지금의 북경)로 옮겼다.

쿠빌라이칸이 원나라를 건국하기 전인 1261년에 남송 동천(潼川)의 안무사 유정(劉整)이 몽골에 투항했다. 그는 가사도의 정적이었다. 가사도의 살해 위협에 시달리다가 남송을 배신했다. 1267년 유정은 쿠빌라이칸에게 남송 정벌의 책략을 올렸다.

"송나라를 정벌하려면 먼저 양양(襄陽: 지금의 호북성 양양)을 점령해야 합니다. 양양을 취하고 한수(漢水)에서 장강으로 들어가면, 송나라를 평정할 수 있습니다."

당시 남송은 장강을 방어선으로 삼고 몽골과 대치하고 있었다. 장강 연안의 전략 거점으로는 상류의 중경(重慶), 중류의 악주(鄂州), 하류의 건강(建康: 지금의 남경)과 양주(揚州)가 있었다. 악주의 서북쪽에 있는 양양은 장강 중류의 전초기지 역할을 했다. 쿠빌라이칸은 유정의 책략을 받아들여 먼저 양양을 공격하여 장강 중류를 돌파하기로 결정했다.

쿠빌라이칸은 올량합아술, 유정 등 장수들에게 양양을 공격하게 했다. 한수 남쪽에 위치한 양양은 삼면이 강으로 둘러싸인 천혜의 요새였다. 남송 조정은 경서안무부사 여문환(呂文煥)을 보내 그곳을 지키게 했다. 한수 북쪽 언덕에는 양양과 강을 사이에 두고 번성(樊城: 지금의 호북성 양양·襄陽)이 있었다. 남송의 정예군이 그곳을 지키고 있었다.

몽골군은 양양과 번성을 포위하고 맹렬히 공격했으나 쉽게 함락시키지 못했다. 몽골군은 육전에는 천하무적이었으나 강과 호수가 많은 지역에서는 남송의 수군에게 역공을 당했다. 유정은 올량합아술에게 전함을 건조하고 수군을 훈련시켜야 한다고 건의했다. 몽골인은 수전에서는 어떻게 싸우는지도 몰랐다.

올량합아술은 유정 등 한족 장수들에게 수전을 책임지게 했다. 그들은 전함 5천여 척을 건조하고 수군 7만여 명을 훈련시켰다. 몽골군에게도 수병(水兵)이 생겼다. 몽골군은 육지, 호수, 강 등에서 남송군을 끊임없이 공격했다.

1271년은 남송 함순 7년이자, 원나라 지원 8년에 해당한다. 쿠빌라이칸은 이 해 12월에 국호를 대원(大元)으로 고쳤다. 드디어 원나라를 개국한 황제가 된 것이다. 쿠빌라이칸이 곧 원세조(元世祖)이다.

함순 9년(1273) 원군은 철포로 번성을 맹렬히 포격했다. 번성이 함락되자 양양을 지키고 있던 여문환은 조정에 급보를 띄워 지원군을 요청했다. 양양에서 전해 온 급보는 모두 가사도의 수중으로 들어갔다. 어느 날 여문환이 급히 구원병을 요청하고 있다는 소식을 들은 송도종은 가사도에게 그 진상을 물었다. 가사도는 황제를 속이고 말했다.

"북조의 군사들은 이미 퇴각했는데도, 누가 감히 그런 유언비어를 퍼뜨렸습니까?"

송도종은 궁녀에게서 들은 이야기라고 말했다. 가사도는 즉시 그 궁녀를 찾아내어 살해했다. 황제는 우매하고 가사도는 농간을 부리며 아무런 대책도 세우지 않았다. 풍전등화의 위기를 느낀 대신들은 격론 끝에 영강군절도사 고달(高達)을 보내 여문환을 구원하고자 했다. 하지만 고달과 여문환은 원한 관계였고, 가사도가 여문환을 두둔하는 바람에 고달을 보내기가 쉽지 않았다. 여문환은 고달이 구원병을 이끌고 올지도 모른다는 이야기를 듣고 즉시 조정에 대승했다고 거짓 보고하여 그가 오는 것을 막았다.

송도종은 여전히 가사도의 말만 철석같이 믿고 향락에 젖어 지냈다. 여문환은 성안에서 결사항전하면서 구원병이 오기를 간절히 기다렸지만 아무 소식이 없었다. 양식이 바닥나고 사상자가 속출했다. 원세조는 여문환에게 투항을 권유했다.

"너희들이 고립된 양양성을 필사적으로 지킨 지가 5년이나 되었구나. 군주를 위해 사력을 다하는 것은 당연한 일이다. 하지만 너희들의 세력은 이미 꺾였으며 구원도 끊기고 말았다. 그런데도 계속 고집을 피우고 저항한다면, 성안의 무고한 백성 수만 명은 장차 어찌 되겠는가. 만약 너희들이 투항한다면 잘못을 불문에 부칠 뿐만 아니라 높은 관직도 하사하겠다."

원나라 장수 아리해아는 직접 성 아래로 다가와서 큰소리로 여문환에게 항복을 권유했다.

"당신은 고립된 성에서 나에게 여러 해 동안 대항했소. 하지만 지금 당신은 철저하게 고립되어 있소. 대원 제국의 황제께서는 당신이 군주를 위해 충성을 다하는 모습을 보고 감동하여 칭찬을 아끼지 않았소. 당신이 항복하면 당신에게 높은 관직을 하사하라고 어명을 내렸소. 결코 예전의 원한으로 당신을 해치지 않겠소."

일찍이 원나라에 항복하여 장수가 된 장정진(張庭珍)도 여문환에게 말했다.

"여태껏 우리 군사는 적을 공격하기만 하면 취하지 못한 것이 없었다. 지금 너는 성안에 갇혀있으면서 단 한 명의 구원병도 없이 버티고 있다. 그런데도 성을 사수하여 헛된 명성을 얻으려고 한다. 너의 잘못된 판단 때문에 무고한 백성들이 살해를 당하지 않겠는가. 너는 하루빨리 백성들의 목숨을 소중하게 생각하고 투항해야 한다."

원세조가 여느 원나라 황제와는 다르게 극악무도하지 않고 점령지의 백성들을 죽이지 않으며 아울러 항복한 한족 장수들을 중용한다는 소문을 여문환은 듣고 있었다. 더 이상의 저항은 무의미했다. 원군의 도륙을 막으려면 항복하는 수밖에 없었다. 5년이나 끌었던 양양성 공방은 결국 이렇게 막을 내렸다. 이 시기부터 남송은 걷잡을 수 없이 패망의 길로 접어들었다.

원세조는 약속대로 그를 양한대도독으로 임명했다. 훗날 여문환은 원군이 남송의 임안을 함락시키는 데 선봉에 나서서 전공을 세웠다. 원나라 조정에서 고위관직을 역임한 후 고향에서 병사했다. 그는 충절을 끝까지 지키지 못하고 송나라를 배신했지만, 원나라가 중국을 통일하는 데 일조한 장수였다.

번성과 양양이 원나라에 함락되었다는 소식이 임안에 전해졌다. 백성들은 몽골인들이 얼마나 잔인하고 두려운 존재인지 잘 알고 있었다. 서둘러 가옥과 전답을 버리고 피난길에 올랐다. 남송 조정은 공황 상태에 빠졌다.

가사도는 더 이상 황제를 속일 수 없었다. 정예군을 이끌고 가서 원나라 군사를 격퇴하겠다고 호언장담했다. 송도종은 가사도가 곁에 없으면 하루도 버틸 수 없을 정도로 심신이 쇠약한 상태였다. 가사도의 출정을 막고 자기를 지켜달라고 울면서 애원했다.

송도종은 도성 임안이 원군에게 함락되기 2년 전인 함순 10년(1274) 7월에 향년 34세의 나이로 병사했다. 재위 10년 동안 그가 남긴 업적은 거의 없었다. 권신 가사도에게 국정을 일임한 채 그저 황음무도한 생활만 했을 뿐이다. 여느 왕조의 말기가 다 그러했듯이, 송나라도 말기에 이르러 혼군(昏君)과 간신들이 속출했다.

16

남송 말기 최후의 황제들

1. 송공제 조현

　16대 황제 송공제(宋恭帝) 조현(趙㬎·1271~1323)은 함순 7년(1271) 송도종 조기의 둘째아들로 태어났다. 생모는 전황후(全皇后)이다. 그녀는 송이종 조균의 생모 자헌부인(慈憲夫人) 전씨(全氏)의 종손녀가 된다. 송이종 시대인 경정(景定) 2년(1261)에 태자비로 책봉되었다. 남편 송도종이 황제로 등극한 후인 함순 3년(1267)에 황후로 책봉되었다.

　함순 9년(1273) 조현은 두 살 때 좌위상장군에 제수되었고, 동시에 가국공(嘉國公)으로 책봉되었다. 어린 황자에게 고위 관작을 수여하는 일은, 그가 제왕의 재목으로 성장하기를 바라는 황제의 마음에서 나왔다.

　함순 10년(1274) 7월 송도종이 붕어했다. 같은 해 8월 대홍수가 발생했다. 안길(安吉: 지금의 절강성 호주·湖州), 임안(臨安: 지금의 절강성 항주) 등 대도시가 침수했다. 물에 빠져 죽은 사람들이 부지기수였으며, 수많은 수재민들이 거리로 쏟아져 나왔다. 당시 얼마나 큰비가 수십일 동안 내렸던지, 도성 임안에 있는 천목산(天目山)에서 산사태가 발생하여 수많은 사람들이 압사하는 사고가 났다.

남송 조정은 이런 미증유의 천재지변으로 인한 피해가 도성을 강타했을 때 새로운 황제를 추대해야했다. 당시 송도종의 장남은 조하(趙昰·1269~1278)였다. 그런데 그는 양숙비(楊淑妃)가 낳은 서자였다. 적장자 계승의 원칙에 따라 가국공 조현이 황위를 계승했다. 그의 나이 겨우 3세였다. 새 황제가 등극한지 몇 개월 후 민(閩: 지금의 복건성 일대) 지방에서 가뭄이 발생하여 농작물이 말라죽었다. 설상가상으로 지진이 일어나 민 지방 백성들을 공포의 도가니로 몰아넣었다.

원군이 남송의 영토를 유린하고 천재지변이 연이어 발생하는 절박한 상황에서 응석받이가 황제로 등극하였으니, 조정 대신들은 기가 막힐 따름이었다. 하지만 송나라는 유가의 대의명분이 지배한 국가였다. 황제가 어리면 태황태후나 황태후가 일정기간 동안 수렴청정을 하는 것이 관례였다.

당시 육궁(六宮)의 큰 어른으로는 송이종의 황후였던 태황태후 사도청(謝道清·1210~1283)이었다. 대신들은 그녀에게 수렴청정을 요구했다. 그런데 그녀는 나이가 많고 병약했다. 더구나 권력욕이 없었다. 어린 황제를 대신하여 국난을 극복할 자신이 없었다. 처음에는 대신들의 간청을 거절했지만 그들의 눈물겨운 호소에 대임을 맡을 수밖에 없었다.

사태황태후는 공황 상태에 빠진 도성의 백성들을 위무해야 했다. 먼저 자신부터 씀씀이를 줄였다. 궁궐에서 필요한 재화를 줄이고 관리들의 녹봉을 삭감함으로써 텅 빈 곳간을 채웠다. 하지만 맹수처럼 사나운 원군이 머지않아 임안으로 쳐들어온다는 소문이 끊이질 않았다. 관리들이 야밤에 도주하는 일이 빈번해졌다. 사태황태후는 관리들에게 경고하는 방

(榜)을 조당(朝堂)에 걸게 했다.

"우리나라는 3백여 년 동안 사대부들을 박대하지 않았다. 지금 나와 어린 황제가 국난을 당했는데도, 너희들은 국난을 극복할 계책을 내지 못하고 있다. 도성에서 일하는 관리들은 관직을 버리고 달아났으며, 읍성을 지키는 지방관들은 관인과 읍성을 적에게 넘겨주고 도망갔다. 그들은 국난을 피하고 구차한 목숨을 구걸하였다. 어찌 사람으로서 이런 배은망덕한 행위를 할 수 있겠는가. 또 어찌 죽어서 지하에 계신 선황제들을 무슨 면목으로 뵐 수 있겠는가. 천명은 아직 바뀌지 않았으며, 국법은 여전히 존재하고 있다. 맡은 바 직분을 다하는 관리에게는 상서성에서 녹봉을 일부라도 지급하겠다. 국가를 배신하고 달아난 자에게는 어사대의 조사를 통해 엄한 형벌로 다스리겠다."

사태황태후가 얼마나 당황하고 화가 났으면 이런 말을 했겠는가. 하지만 사태는 걷잡을 수 없이 흘러갔다. 함순 10년(1274) 6월 원세조는 좌승상 백안(伯顔·1236~1295)과 평장정사 올량합아술에게 20만 대군의 지휘권을 넘겨주고 임안을 향해 총공세를 개시하게 했다. 원세조는 대군이 원정을 떠나기 전에 백안에게 말했다.

"옛날에 조빈(曹彬)이라는 장수만이 강남을 큰 혼란 없이 평정했다고 하오. 경이 무고한 백성을 죽이지 않고 강남을 얻는다면 과인의 조빈이 될 것이오."

조빈은 송태조 휘하의 장수로 남당(南唐)을 정벌했다. 원세조는 몽골의 역대 황제들에 비해 역시 한 수 위였다. 그의 선조들은 닥치는 대로 살해하고 약탈했지만, 그는 원나라 제국의 황제로서 치국(治國)의 도(道)를 잘 알고 있었다. 대제국을 다스리기 위해서는 민심을 얻는 일이 무엇보다도 중요하다는 것을, 그는 통찰하고 있었다. 학경(郝經) 등 한족 출신 신하들이 그에게 한족문명의 정수(精髓)를 전해주었다. 원세조는 이미 천하를 태평성대로 이끄는 요체를 깨닫고 있었다.

백안과 올량합아술이 한수(漢水)에서 장강을 따라 진격했다. 여문환은 수군의 선봉에 섰다. 함순 10년(1274) 12월 백안이 이끄는 군사가 청산기(靑山磯: 지금의 호북성 무한·武漢 동북쪽)에서 장강을 건너 연전연승을 거듭하며 강을 따라 동쪽으로 진격했다.

덕우(德祐) 원년(1275) 가사도는 13만 대군을 이끌고 정가주(丁家洲: 지금의 안휘성 동릉·銅陵)에서 백안의 군사와 결전을 벌였으나 대패를 당했다. 가사도는 쪽배를 타고 가까스로 양주(揚州)로 탈출했다. 재상 진의중(陳宜中)이 사태황태후에게 그의 죄상을 낱낱이 상주했다. 사태황태후의 답변은 이러했다.

"가사도는 삼대(三代)의 조정에 걸쳐서 국정을 성실히 돌보았소. 싸움에
패배한 죄를 지었다고 해서, 어찌 하루아침에 대신에 대한 예우를 거둘
수 있겠소? 먼저 삭탈관직하고 나중에 의법 조치하겠소."

사태황태후는 간신 가사도를 과감하게 처단하지 못하고 귀양을 보내는 일로 사태를 수습하려고 했다. 그런데 가사도는 귀양을 가던 도중에 회계현위 정호신(鄭虎臣)에게 살해당했다. 남송 왕조를 멸망의 구렁텅이로 밀어 넣은 간신의 최후였다.

백안의 군대가 임안을 압박하자, 대다수의 신하들은 도성을 버리고 달아났다. 대신과 장수 몇 명만이 도성을 지켰다. 사태황태후는 예부시랑

육수부(陸秀夫)를 백안에게 보내 화의를 간청했으나 거절당했다. 또 사신을 보냈다. 송나라 스스로 원나라의 조카를 칭하고 조공을 바치겠다고 약속했다. 이 약속이 받아들여지지 않으면 손자를 칭할 수 있고, 손자를 칭하는 것도 받아들여지지 않으면 신하를 칭하겠다고 애원했다.

사태황태후는 어떤 굴욕을 겪더라도 종묘사직만은 지키고 싶었다. 백안은 냉소를 지으며 사자에게 말했다.

"너희 나라는 어린아이에게서 천하를 얻었고 또 어린아이에게서 천하를 잃었다. 그 이치가 이러한데도 아직 또 무슨 말이 더 필요한가?"

송태조 조광윤은 후주(後周)의 7세 밖에 안 된 어린 황제였던 시종훈(柴宗訓)을 폐위시키고 송나라를 건국했다. 이제 우리가 너희들의 어린 황제를 폐위시키고 다시 새로운 나라를 세우는 것은 너희들의 업보가 아닌가. 그런데도 너희들은 무슨 구차한 이야기를 하려는가? 참으로 정곡을 찌르는 말이었다. 남송의 애원에 가까운 간청은 무시되었다.

남송의 신하와 장졸들은 대부분 전의를 상실하고 도망가기에 정신이 없었다. 그런데 백척간두의 위기에 처한 나라를 구하고자 분연히 일어선 충신이 없었던 것은 아니었다.

문천상(文天祥·1236~1283)은 장원급제한 수재였다. 함순 10년(1274) 그가 공주(贛州: 지금의 강서성 공주) 지주(知州)였을 때 근왕병을 모집하여 황제를 구하라는 어명을 받았다. 그는 즉시 가산을 털어 근왕병을 모집한 후 임안으로 떠났다. 일부 사람들은 그가 달걀로 바위를 깨트리는 것 같은 무모한 일을 벌인다고 안타까워했다. 하지만 그는 천하의 충신, 의사들이 일편단심으로 싸우면 적이 아무리 강하더라도 반드시 격퇴할 수 있다는 신념을 가졌다.

덕우 원년(1275) 겨울 원군은 임안 동북쪽의 고정산(皋亭山)에 진주했다. 사태황태후는 재상 진의중을 백안에게 보내 마지막 담판을 벌이고 싶었다. 원나라에 항복하겠으니 송나라 역대 황제들의 제사라도 모실 수 있게 해달라고 애원할 생각이었다. 그런데 진의중은 백안을 상대할 자신이 없었다. 정무를 내팽개치고 온주(溫州)로 달아나버렸다.

사태황태후는 문천상을 우승상으로 임명한 후 백안에게 보내 다시 화의를 청하게 했다. 문천상은 원나라 장수들의 위협에 조금도 굴하지 않고 쌍방 간의 동등한 입장에서 협상을 해야 한다고 주장했다. 그의 정정당당한 태도에 놀란 백안은 그를 가두고 원나라 도성으로 압송하게 했다.

사태황태후는 문천상이 북으로 끌려갔다는 소식을 듣고 더 이상 희망이 없음을 깨달았다. 최후까지 저항하면 임안 도성안의 백성들은 도륙을 당할 게 명약관화했다. 항복하여 목숨이라도 부지하는 수밖에 없었다.

덕우 2년(1276) 2월 사태황태후는 어린아이 송공제를 품에 안고 궁궐의 상희전(祥曦殿)에서 백안에게 투항했다. 같은 해 5월 송공제 일행은 원나라의 도성 대도(大都)로 끌려갔다. 사실상 송나라는 이때 망했다.

원세조는 송공제를 죽이지 않고 영국공(瀛國公)으로 책봉했다. 당시 송공제의 나이 5세였다. 사태황태후는 수춘군(壽春郡) 부인으로 강등되었다. 그녀는 원나라 지원(至元) 20년(1283)에 대도에서 향년 73세를 일기로 한 많은 세월을 마감했다. 원세조는 그녀가 투항한 점을 참작하여 그녀의 시신을 고향에 매장하게 했다.

지원 25년(1288) 원세조는 영국공 조현을 머나먼 토번(吐蕃)으로 보냈다. 그곳에서 불도에 정진하면서 살라는 의미였다. 조현은 라마승으로 귀의하여 불경을 공부했다. 원나라 영종(英宗) 시대인 지치(至治) 3년(1323)년에 향년 51세를 일기로 입적했다. 망국의 군주치고는 여생을 편히 보낸 셈이다.

2. 송단종 조하

17대 황제 송단종(宋端宗) 조하(趙昰·1269~1278)는 송도종과 양숙비 사이에서 서장자(庶長子)로 태어났다. 송공제 조현의 이복형이 된다. 함순 10년(1274) 7월 송도종이 붕어했다. 사태후(謝太后: 송공제 조현이 즉위한 후 태황태후로 추존·推尊되었다.)는 가사도 등 대신들에게 황자들 가운데 누구를 새 황제로 추대해야 하는지 의논하게 했다. 당시 송도종의 황자는 양숙비가 낳은 조하(趙昰), 전황후가 낳은 조현(趙㬎), 유수용(俞修容)이 낳은 조병(趙昺) 등 3명이었다.

나이순으로 하면 조하(1269~1278)가 장남, 조현(1271~1323)이 차남, 조병(1272~1279)이 셋째아들이 된다. 송도종이 붕어할 당시에 세 황자는 모두 철부지 어린아이였다. 그들이 절체절명의 위기에 빠진 남송의 황제로 등극하는 것은 어불성설이었다. 종실 가운데 능력이 뛰어나고 지도력을 갖춘 어른을 추대하여 국난을 극복해야 했다. 하지만 송나라는 유가의 대의명분을 목숨처럼 중요하게 생각하는 사대부들의 발언권이 무척 강했다. 그들은 세 황자들이 아무리 어리더라도 그들 가운데 한 명을 황제로 추대해야 만이 적법하다고 주장했다.

조정 대신들은 새 황제 추대 문제를 놓고 격론을 벌였다. 건국공(建國公) 조하가 서자 출신이지만 어쨌든 장남이므로 그를 추대해야 한다고 주장하는 대신들이 많았다. 그런데 권신 가사도는 가국공(嘉國公) 조현이 적장자이므로 그를 추대해야 한다고 했다. 격론 끝에 가사도가 추천한 조현이 16대 황제로 등극했다. 이복동생 조현이 등극한 후, 조하는 길왕(吉王), 익왕(益王), 조병은 광왕(廣王) 등의 작위를 하사받았다.

덕우 2년(1276) 2월 송공제와 사태황태후가 황궁에서 문무백관을 거느리고 원나라에 항복하는 의식을 치르기 전날 밤에, 부마도위 양진(楊鎮),

송나라 역대 황제 평전

양숙비의 오빠 양량절(楊亮節)은 익왕 조하와 광왕 조병을 모시고 임안성에서 빠져나와 무주(婺州: 지금의 절강성 금화·金華)로 도망갔다. 얼마 후 또 온주(溫州: 지금의 절강성 온주)로 달아났다.

남송의 충신, 지사들은 두 왕이 온주에 와있다는 소식을 듣고 흥분을 감추지 못했다. 그들은 두 왕에게 마지막 희망을 걸었다. 보강군승선사 장세걸(張世傑)은 정해(定海: 지금의 절강성 주산·舟山)에서 병사를 이끌고 온주로 왔다. 종정소경 육수부와 대도로 끌려가다가 극적으로 탈출한 문천상도 잔여 병력을 이끌고 온주로 달려왔다. 그들은 조하를 천하병마도원수로, 조병을 천하병마도부원수로 추대하고 송왕조의 재기를 도모했다.

얼마 후 그들은 조하 일행을 모시고 복주(福州: 지금의 복건성 복주)로 이동했다. 덕우 2년(1276) 5월 조하는 황제로 추대되었다. 그의 나이 7세였다. 조하가 곧 17대 황제 송단종(宋端宗)이다. 연호는 경염(景炎)으로 정했다. 이때 조병은 위왕(衛王)으로 책봉되었다. 장세걸은 추밀부사, 문천상은 우승상 겸 지추밀원사, 육수부는 첨서추밀원사에 임명되었다. 어린아이 황제가 무엇을 알고 그들에게 관직을 수여했겠는가. 남송 최후의 조정은 장세걸, 문천상, 육수부 등 충신들이 원나라에 대항하여 송왕조를 다시 세우려는 간절한 희망으로 성립되었다.

당시 남송은 전국의 모든 지역을 원나라에게 다 빼앗긴 것은 아니었다. 복건성의 복주, 절강성의 온주, 광동성의 광주, 양자강 이북의 양주, 진주, 통주 그리고 사천성의 조어성(釣魚城), 능소성(凌霄城) 등은 아직도 남송군이 지키고 있었다.

옛날에 송고종 조구가 금나라에게 중원 지방을 넘겨주고 장강 이남으로 내려와 남송정부를 세웠듯이, 남송 최후의 조정 중신들도 강남 지방을 포기하고 동남부의 해안가에 위치한 복주에서 송나라의 종묘사직을 지키고 싶었다.

그들은 송단종의 명의로 양주성을 지키고 있던 이정지(李庭芝)에게 근왕병을 이끌고 복주로 오게 했다. 양주성 수비보다는 복주성에서 황제를 지키는 것이 전략적으로 더 유리하다고 판단했다. 이정지는 회동제치부사 주환(朱煥)에게 양주성을 맡긴 후 7천여 명의 군사를 이끌고 남쪽으로 향했다.

그런데 누가 알았으랴. 주환은 즉시 원군에게 투항하고 말았다. 이정지는 태주성(泰州城)에서 독안에 든 쥐 신세가 되었다. 원나라 장수는 양주성에 거주하고 있는 남송 병사들의 처자와 자식들을 죽이지 않고 모두 태주성으로 쫓아냈다. 태주성 아래에서 그들의 울부짖는 소리를 들은 남송 병사들은 전의를 상실하고 투항했다.

양주성이 함락된 후 진주성, 통주성도 연이어 함락되었다. 원군은 여세를 몰아 복주를 향해 진격했다. 복주도 원나라의 수중에 들어갔다. 복건, 광동 지방의 여러 성들이 연이어 함락되었다. 급기야 육수부 등 충신들은 어린 황제를 모시고 해상에서 떠도는 신세가 되었다.

경염 2년(1277) 12월 송단종은 광주가 함락되었다는 소식을 듣고 정오(井澳: 지금의 광동성 횡금도·橫琴島)로 달아나려고 배를 탔다. 그런데 갑자기 거센 파도가 일어나 배가 전복되고 말았다. 송단종은 가까스로 목숨을 건졌지만 풍토병에 걸리고 말았다.

원나라 장수 유심(劉深)은 해상으로 달아난 송단종 일행을 끝까지 추격했다. 경염 3년(1278) 4월 송단종은 8세의 나이에 강주(碙洲: 지금의 광동성 강주도·碙洲島)에서 병사했다. 어린 나이에 해상에서 이곳저곳을 떠돌다가 질병과 공포심을 이기지 못하고 죽은 것이다.

3. 송소제 조병

송나라의 18대 황제이자 마지막 황제 조병(趙昺·1272~1279)은 송도종 조기의 셋째아들로 태어났다. 생모는 유수용(俞修容)이다. 그녀는 송도종이 태자였을 때 동궁의 시녀로 들어가 태자의 첩이 되었다. 함순 8년(1272) 황자 조병을 낳았다. 조병은 신국공(信國公), 광왕(廣王) 등의 작위를 하사받았다.

경염 3년(1278) 4월 송단종이 8세의 나이에 남해의 외딴 섬 강주(碙洲)에서 병사했다. 장세걸, 육수부 등은 조병을 황제로 추대하고 다음 해부터 연호를 상흥(祥興)으로 정했다. 하늘의 상서로운 기운을 받아 송나라를 다시 흥성하게 하겠다는 결연한 의지가 담긴 연호였다. 이때 조병은 6세였다. 그가 곧 송소제(宋少帝)이다. 사실 그는 사망한 후에 묘호(廟號)를 받지 못했기 때문에 즉위 이전의 작위를 따서 그를 송위왕(宋衛王)이라고 칭하기도 한다. 소제(少帝)란 어린 황제라는 뜻이다.

장세걸, 육수부 등 송나라 최후의 충신들은 어린 송소제를 극진히 보살피며 원군과 최후의 결전을 준비했다. 원군은 바다에서 싸워 본 경험이 거의 없었다. 장세걸 등은 광동성 해안 일대에서 수군을 모집하고 선박을 건조하면서 권토중래할 기회를 노렸다. 하지만 원군은 이미 수전에 능한 한족을 중심으로 수군을 조직하여 광동성 해안을 공략했다. 장세걸 등은 어린 황제를 모시고 애산(崖山: 지금의 광동성 신회·新會 남쪽에 있는 섬)으로 달아났다.

당시 광동 일대를 유린한 원군의 장수는 장홍범(張弘范)이었다. 그는 한족 출신의 장수였다. 그의 아버지 장유(張柔)가 몽골에 투항한 후 금나라 정벌에 많은 전공을 세워 사후에 여남왕(汝南王)으로 추증되었다. 원나라에서 한족 출신으로는 최고의 작위를 받았다.

장홍범도 원나라가 남송을 침공하는 데 선봉에 서서 수많은 전과를 올렸다. 특히 광동 해풍현(海豐縣)의 오파령(五坡嶺)에서 문천상이 이끈 남송군을 격파하고 문천상을 생포한 공로가 있었다. 훗날 문천상은 대도로 압송되었다. 원세조는 그의 인품과 기개에 반하여 그에게 항복하면 재상으로 임명하겠다고 유혹했다. 하지만 문천상은 끝까지 절개를 지키다가 형장의 이슬로 사라졌다. 오늘날 그는 중국에서 충신의 표상이 되었다.

원세조는 바다를 모르는 몽골족으로는 수군을 조직할 수 없었다. 장홍범에게 수전에 익숙한 한족으로 수군을 조직하여 남해안 일대에서 저항하는 남송군을 섬멸하게 했다. 상흥 2년(1279) 1월 장홍범은 수군과 함선을 이끌고 애산을 공격했다. 마침내 중국역사에서 보기 드문 대규모 해전이 벌어졌다.

장홍범의 상대 장수는 장세걸이었다. 그는 해상에서 결전을 치르기로 결심했다. 모든 함선을 밧줄로 단단히 엮은 후 함선 주변에 높은 방호벽을 쌓았다. 자기는 함선의 망루에 올라가 수군을 지휘했다. 장홍범은 땔감을 실은 작은 배에 기름을 부어 불을 붙인 후 조류를 이용하여 작은 배를 남송 진영을 향해 돌진하게 했다. 이른바 화공작전이었다. 그런데 남송 선박의 표면은 모두 두꺼운 진흙으로 발라져 있었다. 불길이 번지지 않았다.

장홍범은 화공작전이 실패하자 해안 봉쇄전략을 폈다. 보급로가 끊긴 남송군은 시간이 흐를수록 더욱 궁지에 몰렸다. 장홍범은 투항한 장세걸 누이의 아들을 장세걸에게 보내 투항을 종용했다. 장세걸이 단호하게 말했다.

"투항하면 목숨을 부지할 수 있을 뿐만 아니라 부귀영화도 누릴 수 있음을 나도 알고 있다. 하지만 최후의 순간까지 황제를 위하여 싸우다가 죽겠다는 의지는 조금도 변함이 없다."

장홍범은 총공격 명령을 내렸다. 굶주림에 지쳐 전의를 상실한 남송군은 궤멸되기 시작했다. 장세걸은 극적으로 포위망을 뚫고 달아나 최후의 항전을 도모했다. 하지만 그에게는 아무 것도 남아있지 않았다. 결국 바다에 몸을 던져 자살함으로써 충신의 기개를 드러냈다.

한편 좌승상 육수부는 송소제 조병을 모시고 있었다. 원군이 사방에서 진격해왔다. 더 이상 달아날 곳이 없었다. 황제와 신하들이 원군에게 망국의 치욕을 당하느니 차라리 죽는 게 낫다고 생각했다. 먼저 아내와 자식들을 바다에서 투신자살하게 했다. 자신은 예복으로 갈아입고 송소제에게 엎드려 절을 한 후 울면서 말했다.

"폐하, 국가는 이미 돌이킬 수 없는 지경에 빠졌습니다. 폐하께서는 국
가의 존엄과 명예를 위하여 목숨을 버리셔야 합니다. 덕우황제(송공제)께
서 3년 전에 북으로 끌려가셔서 온갖 치욕을 당했습니다. 폐하께서는 전
철을 밟으시면 절대 안 됩니다."

일곱 살에 불과한 어린아이 황제 조병에게 자살을 권유했으니, 얼마나 기가 막힌 일인가. 조병은 몸을 바들바들 떨면서 울었다. 상흥 2년(1279) 3월 19일 육수부는 황금옥새를 가슴속에 넣은 후 어린 황제를 등에 업고 바다로 뛰어들어 자살했다. 송나라 최후의 황제는 세상 물정을 알기에는 너무도 어린 나이에 충신 육수부의 등에 업혀 바다로 사라졌다. 중국역사에서 신하가 황제를 등에 업고 바다에 투신하여 자살한 일은 이때가 유일무이했다.

송태조 조광윤이 960년에 송나라를 건국한지 정확하게 319년 만에 송

나라는 역사 속으로 사라졌다. 결국 광활한 중국대륙은 칭기즈칸의 손자 원세조 쿠빌라이에 의해 통일되었다. 원나라는 몽골족이 처음으로 중국 역사의 주인공으로 등장하여 건국한 대제국이 되었다.